检察执法岗位操作规程指导丛书　第5分册（共12分册）

ZHIWU FANZUI ZHENCHA GANGWEI
ZHUANYONG CAOZUO GUICHENG

职务犯罪侦查岗位
专用操作规程

湖南省人民检察院组织编写

中国检察出版社

图书在版编目（CIP）数据

职务犯罪侦查岗位专用操作规程/湖南省人民检察院组织编写. —北京：
中国检察出版社，2016.3
（检察执法岗位操作规程指导丛书）
ISBN 978 - 7 - 5102 - 1588 - 9

Ⅰ.①职…　Ⅱ.①湖…　Ⅲ.①职务犯罪 - 刑事侦查 - 规程 - 中国
Ⅳ.①D924.3 - 65

中国版本图书馆 CIP 数据核字（2016）第 016116 号

职务犯罪侦查岗位专用操作规程

湖南省人民检察院　组织编写

出版发行：中国检察出版社

社　　址：北京市石景山区香山南路 111 号（100144）

网　　址：中国检察出版社（www.zgjccbs.com）

编辑电话：(010) 68650028

发行电话：(010) 68650015　68650016　68650029

经　　销：新华书店

印　　刷：保定市中画美凯印刷有限公司

开　　本：720 mm × 960 mm　16 开

印　　张：26.5 印张

字　　数：437 千字

版　　次：2016 年 3 月第一版　2016 年 3 月第一次印刷

书　　号：ISBN 978 - 7 - 5102 - 1588 - 9

定　　价：56.00 元

《检察执法岗位操作规程指导丛书》
编写委员会

主　任：游劝荣

委　员（以姓氏笔画为序）：

丁维群	王东晖	王国忠	王勋爵	文兆平	卢乐云
申彦斐	田智慧	印仕柏	白贵泉	兰建平	朱必达
朱国祥	吕赵龙	刘孙承	刘兴无	刘志红	刘建良
刘建宽	刘清生	江　涛	许建琼	苏勤惠	李　丽
李芳芳	李胜昔	余湘文	肖建平	肖建雄	吴建雄
何旭光	张　龙	张　勇	杨贤宏	杨　鸿	邹小俊
张士映	陈大朴	陈少华	陈绍纯	陈秋华	陈海波
苗　霞	易忠民	罗　青	罗树中	周燕海	胡　波
赵　钧	赵　荣	段志凌	祝雄鹰	贺艳芳	徐百坚
郝丽平	谈　固	曹志刚	常智余	彭洪声	曾新善
雷丰超	雷　华	谭庆之	熊文辉	薛献斌	戴一云
戴华峰	魏启敏				

主　编：薛献斌

副主编：徐百坚

统筹组组长：何旭光

统筹组副组长：路启龙

统筹组成员：阮洪伟　阮　艳　郭　蓉　邬　炼

第 5 分册《职务犯罪侦查岗位专用操作规程》编写组

组　　长　王勋爵　湖南省郴州市人民检察院检察长，全国检察业务
　　　　　　　　　　专家。

副 组 长　杨　鸿　湖南省人民检察院反贪污贿赂局政委（副厅级）。
　　　　　祝雄鹰　湖南省人民检察院反贪污贿赂局副局长。
　　　　　何江龙　湖南省郴州市人民检察院副检察长。

编写人员：
　　　　　刘丁炳　湖南省人民检察院反贪污贿赂局综合指导室主任。
　　　　　谢　恩　湖南省人民检察院公诉二处副处长。
　　　　　雍志航　湖南省人民检察院，反贪污贿赂局综合指导室副主任。
　　　　　凌　辉　湖南省人民检察院，反渎职侵权局干部。
　　　　　李争春　湖南省人民检察院，反渎职侵权局干部。
　　　　　胡志强　湖南省郴州市人民检察院反渎职侵权局政委。
　　　　　何　军　湖南省郴州市人民检察院反贪污贿赂局副局长。
　　　　　谭香萍　湖南省郴州市人民检察院研究室主任。
　　　　　肖冠华　湖南省郴州市人民检察院反贪污贿赂局侦查室主任。
　　　　　徐练华　湖南省郴州市人民检察院研究室副主任。
　　　　　肖日凡　湖南省郴州市人民检察院案件管理室干警。
　　　　　欧志列　湖南省郴州市人民检察院反贪污贿赂局干警。
　　　　　曹智云　湖南省郴州市北湖区人民检察院反贪污贿赂局副局长。
　　　　　唐元华　湖南省郴州市临武县人民检察院案件管理室干警。
　　　　　柏纯洁　湖南省郴州市北湖区人民检察院公诉科干警。

序　言

　　《中共中央关于全面推进依法治国若干重大问题的决定》关于"明确各类司法人员工作职责、工作流程、工作标准"的法治要求，明确了管理全国检察机关全体检察执法人员的执法行为的法治化、规范化、制度化的目标，《最高人民检察院关于贯彻落实〈中共中央关于全面推进依法治国若干重大问题的决定〉的意见》中也提出了"严格落实和细化法律规定，健全检察机关司法程序规范、司法标准规范、司法言行规范、司法责任规范，逐步形成程序严密、标准统一、责任明确的司法规范体系"的贯彻意见。在全面推进依法治国的进程中，用怎样的制度体系来管理、管住检察执法人员的执法行为，以做到严格执法、规范执法，已经成为我们所面临的一个重大课题。

　　我们知道，权力活动本质上是人的活动，所有国家权力的活动都最终归结为国家机关工作人员的活动。马克思早就指出："人是最名符其实的政治动物。"[1] "从现实的人出发分析社会现象和政治现象，是马克思主义政治学的一条最基本的原理。马克思、恩格斯正是运用这一原理来分析解释社会政治生活和政治现象的。"[2] 习近平同志指出："治国之要，首在用人。也就是古人说的：'尚贤者，政之本也。''为政之要，莫先于用人。'"[3] 按照党中央的要求，"坚持

---

[1] 《马克思恩格斯全集》第46卷上册，人民出版社1979年版，第21页。

[2] 王沪宁主编：《政治的逻辑》，上海人民出版社2004年版，第34页。

[3] 国务院新闻办公室会同中央文献研究室、中国外文局编：《习近平谈治国理政》，外文出版社2014年版，第411页。

用制度管权管人管事"、"把权力关进制度的笼子里"① 已经成为全面深化改革、全面推进依法治国的重要内容。每个国家机关中的每个国家机关工作人员的职务活动，构成了全部国家权力活动的基础，而每个国家机关的职权活动又都是以国家机关工作人员所在职务岗位为依托、为基础的。同时，用来管权管人管事的制度，也是由人来制定、来执行的，没有人就没有制度，也没有制度的执行。所以，实现用制度来管权管人管事的一个重要体现，就是各个国家机关的各个职务岗位规范制度的建立和健全。检察机关作为国家的法律监督机关，在依法治国的要求下，尤其要对自身的职权活动严格依法进行规范，不断加强和改善检察执法岗位操作规程的制度建设。

湖南省人民检察院历时两年多、组织 200 余人编写的《检察执法岗位操作规程指导丛书》，就是检察机关在加强和改善检察执法岗位操作规程制度建设中的有益探索，也是检察系统组织编写的第一套系统化的、规范各类检察执法岗位的操作规程的制度文本。

这套丛书以最高人民检察院《检察机关执法基本规范（2013 年版）》为基础，将其中的检察执法工作的基本规范细化到执法岗位、细化为操作规程。丛书立足检察实务、立足执法岗位、立足行为规范，通过提炼、升华，对在检察执法实务中长期、普遍、稳定存在的实际操作行为和操作方法等进行总结和概括，按照有利于依法操作、有利于规范执法的要求，进行操作规程具体内容的创制。将检察执法工作中的具体行为、工作惯例、习惯做法、通常"套路"等实际上在每天、每件、每次的执法活动中都在实施着的所有不同主体、不同对象、不同内容、不同类型、不同方式的岗位执法行为，用法律和制度的标尺加以衡量、梳理、概括、完善、提升，去粗取精、举一反三，按照各类执法岗位的职责进行裁量，形成了各类执

---

① 《中共中央关于全面深化改革若干重大问题的决定》，载《人民日报》2013 年 11 月 16 日。

法岗位的各类操作规程的规范性文本。

这套丛书涉及检察执法工作中的执法领导、执法管理和办理等各执法岗位的操作规程，也涉及检察机关的侦查监督、公诉、职务犯罪侦查和预防、刑事执行检察、民事行政检察、控告申诉检察、检察技术、司法警察和检察执法内部监督等各个方面的检察业务工作，共有818个操作规程、440余万字。实际上是检察执法岗位操作规程的一套制度样本，也是不同类型检察执法岗位上执法人员的行为标准，规定在特定类型岗位上应该做什么、应该怎么做、做成什么样和不能做什么、不能怎么做。通过对特定岗位的执法目的和标准、执法内容和形式、执法数量和质量、执法规则和程序、执法措施和路径、执法方法和要求以及执法禁忌的明确规定，使之具有了以下四个基本功能：在岗人员的行为规范，新进人员的入门必读，执法质量的考评标准，检务公开的岗位样本。

当然，对海量的现行法律制度中没有明文规定，而执法实务中又长期存在和普遍应用的岗位执法操作细节进行制度性概括，并且要使概括出的操作规程具有规范性、准确性和完整性，其困难是可想而知的。加上编写者自身法治理念、法学素养和业务技能上存在的不足，所以，书中的错漏在所难免，还需要通过实践的检验不断完善，也欢迎检察同行和社会各界提出批评和建议。

湘人素有"敢为天下先"的传统，湖南检察机关组织编写《检察执法岗位操作规程指导丛书》为这个优良传统再一次作出了很好的诠释。希望这套丛书能够为检察执法岗位操作规程制度建设起到积极的推动作用，成为检察机关"用制度管权管人管事"探索中的一个成功开篇，推动检察机关执法活动法治化、规范化、制度化的不断拓展和深入。

是为序。

游劝荣

2015 年 12 月

丛书编写说明

一、编写过程

2013 年上半年，湖南省人民检察院在组织全省检察机关案件管理和检务督察系统学习领会、贯彻落实习近平总书记关于"把权力关进制度的笼子里"、"努力让人民群众在每一个司法案件中感受到公平正义"等重要指示的过程中，结合学习全国政法工作会议关于"紧紧抓住容易发生问题的执法岗位和关键环节，紧密结合执法规范化建设，健全执法制度、规范执法程序、强化执法管理，努力实现执法程序流程化、执法裁量标准化、执法行为规范化，从源头上预防随意执法、粗放执法等问题的发生"和全国检察长座谈会关于"进一步细化执法标准，严格要求检察机关每一个办案环节都必须符合法律规范"的精神，认识到所有国家权力都应当通过对每个具体权力岗位行为的具体的操作规范，来实现国家权力整体的规范，实现"把权力关进制度的笼子里"；认识到检察权是国家权力的重要组成部分，检察机关依法行使职权是通过检察机关执法岗位人员的执法行为实现的，检察机关是检察执法岗位的整体。检察执法岗位作为检察机关的执法终端，执法岗位上的检察执法人员是检察机关的"执法触手"，这是人民检察院行使检察权的基本形式，也是检察执法活动发生违法违纪行为的基本形式。所以，要把检察权也"关进制度的笼子里"，防止检察权违规，归根结底是要对检察执法岗位上的检察人员的执法行为进行规范。

2013 年 7 月 24 日，省检察院游劝荣检察长批准了关于编制"每个执法岗位的操作规程，作为执法人员的行为规范，既是新进人员的上岗必读，也是岗位执法的考核标准"的报告，并要求进行原理研究和可行性研究，并正式立项为省检察院检察理论研究重大课题。

在前期研究的基础上[①]，2013年12月6日，湖南省人民检察院与中国检察出版社就出版一套检察执法岗位操作规程丛书问题进行协商，出版社原则同意出版该丛书，并对丛书编写工作提出了指导性意见。2013年12月16日，游劝荣检察长批准了《〈检察执法岗位操作规程指导丛书〉编写方案》，决定组织丛书编写委员会，以检察长游劝荣为丛书编写委员会主任，副检察长薛献斌为丛书主编，以省检察院案件管理和检务督察部门为主成立丛书编写统筹组。同时，将丛书编写工作纳入省检察院党组的工作计划，丛书编写工作由此正式展开。按照编委会主任的要求，丛书主编和统筹组在编写任务交底的同时，向每位编写人员提供了包括编写计划、编写大纲和编写指引等近两万字的编写方案，明确丛书主旨、丛书体例、编写方法和要求，向各编写组提供了《编写体例说明及参考样本》、《编写要求和编写格式》和《操作规程的基本写法和重点要求》等编写指导意见；制定了《各编写组正副组长、检察业务审稿工作职责》和《各分册统稿、交叉审稿、检察业务审稿、编写组定稿工作操作程序》等编写工作规范。2015年8月31日丛书截稿，丛书所涉法律法规、司法解释和工作制度原则上截至此日。

丛书编写过程中，党的十八届三中全会、四中全会相继召开，所作出的两个重要决定中有关"坚持用制度管权管事管人"的改革要求、关于"明确各类司法人员工作职责、工作流程、工作标准"的法治要求，《最高人民检察院关于贯彻落实〈中共中央关于全面推进依法治国若干重大问题的决定〉的意见》中"严格落实和细化法律规定，健全检察机关司法程序规范、司法标准规范、司法言行

---

① 薛献斌：《检察执法岗位操作规程的制度建设》，载《人民检察》2014年第4期。

规范、司法责任规范，逐步形成程序严密、标准统一、责任明确的司法规范体系"的贯彻意见，湖南省委贯彻落实四中全会决定实施方案中"健全各类司法岗位行为规范"的要求，使丛书编写的方向进一步明确。2015年9月1日，全部书稿交付出版社。

二、丛书性质和主要内容

丛书是检察执法岗位操作规程的一套制度样本，是不同类型检察执法岗位上执法人员的行为标准，规定在特定类型岗位上应该做什么、应该怎么做、做成什么样和不能做什么、不能怎么做。通过对特定岗位的执法目的和标准、执法内容和形式、执法数量和质量、执法规则和程序、执法措施和路径、执法方法和要求以及执法禁忌的明确规定，使之具有了执法岗位在岗人员的行为规范、新进人员的入门必读、执法质量的考评标准、检务公开的岗位样本等基本功能。丛书既是检察执法岗位操作规程制度建设的理论研究成果，也是各个检察机关执法岗位操作规程的制度参考，当然也可以直接用于检察机关执法工作的岗位规范。丛书编写过程中，湖南省和一些市、县检察机关就将丛书初稿的部分内容作为规范性文件或者印成小册子发给相关执法岗位人员执行或者参考，获得了检察执法人员的广泛认同，普遍反映操作规程简洁清晰、好记好用、照着做很有效。

丛书编写在严格遵守法律法规、规章制度和最高人民检察院工作要求的前提下，立足检察实务、立足执法岗位、立足行为规范，通过提炼、升华，在法律的指引下进行制度提炼和规则概括。通过认真梳理执法实践，围绕执法岗位这个"圆心"，以最高人民检察院《检察机关执法基本规范（2013年版）》（以下简称《基本规范》）为"半径"，将《基本规范》中的检察执法工作规范细化到执法岗位、细化为操作规程。首先，将现行法律法规和规章制度即《基本规范》所规定的、所有检察执法岗位都必须遵循的操作规程方面的各项具体、细节性规定全部纳入，作为检察执法岗位操作规程的主体内容。在此基础上，对"基本规范"尚无具体、细致的操作规程，而在检察执法实务中又长期、普遍、稳定存在的实际操作行为和操作方法等进行总结和概括，按照有利于依法操作、有利于规范执法的要求，进行操作规程具体内容的文本创制。将检察执法工作中的具体行为、工作惯例、习惯做法、通常"套路"等实际上在每天、每件、每次的执法活动中都在实施着的所有不同主体、不同对象、不同内容、不同类型、不同方式的岗位执法行为，用法律和制度的标尺加以衡量、梳理、概括、完善、提升，去粗取精、举一反三，按照各类执法岗位的职责进行裁量，将法律规定框架下、检察人员在执法实务中的实际做法，即所谓"潜规范"、"习惯性规范"，概括、整理成为"显规范"、"成文性规范"，形成各类执法岗位的各类操作规程的规范性文本。同时，总结升华检察执法工作中的成功经验以解决编写中的制度难点问题，综合分析检察执法工作中的沉痛教训以解决编写中的制度重点问题。

丛书是执法实践的总结和升华而非简单地固化和守成。不仅对现有执法实践成果进行收集、固定和成文化、制度化，同时还对整个检察执法岗位实践进行检讨和反思，明确实践中实际发生的具体执法行为、执法程序细节并非全部都是合法的和理性、平和、文明、规范的，需要用社会主义法治理念和法律法规、规章制度来对现存的检察岗位各种实际执法行为进行衡量，对实际发生的执法行为、执法惯例、执法习惯等进行甄别和取舍。通过既总结和归纳、又拨正和升华，做到选取规范的、固定成熟的、补充不足的、剔除违规的、预测必要的，力求使总结出来的检察执法岗位操作规程既规范、实用、前瞻，又适度、经济、便捷。

丛书依托"基本规范"和检察执法实务，同时吸收和细化"基本规范"出版之后、丛书截稿之前最高人民检察院、各省级人民检察院制定的相关司法解释、办案制度所涉及的检察执法岗位操作规程方面的内容。对丛书中涉及的相关检察改革制度化内容尚未定型、制度细节尚不清晰难以作为编写依据的，均按照现行制度规定进行编写。对尚无全国定型化制度性规范的主任检察官办案责任制改革，丛书仍然按照现行检察执法的职权层级进行岗位权能的划分。一俟主任检察官办案责任制度在全国施行、主任检察官行使原来职权层级中部门负责人直至分管副检察长的部分职权时，则只要将丛书中相关分管副检察长和部门负责人的相关操作规程划归主任检察官行使即可。

丛书不包括检察执法人员所从事的非执法工作和检察机关的非执法岗位，比如检察长（包括分管副检察长）所承担的对检察机关党的建设、队伍建设、综合调研、计划财务装备的领导工作；又如检察机关部门负责人所承担的部门党支部书记和考勤考绩等工作；再如执法办理人员承担的支部委员工作或工会小组长工作之类；非执法岗位如综合秘书岗位、人事培训岗位、宣传公关岗位、理论研究岗位、财务后勤岗位之类，也都不在丛书规范的范围之内。

三、丛书体例和基本结构

丛书将全部检察执法岗位划分为执法领导、执法管理、执法办理（其中又分为主办办理、协办办理和辅助办理）三类，各自具有共同的和不同的岗位操作规程。丛书分为 12 个分册，各分册单独成书，共有 1 个通用分册为各类执法岗位共同的操作规程、11 个专用分册为各类不同执法岗位的专用操作规程。12 个分册均冠以"检察执法岗位操作规程指导丛书"之名，第 1 分册为《检察执法岗位通用操作规程》、第 2 分册为《检察执法领导和管理岗位专用操作规程》、第 3 分册为《侦查监督岗位专用操作规程》、第 4 分册为《公诉岗位专用操作规程》、第 5 分册为《职务犯罪侦查岗位专用操作规程》、第 6 分册为《刑事执行检察岗位专用操作规程》、第 7 分册为《民事行政检察岗位专用操作规程》、第 8 分册为《控告申诉检察岗位专用操作规程》、第 9 分册为《检察技术岗位专用操作规程》、第 10 分册为《司法警察岗位专用操作规程》、第 11 分册为《职务犯罪预防岗位专用操作规程》、第 12 分册为《检察执法内部监督岗位专用操作规程》，全书共约 440 余万字。

丛书各分册一般分为概述和操作规程两大部分，以章、节为基本叙述结构。概述部分按照章、节、一、（一）的层次叙述，对该分册的一般内容进行概述性介绍。操作规程是丛书各分册的主体，为表述简洁和便于引用，每个操作规程的叙述结构都按照 1.、1.1、1.1.1 或者 1.1（1）、1.1.1（1）的层次叙述。操作规程的一般结构为：定义（指操作规程所规范客体的基本含义）、操作主体（指谁来操作，包括决定、指挥、管理、指导、执行、协助、协作的主体等）；操作对象（指对谁操作，包括组织、个人、事项等）；操作时间（指何时操作，包括起止和持续时间、操作期限等）；操作地点（指何处操作，包括法定地点、自定地点、特定场所等）；操作内容（指操作什么，包括涉事范围、案件事件、事项事务、行事标准、原则准则等，同时还包括操作内容的重点等）；操作形式（指操作程序和程式，包括次序与层次、步骤与进度、流程与节点、预备与实施、开始与持续、结束与善后等）；操作方法（指如何操作，包括门路、套路、办法、方式、形式、模式、规则、要领、路径等，操作的技巧、窍门、谋略等选择性纳入）；操作禁忌（指禁止操作的内容和形式）。

为避免重复，一是在第一分册即通用分册中已有的内容，其他专用分册原则上不再纳入。如讯问操作规程涉及侦查监督、公诉、职务犯罪侦查、刑事执行检察以至控告申诉检察、检察技术、内部执法监督等分册，只在通用分册进行规定。但因职务犯罪侦查讯问和公诉出庭庭审讯问有特殊要求，则在相应分册另作规定。二是对某专用分册中涉及到其他专用分册的内容也不重复规定。如刑事执行检察中的侦查监督、公诉、职务犯罪侦查岗位的操作规程，只需要按照侦查监督、公诉、职务犯罪侦查等专用分册的专门规定操作即可，在该分册中不再规定。

四、编写人员和编写责任

丛书编写人员为湖南省三级检察机关的检察人员，共 211 人。编写主体由省、市、县三级检察院的相关业务骨干组成，12 个分册编写组的骨干以省检察院和部分市州院、基层院的检察长、副检察长、检察委员会专职委员及其相关部门负责人为主。丛书统筹组、各分册编写组正副组长由丛书编委会主任审定，各分册编写组编写人员经丛书主编同意，各分册统稿人和检察业务审稿人由各分册编写组决定。编写人员不脱离本职工作，在本职工作之余从事编写工作。由于编写时间较长，参与编写人员的工作单位（部门）和工作职务发生了诸多变化，为使前后一致和表述简洁，署名时一般按照开始参加编写时的单位（部门）和职务。

全部书稿的初稿出自相关编写人员，编写人员对其所编写内容的规范性、完整性负责。各分册编写组组长、副组长组织本分册的编写并对本分册初稿的内容和形式最后把关；各分册编写组检察业务审稿人员负责本分册内容所涉检察业务和操作规程的规范性、完整性审查，统稿人负责本分册内容、体例一致性和协调性审查。各分册编写人员及其编写分工，均在各分册扉页和后记中注明。

丛书正副主编和统筹组全体人员在负责对丛书编写工作进行统筹组织、协调指导的同时，负责对全部书稿提出修改意见：丛书统筹组成员阮艳主要负责全部书稿中操作规程及其内容完整性的审查，阮洪伟主要负责全部书稿的法律法规和规章制度准确性、完整性审查，统筹组副组长路启龙主要负责丛书各分册关系协调和语言、文风统一的审查；统筹组组长何旭光负责对统筹组意见进行综合，提出统筹组对丛书初稿的审查意见；副主编徐百坚负责对丛书初稿进行全面审读和修改，主编薛献斌负责提出丛书框架和编写方案，组织操作规程样本和编写工作规范编制，并负责对丛书初稿进行审稿、修改和定稿。全部书稿最后经编委会主任游劝荣审定。

最高人民检察院案件管理办公室各位负责同志、中国检察出版社安斌副总编辑、马力珍主任对丛书编写工作进行了精心指导，收集了专家学者的论著、论文并从全国各级检察机关、公安机关、审判机关等收集了一些工作制度、管理制度、工作经验、典型案例作为参考（以附录之名置于各分册之后），湖南省各市县检察院党组和检察长给予了有力支持，省院和相关市、县检察院进行试用对丛书的完成和效用的检验提供了支撑，这些都为丛书的编写完成提供了良好的条件。在此，特表示诚挚的敬意和由衷的感谢！

由于编写人员政治水平和专业水平所限，又是从事的一项从未做过的工作；也由于编写工作是在编写人员不影响本职工作的情况下进行的，编写时间紧与工作任务重的矛盾突出，虽有各级检察院检察长大力支持，也难免力所不逮；还由于在前期研究和整个编写过程中未能在法律法规、政策制度和书刊、报纸、网络等媒介中收集到同类型系统性信息，难以找到现成参照；特别是编写工作必须对海量的现行法律制度中没有明文规定，而执法实务中又长期存在和普遍应用的岗位执法操作细节进行概括形成制度性文本，并努力使概括出的操作规程具有规范性、完整性，困难更是超乎想象。囿于编写者的能力和编写条件，一孔之见、一隅之得难免狭隘。所以，书中的错漏和不足在所难免，特向读者表示歉意。

真诚欢迎全国检察系统各位同事、政法实务界和法学界的各位专家学者提出批评、意见和建议，以促使这套丛书能够不断改进而完善。对丛书的意见，请发至以下电子信箱：jczxxb@163.com。

《检察执法岗位操作规程指导丛书》编写委员会

2015 年 12 月 18 日

目　　录

第一章 职务犯罪侦查岗位概述

第一节 职务犯罪侦查职能概述

【定义】职务犯罪侦查是指检察机关职务犯罪侦查部门为获得国家机关、国有公司、企事业单位、人民团体工作人员等国家工作人员是否利用已有职权，进行贪污、贿赂、徇私舞弊、滥用职权、玩忽职守，侵犯公民人身权利、民主权利等职务犯罪行为的相关证据，而依法采取的专门的调查措施和强制措施。

一、职务犯罪侦查主体

（一）主体范围

人民检察院作为国家法律监督机关，是职务犯罪案件的侦查主体。具体包括以下各职能部门：

（1）反贪污贿赂检察部门；

（2）反渎职侵权检察部门；

（3）刑事执行检察部门；

（4）林业检察部门。

（二）职能分工

1. 反贪污贿赂检察部门负责检察机关办理贪污贿赂、挪用公款、巨额财产来源不明、隐瞒境外存款、私分国有资产、私分罚没财物等犯罪案件侦查、预审工作；组织、协调、指挥重特大贪污贿赂等犯罪案件的侦查；负责重特大贪污贿赂等犯罪案件的侦查协作；承办下级人民检察院反贪污贿赂侦查工作中疑难问题的请示等。

2. 反渎职侵权检察部门负责检察机关办理国家机关工作人员渎职犯罪和国家机关工作人员利用职权实施的非法拘禁、刑讯逼供、报复陷害、非法搜查等侵犯公民人身权利的犯罪以及侵犯公民民主权利的犯罪等案件的侦查、预审工作的指导；组织、协调、指挥跨省市的重特大渎职侵权犯罪案件的侦查以及个案协查工作；承办下级人民检察院渎职侵权检察部门工作中重大、疑难问题的请示等。

3. 刑事执行检察部门负责对刑罚执行和监管改造过程中发生的徇私舞弊、减刑、假释、暂予监外执行案的侦查工作和其他自侦案件立案前的调查工作；承办下级人民检察院刑事执行检察部门侦查工作中疑难问题的请示等。如属于重大、复杂或跨地区犯罪案件，应当报告检察长，检察长可以将案件交由反贪污贿赂部门和渎职侵权检察部门办理，刑事执行检察部门予以配合。

4. 林业检察部门负责涉林职务犯罪案件线索的搜查和初查、侦查的职责，力量不足的，可联合职务犯罪侦查部门协同查办涉林职务犯罪案件。如属于重大、复杂或跨地区犯罪案件，应当报告检察长，检察长可以将案件交由反贪污贿赂部门和渎职侵权检察部门办理，刑事执行检察部门和民事行政检察部门予以配合。

5. 人民检察院其他业务部门在实施法律监督工作中，发现涉嫌职务犯罪行为的，报经检察长同意后，可以进行初查。经初查，认为应当立案追究刑事责任的，应当移送反贪污贿赂部门或反渎职侵权检察部门办理。

二、职务犯罪侦查的措施

【定义】职务犯罪侦查措施亦即侦查职务犯罪所采取的措施，是指人民检察院在职务犯罪侦查过程中，为了收集证据，查清犯罪事实，查获犯罪嫌疑人，依照法律规定进行调查活动所采取的措施。

（一）一般侦查措施

一般侦查措施主要包括：

（1）讯问；

（2）询问；

（3）勘验、检查；

（4）搜查；

（5）调取、查封、扣押；

（6）鉴定；

（7）查询；

（8）冻结；

（9）辨认；

（10）检验会计资料；

（11）侦查实验。

（二）特别侦查措施

特别侦查措施主要包括：

（1）技术侦查；

（2）异地羁押；

（3）边控措施，即口岸出入境控制；

（4）通缉。

（三）侦查强制措施

【定义】侦查强制措施是指人民检察院在职务犯罪侦查活动中，为了保障职务犯罪侦查工作顺利进行，依法对犯罪嫌疑人采取的暂时限制或剥夺其人身自由的方法和手段。

1. 侦查强制措施的类型主要包括：

（1）拘传；

（2）取保候审；

（3）监视居住，包括指定居所监视居住；

（4）拘留；

（5）逮捕。

2. 侦查强制措施的主体主要包括：

（1）决定主体：检察机关；

（2）执行主体：检察机关、公安机关、国家安全机关；

（3）监督主体：检察机关、审判机关、当事人、辩护律师、人民监督员等。

第二节　职务犯罪侦查岗位概述

一、职务犯罪侦查岗位分类

【定义】职务犯罪侦查岗位是指在查办职务犯罪过程中，根据各自的主要职责，对检察机关办案人员的角色定位。

（一）以侦查办案流程为依据进行分类

根据侦查办案流程，职务犯罪侦查岗位可分为：

（1）案件线索受理岗位；

（2）案件线索审查岗位；

（3）初查岗位；

（4）侦查强制措施使用岗位；

（5）讯问录音录像岗位；

（6）追逃追赃岗位；

（7）侦查人员出庭作证岗位；

（8）其他侦查岗位。

（二）以侦查权运行机理为依据进行分类

根据侦查权运行机理，职务犯罪侦查岗位可分为：

（1）侦查决策岗位；

（2）侦查指挥岗位；

（3）侦查管理岗位；

（4）侦查审讯岗位；

（5）调查取证岗位；

（6）侦查辅助岗位。

（三）以行政职能属性为依据进行分类

根据行政职能属性，职务犯罪侦查岗位可分为：

（1）检察委员会；

（2）检察长；

（3）侦查部门正职；

（4）主办检察官；

（5）参办检察官；

（6）检察辅助人员。

二、职务犯罪侦查岗位职责

【定义】职务犯罪侦查岗位职责是指处在侦查决策、侦查指挥、审讯、调查、案件质量管理及检察辅助等不同岗位所应当履行的工作职责。

（一）职务犯罪侦查岗位职能

1. 检察委员会职能

（1）对提交检察委员会讨论的职务犯罪案件或者事项材料是否符合要求进行审核；

（2）对提交讨论的案件或者事项进行讨论，形成决定；

（3）对提交讨论的有关职务犯罪侦查等检察工作的条例、规定、规则、办法等规范性文件提出审核意见；

（4）督办检察委员会决定事项；

（5）检察委员会交办的其他工作。

2. 检察长职能

检察长是检察机关的主要负责人，在职务犯罪侦查过程中，统一领导侦查办案的全部工作。根据检察长授权，副检察长可以代行检察长的部分职能。

在职务犯罪侦查过程中，检察长的具体职能主要包括：

（1）侦查决策；

（2）侦查指挥；

（3）侦查指导；

（4）侦查协调；

（5）侦查管理；

（6）其他需要由检察长决定或处理的事项。

3. 侦查部门正职职能

侦察部门正职的职责包括：

（1）对于职务犯罪的查处、惩治和遏制的建议权；

（2）具体调查取证事项的决策权；

（3）具体侦查人员调度派遣决策权；

（4）对办案有关问题的审核权；

（5）侦查一体化指挥权；

（6）侦查办案事项的管理权；

（7）组织主持局务会议或者局长办公会议等决策权。

4. 主办检察官职能

主办检察官的职责包括：

（1）负责主办案件的初查计划、侦查计划、审讯、取证方案、安全防范预案、个案预防检察建议书的制作和实施；

（2）负责侦查方向的判断、审讯突破的组织、侦查谋略的设定和运用；

（3）负责所主办案件情况的内部汇报、所主办案件进展的跟踪、参与所主办案件的协调沟通工作；

（4）负责案件证据材料的集中管理、案件进展汇总、案件汇报材料的撰写、侦查终结报告、起诉意见书的制作等工作。

5. 参办检察官职能

协办检察官全程协助主办人办理案件，其职责包括：

（1）负责填写相关的法律文书；

（2）负责案件的整理装卷、自检自评；

（3）协助主办人审讯突破、审讯现场的安全防范；

（4）主办人员安排的其他工作。

6. 检察辅助岗位职能

检察辅助岗位人员由检察长、侦查部门正职或主办检察官确定，负责辅助主办检察官或办案组依法侦办职务犯罪案件。

检察执法辅助岗位职责：

（1）协助线索登记和移送；

（2）报表、数据的上报；

（3）法律文书的制作、管理；

（4）扣押款物的登记；

（5）涉案人员的看管；

（6）会议讨论记录、数据信息查询、材料管理等；

（7）案件的整理装卷；

（8）设备或器材等物资的准备；

（9）信息经验材料的撰写；

（10）法律文书等材料的归档；

（11）负责车辆管理、装备管理；

（12）主办人员安排的其他工作。

（二）职务犯罪侦查岗位要求

1. 职务犯罪侦查岗位的法律义务主要包括：

（1）严格遵守宪法和法律；

（2）履行职责应当以事实、证据为根据，以法律为准绳，秉公执法，不得徇私枉法；

（3）维护国家利益、公共利益以及公民、法人和其他组织的合法权利；

（4）清正廉明，忠于职守、遵守纪律、恪守职业道德；

（5）保守国家秘密和检察工作秘密；

（6）接受法律监督和人民群众监督。

2. 职务犯罪侦查岗位的行为准则主要包括：

（1）坚持打击与保护相统一，依法追诉犯罪，尊重和保护诉讼参与人和其他公民、法人及社会组织的合法权益，使无罪的人不受刑事追究；

（2）坚持实体与程序相统一，严格遵循法定程序，维护程序正义，以程序公正保障实体公正；

（3）坚持重证据，重调查研究，依法全面客观地收集、审查和使用证据，坚决杜绝非法取证，依法排除非法证据；

（4）坚持平和执法，平等对待诉讼参与人，和谐处理各类法律关系，慎重处理每一起案件；

（5）坚持文明执法，树立文明理念，改进办案方式，把文明办案要求体现在执法全过程；

（6）坚持规范执法，严格依法办案，遵守办案程序和工作规定；

（7）严守办案纪律，认真执行办案工作制度和规定，保证办案质量和办案安全，杜绝违规违纪办案；

（8）严守枪支弹药和卷宗管理纪律，依照规定使用和保管枪支弹药，认真执行卷宗管理、使用、借阅、复制等规定，确保枪支弹药和卷宗安全。

第三节　职务犯罪侦查流程概述

【定义】职务犯罪侦查流程是指检察机关根据法律规定，在查办职务犯罪全部过程中所应遵循的基本程序。通常包括初查、立案、侦查和侦查终结等过程。

一、初查

（一）职务犯罪案件线索受理

职务犯罪案件线索由举报中心负责统一受理、管理。侦查部门查办案件发现的线索报分管副检察长、检察长审批后，由侦查部门自行审查并报控申部门备案。

（二）职务犯罪案件线索审查

1. 自行发现的线索应当由集体研究分流。

2. 对于要案线索实行分级备案的管理制度。

3. 职务犯罪案件线索分流到侦查部门后，由分管职务犯罪侦查的副检察长决定，将线索交承办人审查。

4. 承办人接到案件线索后，对举报中涉及的举报对象、性质、发生的时间、地点是否存在犯罪事实等要进行认真的审查、分析。

（三）职务犯罪案件线索初查

1. 承办人审查案件线索后，认为需要初查的，填写案件线索初查审批表，交局长审核，报分管副检察长审批。

2. 分管职务犯罪侦查的副检察长同意初查的，由承办人在规定的时限内报告初查结果。

3. 承办人根据举报的内容制订初查计划等。

4. 承办人将初查计划交部门正职审查，报分管副检察长审批，大要案件一律报检察长审批。

5. 初查工作一般由侦查部门进行。特殊情况由举报中心初查：

（1）举报材料性质不明难以归口的；

（2）情况紧急应当及时办理的；

（3）群众多次举报未查处的；

（4）检察长交办的。

（四）初查终结及处理

1. 承办人认为案件的主要事实已经查清，由承办人填写初查结案表，准备汇报提纲，内容包括案件的来源、查证的事实、存在的问题及处理意见。参加研究的人员充分发表意见，最后由分管副检察长审批并报检察长决定。视以下情形进行处理：

（1）构成犯罪，须追究刑事责任的，转立案侦查程序；

（2）情节显著轻微，不应以犯罪论处，不予立案侦查的，提出检察建议，作其他处理。

2. 对署名举报的，应当在三个月内将查处情况回复举报人。

二、立案

（一）决定立案

1. 人民检察院对于直接受理的案件，经审查认为有犯罪事实需要追究刑事责任的，应当制作立案报告书，经检察长批准后予以立案。

2. 经初查发现不属于本院管辖，但有犯罪事实需要追究刑事责任的，依管辖规定移送或报请移送有管辖权的人民检察院立案侦查。

3. 决定立案后，应当在决定立案侦查之日起三日以内，呈报上级人民检察院备案。

4. 省级以下（含省级）人民检察院办理直接受理侦查案件，决定立案的，应当报上级人民检察院备案审查。

（二）不予立案

人民检察院决定不予立案的，如果是被害人控告或举报人实名举报的，按下列程序处理：

1. 承办人应当制作不立案通知书，写明案由和案件来源、决定不立案的原因和法律依据，按程序报请检察长审批后，于十五日以内送达控告人，同时告知本院控告检察部门。

2. 控告人如果不服，可以在收到不立案通知书后十日以内申请复议。对不立案的复议，由人民检察院控告检察部门受理。

3. 人民检察院认为被举报人的行为尚未构成犯罪，决定不予立案但需要追究其党纪、政纪责任的，应当移送有管辖权的主管机关处理。

三、侦查

人民检察院办理直接受理立案侦查的案件，应当重证据，重调查研究，不轻信口供。严禁刑讯逼供和以威胁、引诱、欺骗以及其他非法方法收集证据，不得强迫任何人证实自己有罪。通常采取的侦查措施或为保障侦查合法的措施有：

1. 强制措施；

2. 侦查措施；

3. 配合录音录像；

4. 犯罪嫌疑人、近亲属及其他诉讼参与人的诉讼权利保障措施。

四、侦查终结

一般情况下，对犯罪嫌疑人逮捕后的侦查羁押期限不得超过两个月。在一般侦查羁押期限内难以侦查终结时，可以通过相应的法律程序获得批准，将侦查羁押期限予以延长。

在侦查期间，发现犯罪嫌疑人另有重要罪行的，自发现之日起取消原有侦查羁押期限的计算，重新开始计算侦查羁押期限。

侦查终结前，侦查人员要全面系统地审查案件事实和证据，侦查部门应当组织对拟侦查终结的案件进行讨论，制作侦查终结报告，经侦查部门正职同意后，报请检察长批准或检委会决定。

侦查终结后，根据案件情况作出三种处理结果：

（1）提出起诉意见；

（2）提出不起诉意见；

（3）撤销案件。

侦查终结提出起诉的意见，应当同时符合以下条件：

（1）犯罪事实清楚；

（2）证据确实、充分；

（3）依法应当追究刑事责任。

侦查终结提出不起诉的意见，须符合存疑不起诉、相对不起诉或者绝对不起诉的条件。

起诉意见书或者不起诉意见书由侦查部门正职审核，检察长批准。

人民检察院在侦查过程中或者侦查终结后，发现具有下列情形之一的，侦查部门应当制作拟撤销案件意见书，报请检察长或者检察委员会决定：

（1）具有《中华人民共和国刑事诉讼法》（以下简称《刑事诉讼法》）第十五条规定情形之一的；

（2）没有犯罪事实的，或者依照刑法规定不负刑事责任或者不是犯罪的；

（3）虽有犯罪事实，但不是犯罪嫌疑人所为的。

附录：

职务犯罪侦查流程图

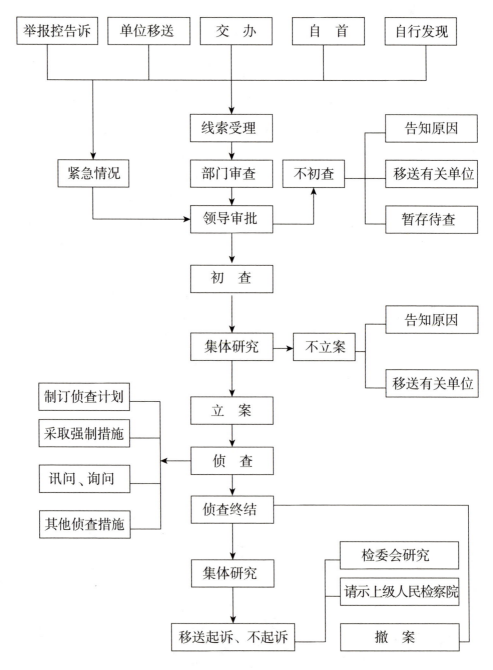

第二章 职务犯罪侦查
管辖操作规程

【定义1】人民检察院刑事诉讼中的管辖是指人民检察院依照法律规定立案受理刑事案件以及人民检察院系统内部各级人民检察院、普通人民检察院与专门人民检察院之间在直接受理刑事案件上的分工。

【定义2】立案管辖是指人民检察院直接立案受理刑事案件上的分工。

第一节 一般立案管辖类操作规程

一、立案管辖

▶ 1. 立案管辖时应注意三个方面

▶ 1.1 案件管辖应当在线索受理之后，第一时间进行分辨、甄别和把握。

▶ 1.2 对案件线索进行有针对性的实体审查，审查其有无犯罪的嫌疑和成案的可能，是否存在初查的必要。

▶ 1.3 根据实体审查的结果，线索确实有初查必要的，根据案件线索性质、犯罪行为地、犯罪嫌疑人的身份特征（行政职级）等情况，确定是否属于检察机关管辖，属于哪个检察机关管辖。

▶ 2. 线索审查后的处理

对于线索审查后，根据管辖规定，在七日内分别作出如下处理：

▶ 2.1 对于不属于检察院管辖的，由控申部门承办人提交部门正职审查后，报分管副检察长审批移送有关主管机关处理，并且通知报案人、控告人、举报人、自首人；对于不属于检察院管辖又应当采取紧急措施的，应当先采取紧急措施，然后移送有关主管机关。

13

▶▶ 2.2 对于属于检察院管辖的，由控申部门承办人报部门正职、分管副检察长审查后，报检察长审批，及时移送侦查部门审查；对于属于检察院管辖，但不属于本院管辖的，经分管检察长审查后，报检察长审批，移送有管辖权的检察院。

▶▶ 2.3 对管辖不明确的，可以由有关人民检察院协商确定管辖。对管辖有争议的或者情况特殊的案件，由共同的上级人民检察院指定管辖。

▶ **3. 立案管辖流程**

立案管辖流程图

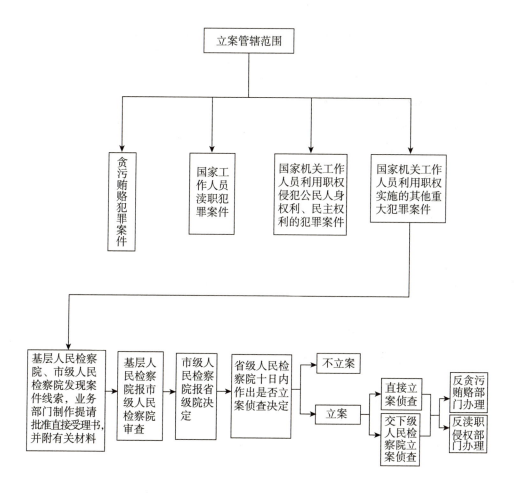

▶ **4. 立案管辖案件范围**

▶ 4.1 人民检察院在刑事诉讼中管辖的刑事案件包括贪污贿赂犯罪、国家机关工作人员的渎职犯罪、国家机关工作人员利用职权实施的侵犯公民人身权利和民主权利的犯罪以及国家机关工作人员利用职权实施的其他重大的犯罪案件。

▶ 4.2 贪污贿赂犯罪案件

贪污贿赂犯罪案件主要包括：

（1）贪污案；

（2）挪用公款案；

（3）受贿案；

（4）单位受贿案；

（5）利用影响力受贿案；

（6）行贿案；

（7）对单位行贿案；

（8）介绍贿赂案；

（9）单位行贿案；

（10）巨额财产来源不明案；

（11）隐瞒境外存款案；

（12）私分国有资产案；

（13）私分罚没财物案。

▶ 4.3 国家工作人员的渎职犯罪案件

国家工作人员的渎职犯罪案件主要包括：

（1）滥用职权案；

（2）玩忽职守案；

（3）故意泄露国家秘密案；

（4）过失泄露国家秘密案；

（5）徇私枉法案；

（6）民事、行政枉法裁判案；

（7）执行判决、裁定失职案；

（8）执行判决、裁定滥用职权案；

（9）枉法仲裁案；

（10）私放在押人员案；

（11）失职致使在押人员脱逃案；

（12）徇私舞弊减刑、假释、暂予监外执行案；

（13）徇私舞弊不移交刑事案件案；

（14）滥用管理公司、证券职权案；

（15）徇私舞弊不征、少征税款案；

（16）徇私舞弊发售发票、抵扣税款、出口退税案；

（17）违法提供出口退税凭证案；

（18）国家机关工作人员签订、履行合同失职被骗案；

（19）违法发放林木采伐许可证案；

（20）环境监管失职案；

（21）食品监管渎职案；

（22）传染病防治失职案；

（23）非法批准征收、征用、占用土地案；

（24）非法低价出让国有土地使用权案；

（25）放纵走私案；

（26）商检徇私舞弊案；

（27）商检失职案；

（28）动植物检疫徇私舞弊案；

（29）动植物检疫失职案；

（30）放纵制售伪劣商品犯罪行为案；

（31）办理偷越国（边）境人员出入境证件案；

（32）放行偷越国（边）境人员案；

（33）不解救被拐卖、绑架妇女、儿童案；

（34）阻碍解救被拐卖、绑架妇女、儿童案；

（35）帮助犯罪分子逃避处罚案；

（36）招收公务员、学生徇私舞弊案；

（37）失职造成珍贵文物损毁、流失案。

▶▶ 4.4 国家机关工作人员利用职权实施的侵犯公民人身权利和民主权利的犯罪案件。

国家机关工作人员利用职权实施的侵犯公民人身权利和民主权利的犯罪案

17

件主要包括：

（1）非法拘禁案；

（2）非法搜查案；

（3）刑讯逼供案；

（4）暴力取证案；

（5）虐待被监管人案；

（6）报复陷害案；

（7）破坏选举案。

▶≫ 4.5 国家机关工作人员利用职权实施的其他重大犯罪案件

▶≫ 4.5.1 适用的条件：

（1）犯罪的主体限于国家机关工作人员；

（2）国家机关工作人员利用自己的职权或者与职务有关的便利条件，实施了除贪污贿赂犯罪、渎职犯罪以及侵犯公民人身权利和民主权利犯罪之外的其他重大犯罪行为；"重大犯罪案件"是指在当时、当地具有较大影响，严重损害了国家、人民的利益或者损害了党和国家机关的声誉，且公安机关不便立案侦查或者不予立案侦查，由人民检察院立案侦查更为适宜的刑事案件；

（3）应当经过省级以上人民检察院决定，省级以上人民检察院也可以自行决定对这类案件立案侦查，交由下级人民检察院进行侦查或自行侦查。

▶≫ 4.5.2 案件的范围主要包括：

（1）有关机关对于国家机关工作人员犯罪案件有案不立、有罪不究，经人民检察院通知立案仍未依法追究的案件；

（2）以罚代刑，降格处理，经人民检察院督促后仍不纠正的案件；

（3）对于是否构成犯罪，认识不一致，而人民检察院认为应当依法追究刑事责任的案件；

（4）一案数罪，既有属于人民检察院立案管辖，又有属于公安机关或其他部门管辖的，由人民检察院管辖更为适宜或者后者坚持不受理的案件；

（5）对案件管辖发生争议，而有管辖权的机关拒不侦查或者长期拖延不予立案侦查的案件；

（6）与需要追究徇私舞弊行为相关联的案件；

（7）在特殊情况下，由特定组织交由人民检察院直接立案侦查的案件等。

▶≫ 4.5.3 国家机关工作人员利用职权实施的其他重大犯罪案件报批操作规程：

（1）基层人民检察院或者分、州、市人民检察院由发现案件线索的业务部门负责办理报送案件的具体手续，由承办人制作提请批准直接受理书，写明案件情况以及需要由人民检察院立案侦查的理由，并附有关材料，表明有一定的证据材料证明犯罪事实确实存在，符合刑事诉讼法规定的立案条件；经部门正职、分管副检察长审查报检察长审批。

（2）基层人民检察院应当向分、州、市人民检察院请示，由分、州、市人民检察院层报省级人民检察院。

（3）对基层人民检察院提请批准直接受理案件的申请，分、州、市人民检察院应当组织对口业务部门进行审查，对口业务部门承办人提出是否需要立案侦查的意见，层报部门正职、分管副检察长审查，报检察长审批后，连同基层人民检察院的材料上报省级人民检察院。分、州、市人民检察院经审查后，不同意基层人民检察院意见的，也应上报省级人民检察院。

（4）省级人民检察院对口业务部门承办人应当在收到提请批准直接受理书后的十日内提出是否立案侦查的意见，层报部门正职、分管副检察长审查，由检察长做出是否立案侦查的决定。决定直接受理的案件，既可以由下级人民检察院直接立案侦查，也可以由省级人民检察院直接立案侦查。

（5）直接受理案件的侦查工作由职务犯罪侦查部门负责。具体由哪个部门办理，应当由检察长或检察委员根据案件的性质决定。

二、级别管辖

【定义】级别管辖是指各级人民检察院在侦查直接受理案件权限上的分工。人民检察院对直接受理的案件实行分级立案侦查的制度。

▶ 1. 级别管辖

▶▶ 1.1 最高人民检察院立案侦查在全国有重大影响的职务犯罪案件。中央国家机关、事业单位、人民团体及其所属单位厅局级领导干部的职务犯罪案件、中央国有企业同等级别领导干部的职务犯罪案件以及地方副省级以上干部职务犯罪案件，由最高人民检察院立案侦查。

▶▶ 1.2 省、自治区、直辖市人民检察院立案侦查全省（自治区、直辖市）性的重大犯罪案件，对于本辖区厅局级及省直机关处级干部贪污贿赂等职务犯罪案件则由省、自治区、直辖市人民检察院立案侦查。

▶▶ 1.3 分、州、市人民检察院立案侦查本辖区的重大犯罪案件，对本辖区县处级干部贪污贿赂等职务犯罪案件一般由分、州、市人民检察院立案侦查。

▶▶ 1.4 基层人民检察院立案侦查本辖区的职务犯罪案件。

▶▶ 1.5 上级人民检察院在必要的时候，可以直接立案侦查或者组织、指挥、参与侦查下级人民检察院管辖的案件，也可以将本院管辖的案件指定下级人民检察院立案侦查；下级人民检察院认为案情重大、复杂，需要由上级人民检察院立案侦查的案件，可以请求移送上级人民检察院立案侦查。

▶ 2. 级别管辖应特别注意的问题

▶▶ 2.1 确定级别管辖时，应注意对具有特定身份的犯罪嫌疑人的管辖：

（1）犯罪嫌疑人属于县级以上地方各级人民代表大会代表的，经本级人民代表大会常委会同意后，由同级人民检察院侦查。在必要时，可以请求移送上级人民检察院侦查。

（2）对于有特殊身份的犯罪嫌疑人，包括县（处）级以上领导干部和各方面有代表性的知名人士中的犯罪嫌疑人，按照干部管理权限由与干部管理权限的机构相应的同级人民检察院侦查。

▶▶ 2.2 在案件线索受理阶段就要注意级别管辖问题，一旦在立案后发现管辖有误，则应当先撤销案件再移送有管辖权的检察机关。

三、地域管辖

【定义】地域管辖是指同级不同地的人民检察院对直接受理案件侦查权的分工。

地域管辖的原则有以下几方面：

▶ 1. 职务犯罪案件，原则上由犯罪嫌疑人工作单位所在地的人民检察院管辖

▶ 2. 移送上级人民检察院或移送上级人民检察院指定的其他人民检察院管辖的情形

有下列情形之一的，可以移送上级人民检察院管辖，也可以移送上级人民检察院指定的其他人民检察院管辖：

（1）案件的主要犯罪地不在犯罪嫌疑人的工作单位所在地，在犯罪嫌疑人工作单位所在地查处不方便；

（2）犯罪嫌疑人工作单位所在地的人民检察院与案件有牵连，不利于公正查处。

▶ **3. 几个检察院都有管辖权的情形**

几个人民检察院都有权管辖的案件，由最初受理或者发现犯罪的人民检察院管辖。必要时，可以由主要犯罪地的人民检察院管辖。

（1）"必要时"主要是指最初受理的人民检察院不是主要犯罪地的人民检察院，如果由主要犯罪地的人民检察院管辖，将更有利于查清全部犯罪事实，正确处理案件，抓获涉嫌犯罪嫌疑人，以保障侦查活动的顺利进行。

（2）"主要犯罪地"是指一人在不同地区犯一罪，其中的主要犯罪行为实施地；一人在不同地区犯数罪，其中最严重罪行的实施地；共同犯罪案件中，主犯的犯罪行为实施地。

▶ **4. 单位涉嫌职务犯罪的情形**

单位涉嫌的职务犯罪案件一般由犯罪地检察机关管辖。如果由被告单位所在地的人民检察院管辖更为适应的，也可以由被告单位所在地的人民检察院管辖。

第二节　特殊立案管辖类操作规程

一、专门管辖

【定义】专门管辖是指军事检察院、铁路运输检察院等专门人民检察院与地方人民检察院之间，以及专门人民检察院之间在直接受理刑事案件管辖上的分工。

▶ **1. 军事检察院管辖案件范围**

▶ 1.1 立案侦查现役军人和军内在编职工实施的职务犯罪案件：

（1）发生在营区的案件，由军事检察院立案侦查；其中犯罪嫌疑人不明确且侵害非军事利益的，查明犯罪嫌疑人属于地方人员的，移交地方人民检察院处理。发生在营区外的案件，由地方人民检察院立案侦查；查明犯罪嫌疑人属于军人的，移交军事检察院处理。

（2）军人入伍前涉嫌犯罪需要依法追究刑事责任的（需与服役期内犯罪一并审判的除外），由地方人民检察院管辖。

（3）军人退出现役后，发现其在服役期内涉嫌犯罪的，由地方人民检察院处理；但涉嫌军人违反职责罪的，由军事检察院处理。

（4）军地互涉案件管辖不明确的，由军队军区级以上单位军事检察院与地方人民检察院协商确定；管辖有争议或情况特殊的案件，由解放军军事检察院报请最高人民检察院指定管辖。

▶ 1.2 军人违反职责罪：

（1）擅离、玩忽军事职守案；

（2）指使部属违反职责案；

（3）违令作战消极案；

（4）拒不救援友邻部队案；

（5）过失泄露军事秘密案；

（6）擅自改变武器装备编配用途案；

（7）擅自出卖、转让军队房地产案；

（8）虐待部属案；

（9）战时拒不救治伤病军人案；

（10）军官、警官、文职干部利用职权实施的其他重大的犯罪案件，需要由军事检察院受理的时候，经解放军军事检察院决定，可以由军事检察院立案侦查。

▶ **2. 中国人民武装警察部队人员（包括干部、战士和在编职工）职务犯罪案件，由地方县以上人民检察院管辖**

▶ **3. 铁路运输系统发生的职务犯罪案件由铁路运输检察院立案侦查**

▶ **4. 兵团检察机关管辖案件范围**

兵团检察机关管辖案件的范围有：

（1）兵团所属的国家工作人员职务犯罪案件，属检察机关管辖的，由兵团检察机关立案侦查；

（2）对于兵团所属的国家工作人员与地方国家工作人员共同实施的职务犯罪案件，依据主要犯罪地或者在共同犯罪中起主要作用的犯罪嫌疑人工作单位所在地确定侦查管辖；

（3）兵团检察机关与新疆地方检察机关对案件管辖有争议的，由自治区人民检察院决定。

二、牵连立案管辖

【定义】牵连管辖即公安机关、检察机关侦查刑事案件涉及另一方管辖的案件时在管辖上的分工。

▶ **1. 牵连管辖处理的一般原则**

▶ 1.1 涉及公安机关、检察机关两个机关管辖的刑事案件，原则上应当分别由两个机关各自管辖属于自己管辖的案件。

▶ 1.2 人民检察院侦查直接受理的刑事案件涉及公安机关管辖的刑事案件，应当将属于公安机关管辖的刑事案件移送公安机关。如果涉嫌主罪属于公安机关管辖，由公安机关为主侦查，人民检察院予以配合；如果涉嫌主罪属于人民检察院管辖，由人民检察院为主侦查，公安机关予以配合。

▶ **2. 并案侦查的案件范围**

▶ 2.1 检察机关立案侦查直接受理的案件时发现犯罪嫌疑人还犯有其他应由公安机关管辖的普通刑事犯罪，或者其他犯罪嫌疑人犯有与职务犯罪相关联的其他普通刑事犯罪，并案处理有利于查明案件事实和诉讼进行的，可以直接将职务犯罪和普通刑事犯罪并案侦查。

▶ 2.2 人民检察院反渎职侵权部门派员参加重大事故调查和查办渎职侵权犯罪案件过程中，发现与渎职行为相关的贪污贿赂犯罪线索的，报请检察长同意后，可以并案侦查；与渎职行为无关的，应当移送反贪污贿赂部门办理；案情重大复杂的，应当报请检察长批准由反渎职侵权部门和反贪污贿赂部门共同组建联合办案组查办。

▶ 2.3 对特别重大渎职犯罪所涉及的应当及时查清的案件，经上级同检察机关同意并案侦查的。

▶ **3. 职务犯罪关联案件并案侦查的条件**

▶ 3.1 关联案件与职务犯罪行为具有直接必然的因果关系，通常是与公权力行使有一定联系的普通刑事犯罪。

▶ 3.2 关联案件是职务犯罪案件成案的重要前提，对关联案件进行并案侦查更有利于职务犯罪案件整体的查办。

▶ 3.3 关联案件并案侦查的必要性从下面几个方面综合审查，严格把关：

（1）关联案件的办理是否是职务犯罪案件立案的必要前提；

（2）关联案件的查办主体是否与职务犯罪侦查对象有利害关系；

（3）关联案件并案侦查的侦查成本与侦查效果是否相符。

▶ 3.4 并案处理有利于查明案件事实和诉讼进行。

▶ 3.5 并案侦查应当经上级人民检察院批复。

▶ 4. 关联案件并案侦查的模式

▶▷ 4.1 将非职务犯罪案件与职务犯罪案件以共同犯罪的形式进行并案侦查。

▶▷ 4.2 将所涉及的非职务犯罪案件先单独立案，再与职务犯罪形成系列案件进行并案侦查。

▶ 5. 职务犯罪关联案件并案侦查的办案方式

（1）检察机关商请公安机关同步介入共同调查；

（2）检察机关对办案中发现的关联案件先行调查取证，再将关联案件的线索和证据材料移送相关部门。

▶ 6. 职务犯罪关联案件并案侦查的审批程序

▶▷ 6.1 各级人民检察院侦查部门对拟并案侦查的案件，应以检察院的名义向上级人民检察院报送并案侦查请示及相关案卷材料。

▶▷ 6.2 上级人民检察院侦查部门应当在收到材料后安排专人进行审查，并在五个工作日内以本院名义作出书面批复，并指定专人跟踪指导。

▶▷ 6.3 对上级人民检察院侦查部门批复同意并案侦查的案件，各级人民检察院侦查部门应及时开展侦查工作，并及时将并案侦查的案件录入案件信息管理系统。同时，应加强与公安机关、侦查监督部门、公诉部门的沟通协调，争取支持配合。

三、指定管辖

【定义】指定管辖是指对于管辖不明、情况特殊以及上级人民检察院需要改变管辖的案件，由上级人民检察院以指定的方式确定案件的管辖。

▶ 1. 指定管辖的三种情况

▶▷ 1.1 上级人民检察院将属于本院立案侦查的案件指定下级人民检察院管辖。

▶▷▷ 1.1.1 上级人民检察院将属于本院立案侦查的案件指定下级人民检察院管辖应当符合两种情况：

（1）交由下级人民检察院侦查便于案件办理的；

（2）由本院自行侦查办案力量不足的。

▶▷▷ 1.1.2 上级人民检察将本院管辖的案件交由下级人民检察院侦查，应当根据办案力量、侦查水平、诉讼成本与审判管辖的衔接等因素，优先交给下列人民检察院：

（1）犯罪嫌疑人工作单位所在地或者主要犯罪地的人民检察院；

（2）与犯罪嫌疑人工作单位所在地相邻近的人民检察院；

（3）根据上级人民检察院的指派，参与案件前期调查的人民检察院；

（4）与其他案件一并办理更为适宜的人民检察院。

▶▶ 1.2 上级人民检察院以指定的方式改变下级人民检察院的案件管辖。

▶▶ 1.2.1 下级人民检察院应当提请上级人民检察院指定改变管辖，上级人民检察院应当指定异地侦查的案件包括：

（1）根据《刑事诉讼法》的规定，本院检察长应当回避的；

（2）本院工作人员涉嫌职务犯罪，按照分级管辖的规定属于本院管辖的。

▶▶ 1.2.2 下级人民检察院可以提请上级人民检察院指定改变管辖，上级人民检察院可以指定异地侦查的案件包括：

（1）犯罪嫌疑人在当地党委、人大、政府、政协所属机关（部门）、国有企业、事业单位担任主要领导职务的；

（2）犯罪嫌疑人是当地党委、人大、政府、政协领导成员的特定关系人的；

（3）犯罪嫌疑人是当地人民法院、公安、国家安全、司法行政机关领导成员的；

（4）有管辖权的人民检察院认为不适宜由本院侦查，或者由于客观因素难以办理，提请改变管辖，经审查确有必要的；

（5）上级人民检察院组织指挥查办的重大专案或者系列案件，需要指定管辖的；

（6）上级人民检察院认为有管辖权的人民检察院不适宜继续办理，有必要改变管辖的。

▶▶ 1.2.3 上级人民检察院将下级人民检察院的案件指定异地侦查，应当优先指定下列人民检察院侦查：

（1）与犯罪嫌疑人工作单位所在地相邻近的人民检察院；

（2）发现该犯罪线索或者正在办理相关案件的人民检察院；

（3）根据办案力量和侦查水平等情况，适宜办理该案件的人民检察院。

▶▶ 1.3 上级人民检察院以指定的方式确定管辖不明的案件。

管辖不明的案件有两类：

（1）该案件的管辖在法律中没有明确规定；

（2）对该案件应由谁管辖存在争议。

▶ 2. 指定管辖的办理

▶▷ 2.1 上级人民检察院将本院管辖的案件交由下级人民检察院侦查，由侦查指挥中心办公室承办人提出意见层报部门正职、分管副检察长审查后，应当经本院检察长批准，作出《交办案件决定书》，并抄送本院侦查监督、公诉部门。分、州、市人民检察院向下级人民检察院交办案件，应当同时将《交办案件决定书》报省、自治区、直辖市人民检察院侦查监督部门备案。

▶▷ 2.2 上级人民检察院将下级人民检察院管辖的案件指定异地侦查，由侦查指挥中心办公室承办人提出意见层报部门正职、分管副检察长审查后，应当经本院检察长批准，作出《指定管辖决定书》，并抄送本院侦查监督、公诉部门。

▶▷ 2.3 上级人民检察院向下级人民检察院交办或者指定异地侦查职务犯罪案件，应当逐级进行。下级人民检察院对上级人民检察院交办的案件，应当自行立案侦查，如需再向下交办，应当报经上级人民检察院同意。接受指定管辖的人民检察院报经上级人民检察院同意后，可以根据分级管辖的规定和案件具体情况，再次向下指定管辖。

▶ 3. 指定管辖的有关事项

▶▷ 3.1 上级人民检察院交办或者指定管辖的案件需要协调审判管辖的，由最初作出交办案件或者指定管辖决定的上级人民检察院与同级人民法院协商。

▶▷ 3.2 上级人民检察院交办或者指定管辖的案件，侦查、审查起诉不在同一人民检察院，需要补充侦查的，一般由负责侦查案件的人民检察院补充侦查；由负责审查起诉的人民检察院补充侦查的，原负责侦查案件的人民检察院应当予以协助。

▶▷ 3.3 下级人民检察院在办理上级人民检察院交办或者指定管辖的案件过程中，发现不属于本院管辖的其他职务犯罪线索，应当报送最初作出交办或者指定管辖决定的上级人民检察院依法处理。

第三章 初查操作规程

【定义1】初查是指人民检察院在立案前，对直接受理的犯罪案件线索依法审查和调查的司法活动。

【定义2】职务犯罪案件初查是指人民检察院职务犯罪侦查部门在立案前，对于职务犯罪案件线索所进行的发现、受理、审查、评估以及必要的调查活动。

第一节 职务犯罪案件线索受理与处理类操作规程

【定义】职务犯罪案件线索的受理与处理是指检察机关对案件线索负有管理职能的业务部门（控申部门、案管部门、侦查部门、刑事执行检察部门等）对案件线索的收集、受理、管理、审查、处理和备案等一系列活动的总称。

一、线索发现与收集操作规程

【定义】职务犯罪案件线索的发现与收集是指检察机关对反映国家工作人员或者国有单位涉嫌职务犯罪活动、为破案提供脉络和途径的相关信息和材料按照一定的程序进行发现、收集的司法活动。

▶ **1. 线索发现与收集的主要途径**

▶ 1.1 群众提供。即从知晓案情的单位或个人向人民检察院所提供的报案、举报、控告中发现职务犯罪案件线索。

▶ 1.2 走访调查。即通过深入群众，到职务犯罪易发、多发的部门、行业、单位进行基础性调查，发现和获取职务犯罪案件线索。

▶ 1.3 案中发现。即人民检察院职务犯罪侦查部门通过对现有案件的侦办，及时分析判断与案情有关的衍生信息,从中发现职务犯罪案件线索。

▶▷ 1.4 部门移送。即人民检察院按照反腐败整体格局的要求,与相关执法执纪部门如人民法院、纪检监察部门、公安、工商、税务、海关、审计等部门建立起联系、通报、共享、移送案件线索机制,及时收集和发现职务犯罪案件线索。

▶▷ 1.5 媒体报道。即对电视、电台、报刊、网络等媒体所承载的信息进行分析、甄别,从中发现职务犯罪案件线索。

▶▷ 1.6 投案自首。即检察机关通过接受犯罪嫌疑人主动投案自首,从中发现职务犯罪案件线索。人民检察院接受犯罪嫌疑人投案自首,应当立即组织人员对自首涉及的有关情况进行初查,提取相关证据,防止证据灭失。

▶▷ 1.7 上级交办。即上级机关或者领导将职务犯罪案件线索移送或者交办人民检察院依法查办。由于这类案件线索往往涉及面较广,社会影响较大,因此应当慎重对待,并严格履行保密制度。

▶ 2. 线索发现与收集的内容

案件线索发现与收集要围绕犯罪构成要件和侦查工作的需要收集,具体内容包括:

(1)涉嫌犯罪事实信息的收集;

(2)相关行业和重点部门发案破案规律;

(3)涉嫌犯罪的单位、个人有关廉洁自律、反腐败工作情况和有关职务权力范围、运作流程、业务、会计、工商登记等资料;

(4)被举报人的年龄、文化程度、兴趣爱好、社会关系、性格特点等基础信息。

▶ 3. 线索发现与收集的方法

▶▷ 3.1 从职务犯罪易发、多发的部门、行业、单位的权力运行规律中发现犯罪线索。

▶▷ 3.2 从国有资金来往密集、国家资金补贴较多、转移支付力度较大的行业、领域发现犯罪线索。

▶▷ 3.3 从涉案人员家庭财产、社会交往、行踪轨迹等异常现象中发现犯罪线索。

▶▷ 3.4 从工程建设、房地产开发、国土资源、交通能源、医疗卫生等领域中发现犯罪线索。

▶▷ 3.5 从社会热点问题、信访上访事件、群体性事件、社会矛盾比较突出的领域发现犯罪线索。

▶▷ 3.6 从网络媒体中发现犯罪线索，主要方法有：

（1）通过开展网络举报获取案件线索。各级人民检察院应成立网上举报中心，安排专人负责受理网上举报，从中发现职务犯罪案件线索。

（2）通过开展网民互动获取案件线索。侦查人员可以隐蔽真实身份，通过参与网络论坛（BBS）、博客、新闻跟帖、QQ 聊天以及微博、微信等形式，获取、甄别、筛选有价值的信息，从中发现职务犯罪线索。

（3）通过关注网络媒体报道，及时跟进并有效地获取职务犯罪线索。

（4）通过实现网络信息共享获取案件线索。加强与行政执法部门的网络信息共享，关注执法信息，有助于检察机关监督行政执法，从中发现案件线索。

▶▷ 3.7 侦查人员应树立深挖意识，在办案中从行贿人、受贿人、作案手段、资金起落点、搜查扣押物品、查账、鼓励自首立功等多角度进行深挖，发现新的职务犯罪线索。

▶▷ 3.8 对犯罪嫌疑人主动投案自首的案件，人民检察院职务犯罪侦查部门应当立即组织人员对自首涉及的有关情况进行初查，提取相关证据，防止证据灭失。同时，办案人员在接受犯罪嫌疑人投案自首后，应当迅速弄清楚是否还有同案犯，是否有其他案件牵连情况，及时掌握并处理。

▶▷ 3.9 人民检察院职务犯罪侦查部门，经检察长批准，可以在特定部门、行业或者针对特定事项，安排、布置、发展特定知情人，秘密获取职务犯罪线索。

▶▷ 3.10 人民检察院职务犯罪侦查部门对已收集的线索信息应安排专人定时清理、分类、评估筛选，并及时对有价值的信息进行跟踪了解，不断充实和完善。

二、线索受理操作规程

【定义】职务犯罪案件线索的受理是指检察机关接受或受理报案、控告、举报和犯罪嫌疑人自首后，应当根据规定进行审查处理，也包括了线索受理在内的全部初查过程。

▶ 1. 线索受理工作流程

线索受理工作流程图

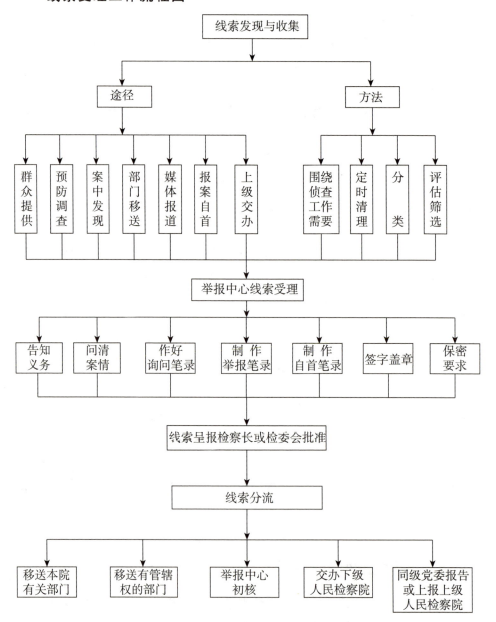

▶ 2. 线索的接受

人民检察院举报中心统一管理举报线索。侦查部门对所接受的案件线索，应当在七日以内移送举报中心。有关机关或部门移送人民检察院审查是否立案的案件线索和人民检察院侦查部门自行发现的案件线索，如由侦查部门自行审查的，依规定程序报请审批。线索接受基本操作程序是：

（1）要向报案人、控告人、举报人讲明，应当客观真实反映案件情况，不能进行捏造、歪曲事实，否则应当承担法律责任。

（2）在接收案件时，应当尽可能地了解下列情况：①犯罪时间、地点、手段、结果等情况；②犯罪嫌疑人的姓名、性别、工作单位、职务等情况；③发案单位的地址、电话以及企事业单位的性质及经营范围、上级主管部门等情况。对于企事业单位的性质不清的，接受人应当记明在案，并在事后可以通过单位代码查询等方式和途径查明涉案单位的性质。

（3）应当作好询问笔录。笔录完成后，接受人应当交由报案人、控告人、举报人阅读或向其宣读，在其确认无误后，应对笔录逐页签名或盖章。对于其随身携带的举报等材料，应注明时间，并由其在材料上签名或盖章。

（4）对当面举报或者电话举报，应当及时制作举报笔录，必要时可以录音录像。对于书面举报的，要写明举报人的姓名、住址、所在单位、联系方式等；对于通过邮递或者电子邮件形式的举报材料，要注明收到材料的时间；对于有举报人的，经过审查发现举报材料的内容不清楚的，可以约见举报人或者告知其补充材料。

（5）对机关、团体、企业、事业单位的书面报案，应向报案单位说明，并由报案单位加盖公章、单位负责人签名或者盖章。

（6）对犯罪嫌疑人的自首，应当制作自首笔录。对于自首人提供的有关证据材料、物品等应当登记，制作接受证据或者物品清单，必要时予以拍照。记录时要详细，记录的内容包括自首的时间、自首动机、自首事实等。自首人应当在自首笔录上逐页签名或者盖章。

（7）对于不愿公开姓名和举报行为的举报人，应当为其保密。严禁将举报材料转给被举报单位和被举报人。对于匿名举报，接受人也应认真、细致地进行审查，以判明是否有职务犯罪事实发生。

（8）上级人民检察院可以将本院管辖的案件线索交下级人民检察院查处，上级人民检察院应当制作《交办案件线索通知书》，移交下级人民检察院处理。下级人民检察院接收到上级人民检察院交办的案件线索后，应纳入线索统一管理，组织审查。

（9）检察机关受理纪检监察机关、行政执法机关移送的案件线索，应当按照规定审查随案移送的证据材料和扣押、收缴的赃款、赃物是否随案移送。按规定应当随案移送而未随案移送的，不予受理。

▶ 3. 线索呈批

检察机关控告检察部门或者举报中心统一受理报案、控告、申诉和犯罪嫌疑人投案自首，并根据举报线索的具体情况和管辖规定，经部门正职、检察长审批同意后，在七日以内按照如下操作规程处理：

（1）属于人民检察院管辖的，按照相关规定移送本院有关部门或者其他人民检察院办理。

（2）不属于人民检察院管辖的，移送有管辖权的机关处理，并且通知报案人、控告人、举报人、自首人。对于不属于人民检察院管辖又应当采取紧急措施的，应当先采取紧急措施，然后移送主管机关。

（3）对案件事实或者线索不明的，应当进行必要的调查核实，收集相关材料，查明情况后及时移送有管辖权的机关或者部门办理。控告检察部门或者举报中心可以向下级人民检察院交办控告、申诉、举报案件，交办举报线索前应当向有关侦查部门通报，交办函及有关材料复印件应当转送本院有关侦查部门。控告检察部门或者举报中心对移送本院有关部门和向下级人民检察院交办的案件，应当依照有关规定进行督办。

（4）案件线索涉及县、处级以上干部的案件线索，应符合分级管辖的规定，在需接触初查对象或者进行必要调查前，应向同级党委主要领导报告，不得扩大请示报告的范围；涉及非本辖区党委管理的县、处级以上干部的犯罪线索，在需接触初查对象和立案之前，应向上级人民检察院报告。

三、线索审查与评估操作规程

【定义】线索的审查和评估是指职务犯罪侦查部门根据受理的报案、控告、举报、自首以及其他单位和部门移送或交办的案件线索材料进行审查筛选，对受理的案件线索进行客观、全面分析的司法活动。

▶ 1. 线索审查与评估的方法

▶▶ 1.1 实体性审查。根据刑法的有关规定，对案件线索涉及的内容，从实体法上进行有针对性的审查，分析判断其涉案程度，举报动机、线索真实性以及是否需要展开初查等内容。

■▶ 1.2 程序性审查。根据刑事诉讼法的有关规定，对于报案、控告、举报和自首的材料，应当按照管辖范围迅速审查。对涉案线索或者案件的实体审查结果，如果认为有初查必要的，就需要按照案件线索管辖的规定分析研究，比如是否属于检察机关管辖，属何地检察机关管辖等，然后决定对案件线索进行有针对性的分流处理。

▶ 2. 线索审查与评估的内容

■▶ 2.1 分析线索的真实性。承办人应当对犯罪线索涉及的相关人员的基本情况进行分析，判断其职务与犯罪事实之间是否有联系；应当审查犯罪线索涉及的基本问题是否清楚和合乎情理，是否符合职务犯罪的作案特点、规律和表现形式，推断出事实存在的可能性。

■▶ 2.2 分析线索的成案可能性。承办人评估线索时，应当对成案可能性进行准确无误的评估，确定线索的成案性。由于线索信息量往往相对有限，很难判定是否涉嫌犯罪。这就需要对线索对象的行为性质、情节轻重等进行判断，从中发现隐藏在线索背后的犯罪事实，为是否对线索进行查办提供参考。

■▶ 2.3 分析线索的可查性：

（1）有无可查的对象，具体包括犯罪嫌疑人、可供调查的知情人、当事人或者重要关系；

（2）有无可查事实，即有无权力不当行使及行为与涉案事实之间是否存在法律上的因果关系；

（3）有无可查条件，即要综合分析案件线索的可确定性、相关证据的可获得性、涉案对象的可控性等因素进行评估，来确定是否具备查处的内外条件。

■▶ 2.4 分析线索的关联性：

（1）对线索中"人"的利用，通过对犯罪嫌疑人、特定关系人、举报人、说情人进行调查分析，寻找发现犯罪事实的突破口，快速锁定犯罪嫌疑人和犯罪事实；

（2）对线索中"事实"的利用，通过分析犯罪嫌疑人权力行使有无不当、职务履行有无背离性、个人利益获取有无反常性来寻找突破口，确定犯罪事实是否存在。

▶ 3. 线索审查与评估的程序

■▶ 3.1 线索审查与评估基本程序。即由线索评估人员根据评估要素进行评估后，提出初步处理意见，报请审批是否进行初查。

（1）认为构成犯罪，需要追究刑事责任，属于本院管辖并符合立案标准的，提请立案侦查；

（2）认为涉嫌犯罪并属于本院管辖，需要进行初查以确定是否符合立案条件的，提请初查；

（3）启动初查的条件和时机尚不成熟的，提请缓查；

（4）认为涉嫌犯罪，但不属于本院管辖的，提请移送有管辖权的机关；

（5）认为不构成犯罪，或者依照《刑事诉讼法》第十五条的规定不需要追究刑事责任的，提请不立案；需要追究纪律责任的，提请移送纪检监察机关或者有关单位处理。

▶▶ 3.2 线索评估的特殊程序。线索评估的特殊程序即集体评估程序，集体评估程序多见于对疑难复杂涉案线索的评估，其程序特殊性表现在：

▶▶ 3.2.1 侦查部门应当设立犯罪线索评估小组，及时对受理或者自行发现的犯罪线索进行集体评估，提出审查意见，报分管副检察长或检察长审批。

▶▶ 3.2.2 对于具有下列情形之一的，检察长应当召集本院犯罪线索评估小组对犯罪线索进行集体评估：

（1）侦查部门内部审查评估存在意见分歧的；

（2）举报中心与侦查部门之间存在意见分歧的；

（3）检察长认为有必要进行集体评估的。

▶▶ 3.3 对决定缓查的犯罪线索，侦查部门应当定期清理和评估，启动初查的条件和时机成熟后及时提请初查。

▶▶ 3.4 对于本院负责诉讼监督的业务部门移送的犯罪线索，侦查部门报分管副检察长或检察长审批前应当听取该部门的意见；对于本院举报中心、其他内设机构移送的犯罪线索，侦查部门应当自收到犯罪线索之日起二十日内反馈审查处理情况，举报中心、其他内设机构有不同意见的，可以报告检察长。

四、线索处理操作规程

【定义】线索处理是指检察机关控告申诉部门或者职务犯罪侦查部门对受理的报案、控告、举报、自首以及其他单位和部门移送或交办的案件线索材料，进行审查评估后，根据案件线索的具体情况和管辖规定，进行分类移交、分级管理、分流处理的司法活动。

▶ **1. 线索处理工作流程**

线索处理工作流程图

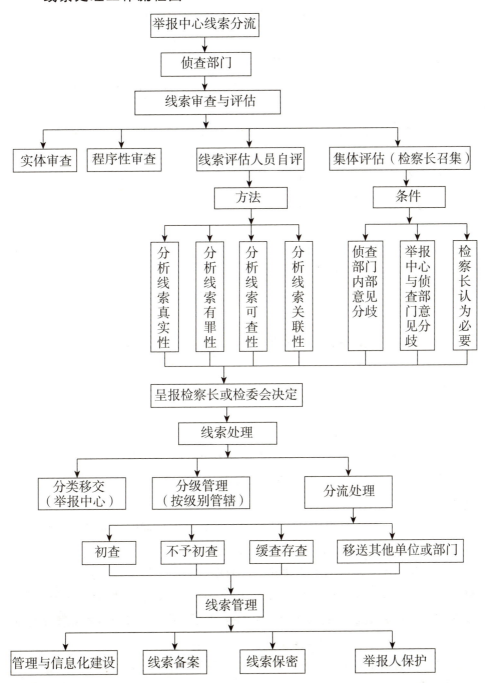

▶ 2. 线索分类移交操作程序

▶▶ 2.1 检察机关其他内设部门及其人员收到的举报线索，应当在七日内提交或者移送举报中心处理，有特殊情况暂时不宜移送的，应当经检察长批准。

▶▶ 2.2 侦查部门在侦查中发现的需另案处理的线索，一般应当在两个月内向本院举报中心通报；对暂时不具备查办价值的举报线索，应当每月向举报中心集中通报一次；经初查不予立案的举报线索，应当在一个月内移送举报中心。

▶▶ 2.3 侦查部门以外的其他业务部门，在检察工作中发现的职务犯罪线索，应当在移送有关侦查部门处理的同时向举报中心通报。

▶ 3. 线索分级管理操作程序

▶▶ 3.1 省部级以上以及中央单位厅局级国家工作人员、中央企业同等级别国家工作人员职务犯罪线索，由最高人民检察院举报中心受理。

▶▶ 3.2 地方厅局级和中央、省直机关处级国家工作人员职务犯罪线索，由省级人民检察院举报中心管理。

▶▶ 3.3 省以下县处级国家工作人员职务犯罪线索，由地市级人民检察院举报中心管理。

▶▶ 3.4 科级及其以下国家工作人员职务犯罪线索，由县级人民检察院举报中心管理。

▶ 4. 线索分流处理程序

承办人员审查线索材料后应提出审查意见，经部门正职审核后报分管检察长审批，检察长决定，必要时提交检察委员会讨论决定：

（1）认为属于本院管辖、可能涉嫌犯罪并且具备初查条件和时机的，应当提请初查，同时提交《提请初查报告》和初查方案等材料，呈报检察长批准；

（2）认为虽属于检察机关管辖但没有涉嫌犯罪可能的，提出不予初查的意见，报请检察长批准后，退回举报中心处理；

（3）认为属于检察机关管辖并有可能涉嫌犯罪，但不具备初查条件和时机的，提出缓查或存查的意见，填写《缓查线索登记表》报请检察长批准。缓查线索应由专人统一保管，《缓查线索登记表》应报举报中心和案管部门备案。对实名举报一般不列入缓查；

（4）认为属于向上级职务犯罪侦查部门备案的线索，应当填写《检察机关职务犯罪案件线索移送、备案表》，连同线索材料复印件一并报上级人民检察院职务犯罪侦查部门；

（5）认为属于应交下级人民检察院办理的案件线索，呈部门主要负责人审核，分管副检察长审批，由指挥中心办公室办理交办手续，交下级人民检察院办理；

（6）认为不属于本部门或者检察机关管辖的案件线索，提出移转相关部门处理的意见。由线索管理员制作《移送案件通知书》转其他部门或其他单位处理，通知报案人、控告人、举报人。

▶ 5. 回复、答复举报人及举报中心操作程序

▶▶ 5.1 回复举报中心操作程序

▶▶ 5.1.1 侦查部门收到举报中心移送的举报线索，应当在三个月以内将处理情况回复举报中心；情况复杂逾期不能办结的，报检察长批准，可以适当延长办理期限。

▶▶ 5.1.2 侦查部门应当以书面形式向举报人回复办理结果，并列明以下内容：

（1）控告、申诉或者举报事项；

（2）办理的过程；

（3）认定的事实和证据；

（4）处理情况和法律依据；

（5）执法办案风险评估情况等。

▶▶ 5.2 答复实名举报人操作规程

▶▶ 5.2.1 使用真实姓名或者单位名称举报的，属于实名举报。实名举报除通讯地址不详的以外，人民检察院应当将处理情况和办理结果十日内答复举报人。

▶▶ 5.2.2 对采用走访形式举报的，应当场答复是否受理；不能当场答复的，应当自接待举报人之日起十五日以内答复。

▶▶ 5.2.3 人民检察院举报中心负责实名举报答复工作。必要时可以与本院有关侦查部门共同答复。

▶▶ 5.2.4 答复可以采取口头、书面或者其他适当的方式进行。口头答复的，应当制作答复笔录，载明答复的时间、地点、参加人及答复内容、举报人对答复的意见等。书面答复的，应当制作答复函。需要以邮寄方式书面答复署名举报人的，应当挂号并不得使用有"人民检察院"字样的信封。

▶▶ 5.2.5 答复应当包括下列内容：

（1）办理的过程；

（2）认定的事实和证据；

（3）处理结果和法律依据。

五、线索管理操作规程

【定义】线索管理是指检察机关负有线索管理职责的工作人员对案件线索的收阅、登记、呈报、转办、移送、保管、备案、统计、答复，或举报的接待、接办、记录、录音，线索保密和举报人保护等工作的操作过程。

▶ 1. 线索管理的原则

▶ 1.1 线索专人管理原则，即对每条线索都应交由专门人员管理，并对管理负相应的法律责任。

▶ 1.2 要案线索分级备案原则，即对要案件线索受理后，应按规定按层级报请上级人民检察院备案。

▶ 1.3 线索保密原则，即负责管理线索的人员不得泄露与其管理线索有关的内容和举报人等相关信息，但应办案需要经依法批准的除外。

▶ 1.4 加强对举报人（控告人）、被举报人（被控告人）合法权益保护原则，即无论是否初查，均应依法保护举报人、被举报人的合法权益；应举报人要求，必要时可采取一项或多项保护措施。

▶ 1.5 违纪违法责任追究原则，即线索管理负责人如有违反线索管理的有关规定，应负相应的违纪违法责任。（详见本节6.2）

▶ 2. 线索专人管理与信息化建设

▶ 2.1 人民检察院职务犯罪侦查部门应当指定线索管理员统一归口管理案件线索。对受理的案件线索，线索专管员要统一填写《××××人民检察院职务犯罪案件线索信息登记表（台账）》和《××××人民检察院反贪局案件线索登记分流审批表》，逐件建档，按保密规定要求保存，并严格按照规定办理线索流转，严防泄露或遗失举报材料。

▶ 2.2 职务犯罪侦查部门应重视案件线索信息库建设，创造计算机信息技术条件来管理案件线索信息，运用检察专线网传递举报线索，督促线索管理人员和相关人员，分析发案规律，针对存在问题，提出加强和改进意见，完善管理制度，不断提高线索信息管理水平。

▶ 3. 线索备案

人民检察院直接受理的要案线索实行分级备案管理制度。

【定义】要案线索，是指依法由人民检察院直接立案侦查的县、处级以上干部犯罪的案件线索。

对于要案线索实行分级备案制度，具体操作规程是：

（1）县（处）级干部的要案线索，一律报省级人民检察院举报中心备案。其中，涉嫌犯罪数额特别巨大或者犯罪后果特别严重的，层报最高人民检察院举报中心备案。

（2）厅（局）级以上干部的要案线索，一律报最高人民检察院举报中心备案。

（3）对于要案线索，应当逐案填写要案线索备案表进行备案。备案应当在受理后七日以内办理；情况紧急的，应当在备案之前及时报告。

（4）接到备案的上级人民检察院举报中心，对备案材料应当及时审查，如果有不同意见，应当在十日以内，将审查意见通知报送备案的下级人民检察院。最高人民检察院开发的全国检察机关统一业务应用软件系统运行以后，对于要案线索的备案，一律实行网上报备案制度。

（5）对备案线索初查后的处理情况，应当在作出决定后十日以内按照备案管辖范围报上级人民检察院侦查部门备案，上级人民检察院侦查部门认为处理不当的，应当在收到备案材料后十日以内通知下级人民检察院侦查部门纠正。

（6）上级人民检察院侦查部门应当指派专人负责备案线索的管理，建立备案线索信息库，对线索进行分类并及时进行审查，经审查有指导性意见的应在报局领导审批后及时下达。下级人民检察院应当执行。

▶ 4. 线索保密

职务犯罪案件没有查实或者侦查没有结束之前，要做好对举报人和被举报人的保密工作。因此，在初查的线索管理阶段，应切实做好保密工作，法定的操作标准和程序是：

（1）对举报材料的内容应严格保密，不允许任何人私自摘抄、复制、扣押、销毁举报材料；

（2）禁止泄露举报人的姓名、工作单位、家庭住址等情况，甚至将举报材料和举报人的有关情况透露或者转给举报单位和被举报人；

（3）在初查时不得出示举报材料，也不得暴露举报人的姓名和单位；

（4）宣传报道和奖励举报有功人员时，除本人同意外，不得在新闻媒体中公开报道举报人的姓名、单位以及相关情况。

▶ 5. 举报人（控告人）保护

▶▶ 5.1 采取必要保护措施，防止报案人、控告人、举报人及其近亲属的人身权利、民主权利、财产权利等合法权益受到侵害。

▶▶ 5.2 发现有打击报复举报人及其近亲属活动的，应及时予以制止，并通过依法调查后由主管部门处理；情节严重的，依法追究行为人的刑事责任。

▶▶ 5.3 举报人认为因其举报行为，本人或其近亲属的人身安全面临危险的，可以向检察机关请求应予以保护。

▶▶ 5.4 检察机关根据举报人的申请，经审查认为举报人及其近亲属面临现实危险，有保护必要的，经检察长批准同意后，可以采取以下一项或多项保护措施：

（1）禁止特定的人员接触举报人及其近亲属；

（2）对举报人及其近亲属的人身和住宅采取专门性保护措施；

（3）其他必要的保护措施。

▶▶ 5.5 检察机关依法采取保护措施，有关单位和个人应当配合。

▶▶ 5.6 检察机关应当建立奖励基金，实行专款专用。经检察机关立案侦查，被举报人被追究刑事责任的，应当对举报有功人员或单位给予精神奖励、物质奖励；对被侦破职务犯罪案件有重大贡献的，应予以重奖；奖励以判决生效为依据，由检察机关举报中心执行。

▶ 6. 线索管理相关人员的责任

▶▶ 6.1 加强对被控告人、被举报人合法权益的保护

（1）认真全面地审查控告、举报材料，以"无罪推定"原则，依法保护被举报人的合法权益；

（2）对故意捏造事实、伪造证据，诬告陷害他人构成犯罪的，要及时依法追究其刑事责任；

（3）对确属错告并已经对被控告人、被举报人造成不良影响的，要及时为其澄清事实、恢复名誉、消除影响。

▶▶ 6.2 线索管理的违纪违法责任追究

具有下列情况之一，对直接负责的主管人员和其他直接责任人员，依照检察人员纪律处分条例等有关规定给予纪律处分；构成犯罪的，依法追究刑事

责任：

（1）滥用职权，擅自处理举报线索的；

（2）私存、扣压或者遗失举报线索的；

（3）故意泄露举报人姓名、地址、电话或者举报内容，或者将举报材料转给被举报人、被举报单位的；

（4）徇私舞弊、玩忽职守，造成重大损失的；

（5）压制、迫害、打击报复举报人的；

（6）查处举报线索无故超出规定期限，造成举报人越级上访或者其他严重后果的；

（7）隐瞒、谎报、缓报重大举报信息，造成严重后果的。

第二节　初查类操作规程

一、启动初查操作规程

【定义1】初查是指检察机关职务犯罪侦查部门在立案前对职务犯罪案件线索进行审查和调查的司法活动。

【定义2】启动初查是指职务犯罪侦查部门在对案件线索进行分析评估的基础上开展初查活动的发起程序。通过对《提请初查报告》、《初查工作方案》等一系列审批程序，使侦查部门准确把握启动初查的条件，明确初查工作的目的、方向、任务和内容，确保初查工作依法、有序、有效开展。

▶ **1. 启动初查工作流程**

启动初查工作流程图

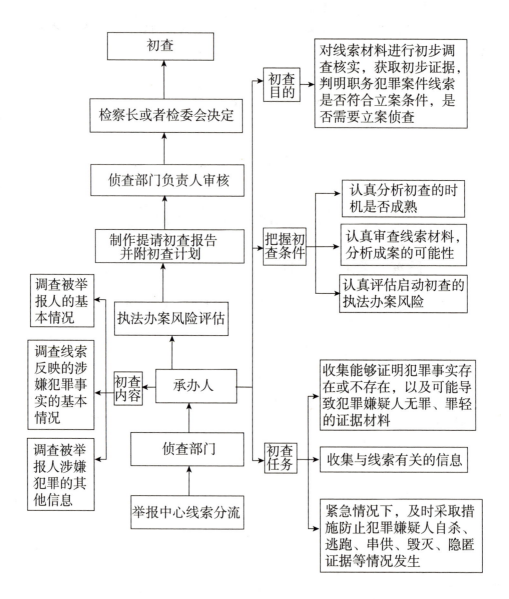

▶ **2. 启动初查的条件**

▶▶ 2.1 认真审查线索材料，分析成案的可能性。主要分析线索材料反映的犯罪事实是否有可能存在，是否属于检察机关的管辖范围。对内容翔实、客观真实性强、挖掘潜力大、成案可能性高的线索可启动初查。

▶▶ 2.2 认真分析初查的时机是否成熟，主要分析启动初查是否存在办案阻力，是否会影响其他案件的办理，是否会影响党委、政府的重大工作部署，是否会影响经济建设发展工作，是否会影响社会稳定等。一般来说，实名举报、群体联名举报等可能引发集体上访，影响社会稳定的线索；投案自首的线索；犯罪嫌疑人可能潜逃的线索；交办、督办、检察长批示等情况紧急的线索应当启动初查。

▶▶ 2.3 认真评估启动初查的执法办案风险及化解风险的措施。

▶ **3. 初查的目的、任务和内容**

▶▶ 3.1 初查的目的，主要是对线索材料进行初步调查核实，获取初步证据，判明职务犯罪案件线索是否符合立案条件，是否需要立案侦查。

▶▶ 3.2 初查的主要任务：

（1）收集与线索有关的信息，判断线索材料所反映的犯罪事实的真伪，获取能够决定是否立案的关键证据材料；

（2）收集能够证明犯罪事实存在或不存在，以及可能导致犯罪嫌疑人无罪、罪轻的证据材料；

（3）紧急情况下，及时采取措施防止犯罪嫌疑人自杀、逃跑、串供、毁灭、隐匿证据等情况发生。

▶▶ 3.3 初查的内容：

（1）调查初查对象的基本情况，比如年龄、住址、籍贯、文化程度、亲属关系、简要经历、任职情况、工作权限、财产状况等；

（2）调查线索反映的涉嫌犯罪事实的基本情况，比如线索材料所反映的问题是否属实，是否符合职务犯罪的构成要件，是否属于检察机关的管辖范围，是否超过诉讼期限，是否具有依法不追究刑事责任的情形等；

（3）调查初查对象涉嫌犯罪的其他信息，比如通讯信息、个人财产信息、房产信息、出入境信息、社会交往信息、职权职责信息、负责的重要工作或工程项目信息、家人亲属经商信息及财产状况等。

▶ 4. 启动初查分工机制

▶ 4.1 启动初查分工范围：

（1）各级人民检察院初查的分工，按照检察机关直接立案侦查案件分级管辖的规定确定。

（2）最高人民检察院负责全国性的重大贪污贿赂犯罪案件、省部级干部和中央国家机关司局级干部犯罪线索的初查。

（3）省级人民检察院负责全省性的重大贪污贿赂犯罪案件和厅级干部犯罪案件线索的初查。

（4）市级人民检察院负责本辖区的重大贪污贿赂犯罪案件、本辖区内县处级干部犯罪案件线索的初查。

（5）基层人民检察院负责本辖区内科级干部、一般干部等犯罪案件线索的初查。

（6）市级人民检察院初查、立案侦查"三类单位"案件中的处级人员案件应当经省级人民检察院批准。"三类单位"是指：①省直党的机关、人大机关、行政机关、政协机关、审判机关、检察机关、民主党派机关、省属人民团体、事业单位；②中央驻省（直辖市、自治区）单位（包括中央国家机关、企业、事业单位）；③省辖范围内国家、省属重点工程项目单位。

▶ 4.2 初查要案党内请示报告制度：

初查涉及县、处级以上干部的案件线索，应符合分级管辖的规定，在需要接触被查对象或者进行必要调查前，应向同级党委的主要领导同志报告。

▶ 4.3 初查工作一体化机制：

（1）上级人民检察院可以直接初查或者组织、指挥、参与下级人民检察院的初查，可以将下级人民检察院管辖的犯罪线索指定辖区内其他下级人民检察院初查，也可以将本院管辖的犯罪线索交由下级人民检察院初查。

（2）下级人民检察院认为案情重大、复杂，需要由上级人民检察院初查的犯罪线索，可以提请移送上级人民检察院初查。

▶ 4.4 自侦部门与刑事执行检察部门启动初查分工负责机制：

（1）对于自行发现或举报中心移送审查的案件线索，由侦查部门负责。

（2）在刑罚执行和监管活动中发现的应当由人民检察院直接立案侦查的案件线索，由刑事执行检察部门负责初查。

（3）对于重大、复杂的职务犯罪线索，刑事执行检察部门可以商请侦查部门协助初查；必要时也可以报检察长批准后，移送侦查部门初查，刑事执行检察部门予以配合。

▶ **5. 启动初查的程序**

▶▷ 5.1 风险评估。初查前，承办人应当填写《执法办案风险评估登记表》，对案件风险进行评估。应当对以下内容进行评估：

（1）是否会发生泄密事件；

（2）是否会给被查单位、被查人造成不良影响；

（3）初查的证据是否够客观、全面、扎实，是否会给下步侦查工作带来不良影响；

（4）初查对象是否会潜逃、自杀、串供、毁灭证据；

（5）对不予立案的线索，是否存在应当立案而不予立案的情形，是否告知控告人、答复举报人，以免控告人、举报人采取过激行为或涉检上访。

▶▷ 5.2 制作《执法办案风险工作预案》及审核。对经评估存在风险的案件，承办人应当制作《执法办案风险预警工作预案》，连同《执法办案风险评估登记表》，经侦查部门正职审查后，报检察长审核。

▶▷ 5.3 制作《提请初查报告》及审批。对拟启动初查的案件线索，承办人应当制作《提请初查报告》，经侦查部门正职审核后，报分管副检察长审批，检察长或者检察委员会决定。

《提请初查报告》主要包括以下内容：

（1）被举报人（被调查人）基本情况；

（2）案件线索来源；

（3）被举报人涉嫌的主要犯罪线索及初查可行性分析；

（4）承办人意见（包括提请初查的理由和法律依据）；

（5）附件（可根据具体情况附案件线索材料、线索评估意见等内容）。

▶▷ 5.4 制作《初查工作方案》、《初查安全防范预案》及审批。检察长或者检察委员会决定初查的，承办人应当制作《初查工作方案》以及《初查安全防范预案》，经侦查部门正职审核后，报分管副检察长审批，检察长或者检察委员会决定。

《初查工作方案》主要包括以下内容：

（1）涉案人员基本情况和有关背景资料；

（2）案件线索来源及涉嫌的主要问题；

（3）案件线索成案的可行性分析；

（4）初查所要解决的主要问题；

（5）初查方向和突破口的选择；

（6）初查的步骤、方法和谋略；

（7）向侦查转换的条件；

（8）初查人员配备、分工和组织领导；

（9）安全防范预案、办案纪律、保密要求；

（10）注意事项。

《初查安全防范工作预案》的主要内容详见第十二章第二节初查安全防范操作规程。

二、初查实施操作规程

【定义】初查实施是指检察机关职务犯罪侦查部门为了判明是否有犯罪事实并需要立案侦查而进行必要的调查活动。

▶ **1. 初查实施的主体**

初查工作中的调查取证、询问等工作应由检察人员两人以上依法进行。参与初查的检察人员应符合刑事诉讼法有关回避的规定。

▶ **2. 初查计划**

▶▶ 2.1 初查计划为人民检察院职务犯罪侦查部门承办人在对案件线索进行审查、对犯罪嫌疑人基本情况及有关涉案信息进行初步了解后，认为需要进一步开展调取证据、询问、查询等调查工作时，与《提请初查报告》配套使用。

▶▶ 2.2 初查计划落款为承办人两人以上，不得加盖单位公章。初查计划制成后，连同《提请初查报告》、《安全防范工作预案》和案件线索材料层报检察长审批。

▶▶ 2.3 初查计划的制作应当与《提请初查报告》有机结合，其中关于初查的可行性分析应当比《提请初查报告》中的分析详细；在初查工作初期，如果初查方向无法确定导致暂时难以制订详细《初查计划》的，可以待初查方向相对明确后再及时制作（不允许以此为借口不制作或者事后补作《初查计划》）。

▶▶ 2.4 初查计划的制作应当尽可能的详细，在充分占有、分析案件线索信息的基础上制订出切实可行、具有可操作性与指导性的工作计划，切忌流于形式和应付了事。

▶▶ 2.5 初查计划的正式打印件及领导审批件均应存于检查内卷。

> ▶ **3. 初查的方式方法**

▶▶ 3.1 初查一般应当秘密进行，但对于渎职侵权犯罪案件线索，可以根据案件线索的特点分别采用不同方式，既可以秘密进行，也可以公开进行。对过失犯罪，或者危害后果比较明确的，可以公开调查。

▶▶ 3.2 初查不得擅自接触被调查对象，应当接触的须报请分管检察长或者检察长批准，同时应当采取严密的安全防范措施。

▶▶ 3.3 初查不得对初查对象采取强制措施，不得查封、扣押、冻结初查对象的财产，不得采取技术侦查措施。

▶▶ 3.4 在初查过程中，侦查人员应加强对涉案信息的分析判断，选准初查突破口；对被初查对象涉及多起犯罪事实的，应选择一至两起事实较为清晰、成案可能性大的犯罪线索作为初查重点。

▶▶ 3.5 在初查过程中，侦查人员可以向举报人、控告人及相关知情人进一步调查了解初查所需的信息。通过询问举报人、控告人、知情人，核对检举材料的可靠性，掌握案情扩大线索。侦查人员在办案中发现了解到的情况，都应详细记录，同时做好保密工作。

▶▶ 3.6 在初查过程中，可以采取询问、查询、勘验、鉴定等不限制人身自由、财产权利的调查措施、收集、调取相关证据材料；经检察长批准，可以通过有关单位或组织了解掌握有关单位和个人的基本情况；可以通过公安、法院、工商、税务、海关、出入境管理、审计、国资、财政、金融、保险、电信、教育、医疗、车辆管理、房地产管理等部门查询了解初查对象及其家庭成员的资产信息和房产、车辆等信息；经所有人或者持有人同意，也可以调取相关账目资料。对于调取的账目资料，应当妥善保管，使用完毕及时归还；当事人因正常经营需要，要求归还账目资料的，应当复制后及时归还。根据办案需要，办案人员可以对相关材料及物品进行拍照、录像或者复制。

▶▶ 3.7 在初查过程中，经检察长批准，侦查人员可以隐蔽身份，参与纪检监察、审计或者行政执法机关的执纪执法活动，收集和固定相关证据。

▶▶ 3.8 侦查人员在初查过程中，应当严格按照刑事诉讼法的规定收集、固定证据，需要调取有关的书证、物证、视听资料、电子数据的，侦查人员应当制作并出示《调取证据通知书》。

▶▶ 3.9 询问初查对象或者证人，可以在人民检察院办案区、被询问人所在单位、住处或者其提出的地点进行，但应当保证办案安全。询问时，办案人员不得少于两人。询问前，应当向被询问人出示工作证，并告知其权利义务。在人民检察院办案区询问初查对象，应当全程录音录像；征得证人同意，可以对询问过程全程录音录像。询问初查对象或者证人应当个别进行。

▶▶ 3.10 侦查。人员在初查过程中，发现被调查人有逃跑、行凶、自杀或者毁灭、伪造证据、转移赃款赃物等情况时，应当先行采取必要措施予以制止，并立即报告检察长；符合立案条件，应当及时立案，依法采取措施、需要限制初查对象、重要证人出境的，应当按照有关规定办理。

▶ 4. 初查协作

▶▶ 4.1 自侦部门与纪检、审计部门协作初查机制

（1）在初查过程中，侦查部门经检察长批准，可以商请纪检监察、审计等部门配合调查，但不得借用"两规"、"两指"控制被查对象；

（2）经纪检监察、审计机关商请或者同意，侦查部门可以派员对其正在办理的案件依法介入调查。参与提前介入调查的侦查人员，不得参与其他机关对违法违纪人员的看管，在案件移送检察机关立案后，不得担任该案的承办人。

▶▶ 4.2 进行初查的人民检察院可以委托外地人民检察院协助调查有关事项，请求协助调查应当提供初查审批表或其传真件，并列明协助调查事项及有关要求。接受委托的人民检察院应当按照协助调查请求提供协助；对协助调查事项有争议的，应当提请双方共同的上级人民检察院协调解决。

▶ 5. 操作禁忌

▶▶ 5.1 初查要严格依法、依照相关规定开展初查；要严格依照"孤证不能定罪"和言词证据补强规则做好调查取证工作和立案侦查条件的把握；要从证据证明力强弱考虑，强化对证明力强的证据的获取；要结合涉嫌人员职务身份的实际状况来开展工作。

▶▶ 5.2 初查中的调查取证、询问等工作应由检察人员两人以上依法进行，参与初查的检察人员适用刑事诉讼法有关回避的规定。

▶▶ 5.3 初查一般应当秘密进行，防止暴露初查对象、初查意图和初查内容。

▶▶ 5.4 初查可以请纪检监察机关、审计等部门协助调查，但不得借用纪委的

"两规"、"两指"措施控制初查对象；不得参与其他机关对违法违纪人员的看管。

▶▶ 5.5 初查应当依法保障相关单位和涉案人员的合法权益，不得限制或者变相限制人身自由，不得查封、扣押、冻结财物，不得进行搜查，不得采取技术侦查措施，不得给被查人、被查单位造成不良影响。

三、初查终结及处理操作规程

【定义】初查终结及处理是指检察机关职务犯罪侦查部门对举报线索初查终结后，制作审查结论报告，提出是否立案的处理意见，报检察长决定的司法活动。

▶ **1. 初查期限**

▶▶ 1.1 对犯罪线索的初查通常应当在接受案件线索之日起两个月内终结。案情复杂或者有其他特殊情况需要延长初查期限的，应当经检察长批准，但最长不得超过六个月。

▶▶ 1.2 委托账目审计、会计鉴定的，审核鉴定时间不计入初查期限。

▶▶ 1.3 交办、督办案件线索的初查期限，侦查人员应当在上级人民检察院规定的期限内终结，没有规定期限的应当在三个月内制作查办情况报告，经侦查部门正职审核，检察长签发，报上级人民检察院侦查部门。情况复杂，逾期不能办结的，报经检察长批准，可适当延长办理期限，延长期限不得超过三个月。期限届满未办结的，应当在期限届满前三日内向上级人民检察院侦查部门书面说明情况，并按有关规定和上级人民检察院的意见办理。

▶▶ 1.4 由于客观条件限制，一时难以查明事实，但有再查价值的线索，可以中止初查。中止初查的，由侦查人员填写《中止初查审批表》，经侦查部门正职审核，报经检察长批准，并将《中止初查审批表》复印件报举报中心备案。继续初查的条件具备后，应填写《恢复初查审批表》，报检察长批准后及时恢复初查。

▶ **2. 初查终结处理**

▶▶ 2.1 侦查部门经初查后，应当制作《初查结论报告》，提出处理意见，经侦查部门正职审核后，报检察长决定。

▶▶ 2.2 初查结论报告制作要求：

（1）初查结论报告为人民检察院职务犯罪侦查部门承办人在对案件线索

初查终结后，认为需要提请批准不予立案时使用。

（2）初查结论报告落款为承办人两人以上，不得加盖单位公章。文书制成后，层报检察长审批。

（3）对于有署名举报人或者其他机关或者部门移送的案件线索，应当在十日内制作并送达《不立案通知书》、同时告知本院控告申诉检察部门的意见。

（4）初查结论报告的正式打印件及领导审批件均应存于检察内卷。

▶▶ 2.3 《初查结论报告》主要包括以下基本内容：

（1）初查对象基本情况和有关背景资料；

（2）案由、案件线索来源、采取的初查措施及初查经过；

（3）涉嫌的主要犯罪事实及认定上述事实的证据和理由；

（4）承办人意见（简要阐明初查终结后的处理意见及依据）；

（5）在初查中发现的其他问题。

▶▶ 2.4 案件线索经初查终结后，应分不同情况进行处理：

▶▶ 2.4.1 认为有犯罪事实需要追究刑事责任的，应当制作《提请立案报告》，提请批准立案侦查。

▶▶ 2.4.2 有下列情形之一的可以提请以犯罪事实立案：

（1）有证据证明有犯罪事实存在，但犯罪嫌疑人尚未确定的；

（2）犯罪造成的危害后果可能进一步扩大的；

（3）证据可能发生变化以及其他应当通过侦查手段取证，以确定危害后果或者犯罪嫌疑人的。

▶▶ 2.4.3 对经初查不属于本院管辖的案件线索，应移送有管辖权的机关立案侦查。

▶▶ 2.4.4 经初查，对下列情形之一的不需要追究刑事责任的，提请批准不予立案：

（1）认为没有犯罪事实的；

（2）具有《刑事诉讼法》第十五条规定情形之一的；

（3）事实或者证据尚不符合立案条件的。

▶▶ 2.5 侦查部门提请批准不立案的，必要时检察长可以指令侦查部门另行组织人员重新初查，或者指令其他部门重新初查。重新初查的，初查期限重新计算。

▶ 3. 初查结果的回复通报

▶ 3.1 对于本院举报中心移送的举报材料，侦查人员应在一个月内填写《举报材料查处情况回复单》，经侦查部门正职审核后，将查处情况回复举报中心。对有查办结果的，应当书面回复。（回复文书的内容见本章第一节第四点线索处理操作规程5.1.2）

▶ 3.2 举报中心或其他移送案件线索的内设机构认为处理不当的，可以提出意见报检察长；检察长认为处理不当的，可以指定其他侦查人员再行初查。

▶ 3.3 侦查部门对决定不予立案的举报线索，应当在一个月以内退回举报中心。对于实名举报，经初查决定不立案的，侦查部门应当制作《不立案通知书》，写明案由和案件来源、决定不立案的理由和法律依据，连同举报材料和调查材料，自作出不立案决定之日十日内移送本院举报中心，由举报中心负责答复举报人，必要时可由举报中心与侦查部门共同答复。（答复的方式和内容见本章第一节第四点线索处理操作规程5.2.4－5.2.5）

举报人不服不立案决定提出的复议请求和不服下级人民检察院复议决定提出的申诉，由侦查监督部门处理。

▶ 3.4 对于纪检监察、公安、法院、审计、行政执法机关以及有关单位移送的犯罪线索，经初查决定不立案的，侦查部门应当制作《不立案通知书》，写明案由和案件来源、决定不立案的理由和法律依据，经检察长批准后，自作出不立案决定之日起十日内送达犯罪线索移送单位，并可与相关单位交换意见。对认为应当追究党纪政纪责任的，应提出检察建议连同有关材料一起移送相应单位的纪检监察部门处理。对涉及领导干部渎职的案件，应按干部管理权限的规定，将检察建议和有关材料移送相应主管机关处理。对需要给予行政处罚、行政处分或者需要没收其违法所得的，应提出检察意见，移送有关主管机关处理。移送情况应向发案单位通报。

▶ 3.5 对于上级人民检察院交办、指定管辖或者按照规定应当向上级人民检察院备案的要案线索，侦查人员应当在初查终结后十日内制作《案件查处情况报告》，经侦查部门正职、分管副检察长审核，检察决定后，向上级人民检察院侦查部门报告案件线索处理情况。《案件查处情况报告》，一般应包括以下内容：

（1）案件来源；

（2）举报人反映的主要问题；

（3）查办过程；

（4）认定的事实和证据；

（5）处理情况和法律依据；

（6）实名举报的答复情况。

上级人民检察院接到下级人民检察院《案件查处情况报告》后，应当在十日内提出审查意见，不同意下级人民检察院初查结论的，可以指令下级人民检察院复查，必要时可以直接初查或者指定其他下级人民检察院初查。

▶ 3.6 经初查，属于错告、举报失实的，并造成一定影响的，检察机关应当及时向其所在单位或者有关部门通报初查结论，澄清事实、消除影响；属于诬告陷害的，应当移送有关机关追究诬告陷害人的刑事责任。

▶ **4. 其他事项处理**

▶ 4.1 初查终结后，相关材料应当立卷归档。进入立案侦查程序的，除作为诉讼证据以外的其他材料归入侦查内卷。

▶ 4.2 对有关单位在管理上存在的问题和漏洞，为建章立制、加强管理，侦查部门可以制作《检察建议书》，经检察长批准后，向有关单位提出检察建议。

▶ 4.3 上级检察机关应当加强对初查工作的监督检查，发现初查工作不规范或者处理决定不当的，应当及时纠正。

▶ 4.4 检察人员在执法办案活动中，有超越刑事案件管辖进行初查等违法违纪行为的，应当追究执法过错责任。

附录一：《初查计划》格式

犯罪嫌疑人×××涉嫌××一案
初查计划

一、涉案人员基本情况和有关背景资料

包括所有犯罪嫌疑人、重要知情人的基本情况（参照《提请初查报告》中的"基本情况"行文）及犯罪嫌疑人的家庭成员、社会关系等背景资料。

二、案件线索来源及涉嫌的主要问题

参照《提请初查报告》写明案件线索的具体来源，详细列明线索材料中反映的每一个可能成案的案件线索及对查案有帮助的违法违纪问题。

三、案件线索成案的可行性分析

着重从线索内容的真实性、犯罪嫌疑人犯罪的可能性及查找证据的难易程度等方面分析每一个重要案件线索的可查价值。

四、初查所需要解决的主要问题

根据线索列明初查所要查明的主要问题和每个问题所要查找的关键证据。

五、初查方向及突破口的选择

根据具体案情确定初查方向和突破口（突破口应当是经初查后很有可能成为立案依据的线索；线索较多的案件应当有两个以上的突破口），并说明具体理由。

六、初查的步骤、方法和谋略

（1）根据具体案情和下一步工作需要详细写明工作步骤，每一步骤的工作方法和初查中可以运用的谋略；

（2）对于初查中可能遇到的特殊情况、突发情况等应当有相应的应急工作方案。

七、向侦查转换的条件

根据初查方向及突破口的选择预测向侦查转换的最佳时机与条件。

八、初查任务分工及力量分布

根据工作需要和工作人员的特点将每一项初查任务分配到人。

九、初查中的办案纪律和其他注意事项

1. 强调办案纪律；2. 有关保密要求；3. 充分考虑到具体办案中应当注意的事项（如：避免给犯罪嫌疑人的名誉造成负面影响、避免影响企业的正常生产经营等）。

承办人：（二人以上）

×ⅹ年×月×日

附录二：《初查结论报告》格式

××××人民检察院
初查结论报告

×检反贪（反渎）初结〔××××〕×号

犯罪嫌疑人……（犯罪嫌疑人姓名，性别，出生年月日，身份证号码，出生地，民族，文化程度，职业或工作单位及职务、职级，政治面貌，如是人大代表、政协委员，一并写明具体级、届代表、委员及代表、委员号，现住址，前科情况。案件有多名犯罪嫌疑人的，应按涉嫌犯罪情节轻重逐一写明。）

犯罪嫌疑人×××涉嫌××犯罪的案件线索，……（写明案由和案件来源，案件来源具体为自首、单位或者公民举报、上级交办、有关部门移送、本院其他部门移送以及办案中发现等）；××年×月×日，经检察长（或检察委员会）决定，我们开始进行初查，……（简要写明所采取的初查措施及初查经过）。

犯罪嫌疑人×××涉嫌××犯罪的案件线索,现已初查终结。

经初查查明:……(详细写明每条案件线索经初查后不构成犯罪或者无法获取犯罪证据等情况)。

上述事实,……(写明认定上述事实的证据或理由),可以认定。

综上所述,我们认为,犯罪嫌疑人×××涉嫌××犯罪的案件线索,经初查……(写明不符合立案条件的具体理由),不符合立案条件。根据《中华人民共和国刑事诉讼法》第十五条、第八十六条、《人民检察院刑事诉讼规则》第一百二十九条之规定,提请不予立案。

需要说明的问题:……(对于初查中发现的问题应逐一说明,特别是对于发现的个人或单位违法违纪问题应当依据《人民检察院刑事诉讼规则》第一百三十四条之规定提出处理建议)。

当否,请领导批示。

承办人:(二人以上)

××年×月×日

第四章　立案操作规程

【定义】职务犯罪侦查中的立案是指人民检察院依照管辖范围，对自行发现或者对于报案、控告、举报和自首的材料进行审查后，认为有犯罪事实需要追究刑事责任时，决定提起侦查程序的一种诉讼活动。

第一节　立案类操作规程

一、以人立案操作规程

【定义】以人立案是指对职务犯罪嫌疑人明确，而犯罪事实尚未彻底查明的案件决定立案的方式。实践中大量的案件采取这种方式立案。

▶ **1. 以人立案工作流程**

以人立案工作流程图

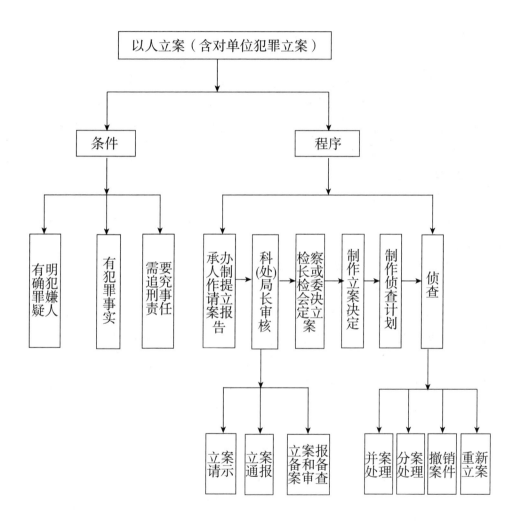

▶ 2. 以人立案的条件

▶ 2.1 有明确的犯罪嫌疑人。

▶ 2.2 有犯罪事实。即根据已有的证据材料能够证明犯罪行为已经发生和存在。具体包括以下三层意思：

（1）危害社会的行为已经发生，包括危害行为的预备、未遂、中止和既遂；

（2）危害社会的行为已达到构成犯罪的程度；

（3）有证据证明存在犯罪事实。

▶ 2.3 需要追究刑事责任。即依据我国刑法规定，行为人的行为的社会危害性达到应当受到刑罚处罚的程度。

▶ 3. 以人立案的程序

▶ 3.1 提请立案。检察机关通过对报案、控告、举报和犯罪嫌疑人自首的材料的书面审查和必要的调查，认为有犯罪事实的，应当立案。具体由案件承办人制作立案请示报告。《提请立案报告》应当写明犯罪嫌疑人的基本情况，初查查明的犯罪事实以及触犯的刑法条文、立案的理由等，经侦查部门正职审核并报检察长或检察委员会研究决定。

▶ 3.2 决定立案。人民检察院发现犯罪事实或者犯罪嫌疑人，应当按照管辖范围，立案侦查。人民检察院对于报案、控告、举报和自首的材料，应当按照管辖范围，迅速进行审查，认为有犯罪事实需要追究刑事责任的时候，应当立案。检察机关对直接受理贪污贿赂犯罪案件的材料，经过书面审查和初步调查，认为犯罪嫌疑人或被告人的犯罪事实已达到法律规定的立案标准，需要追究刑事责任的。应当制作提请立案报告，并附侦查计划，经检察长批准后予以立案，并制作《立案决定书》。

▶ 3.3 侦查计划的制订。侦查计划由案件承办人员制定，经侦查部门正职审核、检察长批准后实施。侦查计划主要包括以下内容：

（1）涉案人员基本情况和有关背景资料；

（2）案件线索来源及涉嫌犯罪的主要线索；

（3）侦查工作前景分析和预测；

（4）侦查所需要解决的主要问题；

（5）侦查突破口的选择；

（6）侦查的步骤、方法和谋略；

（7）侦查任务分工及力量分布；

（8）安全预案；

（9）保密方案；

（10）侦查中的办案纪律和其他注意事项。

▶ **4. 重新立案**

人民检察院直接受理立案侦查的案件，撤销案件以后，又发现新的事实或者证据，认为有犯罪事实需要追究刑事责任的，可以重新立案侦查。重新立案的条件和程序参照以人立案的条件和程序进行。

▶ **5. 补充立案**

▶ 5.1 人民检察院直接受理立案侦查的案件，在立案后，又发现新的同案犯罪嫌疑人或者犯罪事实，认为需要追究刑事责任的，可以补充立案。

▶ 5.2 补充立案须制作补充立案报告和补充立案决定书，分别报检察长（副检察长）审批决定后，方可补充立案。其中补充立案报告的最低审批权限是本院副检察长，补充立案决定书的最低审批权限为本院检察长并加盖院章。

▶ 5.3 补充立案的条件和程序参照以人立案的条件和程序进行。

▶ 5.4 补充立案的案件为独立的案件，对于补充立案的案件，侦查部门案件承办人可根据侦查实际情况决定在侦查终结时是否与前案并案侦查。

▶ **6. 以人立案的标准**

以人立案的侦查活动主要围绕立案对象而展开，是由人查事，查清被立案对象具体实施了哪些犯罪事实。实践中，决定是以人立案还是以事立案主要依据以下几个标准确定：

（1）根据犯罪案件的隐蔽程度来确定立案是否将人作为立案对象，如果犯罪的事实隐蔽得比较深，而犯罪的人比较明确，就应该以"人"作为立案对象；

（2）根据案件线索被发现的先后顺序，来确定立案的对象是人还是事，先发现的是犯罪的人，后发现的是犯罪的事实，就应该以先发现的人为立案对象；

（3）根据是否有利于侦查活动的开展为前提，来确定是否将人作为立案对象。

二、以事立案操作规程

【定义】以事立案是指人民检察院依照管辖范围，对于发现的犯罪事实，或者对于报案、控告、举报和自首的材料，经过审查认为有犯罪事实，需要追究刑事责任，犯罪嫌疑人尚未确定的案件，所依法作出的立案决定。

▶ 1. 以事立案工作流程

以事立案工作流程图

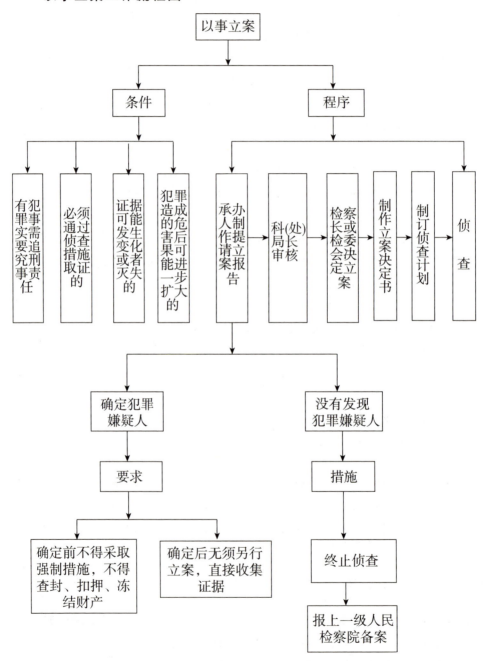

▶ 2. 以事立案的适用条件

人民检察院对于贪污、挪用公款、私分国有资产和私分罚没财物犯罪案件，滥用职权、玩忽职守等渎职犯罪案件，以及国家机关工作人员利用职权侵犯公民人身权利、民主权利的案件以及不能确定犯罪嫌疑人的案件，经过初查，具有下列情形之一的，可以事实立案：

（1）应当通过侦查措施取证的；

（2）证据可能发生变化或者灭失的；

（3）犯罪造成的危害后果可能进一步扩大的。

▶ 3. 以事立案的决定

采取以事立案方式侦查的案件，侦查人员对案件材料审查后，认为有犯罪事实需要追究刑事责任的，应当制作提请立案报告，报检察长批准后制作立案决定书。立案、确定犯罪嫌疑人、终止侦查、侦查终结，应当报检察长批准或检察委员会研究决定。

▶ 4. 确定犯罪嫌疑人

采取以事实立案方式侦查的案件，经过侦查，有证据证明犯罪事实为确定的犯罪嫌疑人实施的，应当制作确定犯罪嫌疑人报告。并应当注意以下事项：

（1）确定犯罪嫌疑人之前，不得对涉案人员采取强制措施，不得查封、扣押、冻结涉案对象的财产；

（2）确定犯罪嫌疑人后，不需要另行立案，直接转为收集犯罪嫌疑人实施犯罪证据的阶段，依法全面使用侦查手段和强制措施；

（3）经过侦查，没有发现犯罪嫌疑人的，应当终止侦查；发现案件不属于本院管辖的，应当依照有关规定移送有管辖权的机关处理；确定犯罪嫌疑人后发现具有《刑事诉讼法》第十五条规定的情形之一的，应当撤销案件。

三、对单位犯罪立案操作规程

【定义】单位犯罪是指国有企事业单位、机关团体，为了谋取本单位的非法利益，经单位集体研究决定或有关负责人员决定实施的危害社会并应承担刑事责任职务犯罪行为。

▶ **1. 单位犯罪立案对象和标准**

▶▷ 1.1 单位犯罪的立案对象

单位犯罪的立案对象包括利用国家（单位）赋予的特定职权，在职务活动中违背自身特有的职责，实施侵犯职务廉洁性犯罪行为的公司、企业、事业单位、机关、团体及其主管人员和直接责任人员。

▶▷ 1.2 单位犯罪的立案标准

▶▷▷ 1.2.1 单位受贿案的立案标准：单位受贿数额十万元以上或者虽不满十万元但具有其他严重情节。

▶▷▷ 1.2.2 对单位行贿案的立案标准：个人行贿数额十万元以上、单位行贿数额在二十万元以上或者虽不满上述数额但具有其他严重情节的。

▶▷▷ 1.2.3 单位行贿案的立案标准：单位行贿数额十万元以上或者虽不满十万元但具有其他严重情节。

▶ **2. 对单位犯罪立案程序**

▶▷ 2.1 人民检察院对案件材料进行审查后，认为公司、企业、事业单位、机关、团体实施的危害社会的行为构成职务犯罪需要追究刑事责任的，对单位和其直接负责的主管人员及其他直接责任人员予以立案，并制作《提请立案报告》和《立案决定书》，经检察长批准后予以立案。

▶▷ 2.2 在对单位立案时，能够确定犯罪事实是由单位确定的主管人员和直接责任人员实施的，对直接负责的主管人员和其他直接责任人员一并立案侦查，单位和单位犯罪的自然人均作为独立的犯罪主体列入职务犯罪侦查的案件中。

▶▷ 2.3 对单位犯罪立案时不能确定犯罪事实是由单位确定的主管人员和直接责任人员实施的，对单位先行立案，单位作为独立的犯罪主体列入职务犯罪侦查的案件中。经过侦查，有证据证明犯罪事实是由单位确定的主管人员和直接责任人员实施的，对其直接负责的主管人员和其他直接责任人员不再另行立案。

▶ **3. 操作禁忌**

▶▷ 3.1 对不利于经济发展和社会稳定的案件应当慎重办理。

▶▷ 3.2 对单位立案应做到避免影响企业资金流动，避免影响企业生产经营延续，避免影响政府、企业招商引资，避免影响政府、企业形象信誉。注意把企业经济活动中的不规范行为与违法行为区别开来，把个人经济犯罪与企业违章操作区别开来，把企业的一般违法与犯罪行为区别开来，把合法收入与违法所得区别开来。从有利于促进企业生存发展、保障职工生计、维护社会稳定的高度，慎重使用立案措施。坚持平等保护各类主体合法权益，不搞区别对待。

▶▶ 3.3 规范执法行为。严格落实立案请示报告等各项办案纪律，严禁越权办案，插手经济纠纷；严禁到发案单位吃拿卡要或接受发案单位和企业的宴请、礼金、游玩等馈赠；严禁在企业拉赞助，到企业报销办案经费；严禁干预发案单位的正常工作秩序和生产经营活动；严禁干预市场主体合法自主的经济行为；严禁未经严格法定程序传讯、关押企业法人代表。

四、并案处理立案操作规程

【定义】并案处理是指对于一人犯数罪、共同犯罪、多个犯罪嫌疑人实施的犯罪相互关联，为了有利于查明案件事实和诉讼进行的，对该案件和其他案件合并处理的一种诉讼活动。

▶ **1. 并案处理工作流程**

并案处理工作流程图

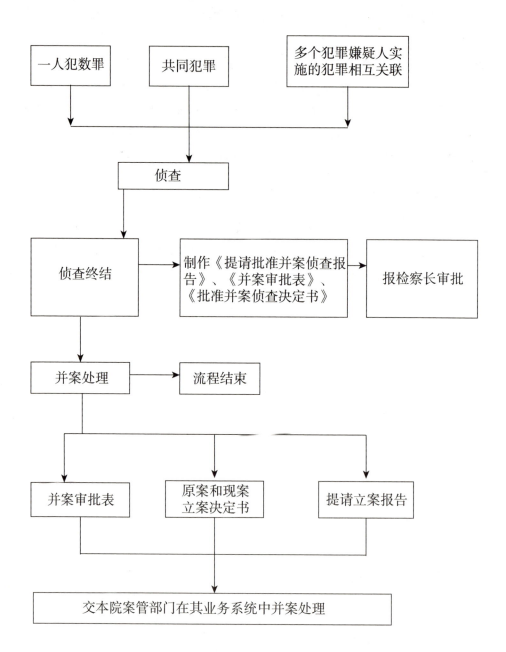

▶ **2. 并案处理立案的适用条件**

▶▶ 2.1 对于一人犯数罪、共同犯罪、多个犯罪嫌疑人实施的犯罪相互关联的案件，并案处理有利于查明案件事实和诉讼进行的，人民检察院可以对相关犯罪案件并案处理。

▶▶ 2.2 人民检察院反渎职侵权部门派员参加重大事故调查和查办渎职侵权犯罪案件过程中，发现与渎职行为相关的贪污贿赂犯罪线索的，报请检察长同意后，可以并案侦查；案情重大复杂的，应当报请检察长批准由反渎职侵权部门和反贪污贿赂部门共同组建联合办案组查办。

▶▶ 2.3 对特重大渎职犯罪案件所涉及的应当及时查清的案件，经上级检察机关同意，可以并案查处。

▶ **3. 并案处理立案的程序要求**

▶▶ 3.1 职务犯罪侦查部门的侦查人员在立案后侦查终结前发现有相关案件需要进行并案处理立案侦查的，应当制作《提请批准并案侦查报告》、《并案审批表》、《批准并案侦查决定书》，写明并案的理由和目的，报请检察长审批同意。

▶▶ 3.2 对于决定并案处理的案件，侦查部门案件承办人应当将并案审批表和需要并案处理的原案和现案的立案决定书、提请立案报告交本院案管部门，由案管部门在其业务系统中进行并案处理。

▶ **4. 操作禁忌**

▶▶ 4.1 并案处理适用于一人犯数罪、共同犯罪、多个犯罪嫌疑人实施的犯罪相互关联的案件，不得对没有相互关联的案件进行并案处理。

▶▶ 4.2 并案处理应当根据侦查工作需要在侦查终结时进行，不得对不具备侦查终结条件的案件和已侦查终结移送审查起诉的案件进行并案处理，同时注意前后两案的侦查期限间隔，不得超出法定侦查办案时效进行并案处理。

▶▶ 4.3 并案处理应当由侦查部门案件承办人交本院案管部门在其业务系统中进行并案处理，侦查部门不得擅自进行并案处理。

五、分案处理立案操作规程

【定义】分案处理是指人民检察院对本院没有管辖权且不符合并案处理条件，但有关联的案件交由有管辖权的侦查机关或部门立案侦查的处理方式。

▶ **1. 分案处理立案的适用条件**

▶ 1.1 人民检察院侦查直接受理的刑事案件涉及公安机关管辖的刑事案件，应当将属于公安机关管辖的刑事案件移送公安机关。在上述情况中，如果涉嫌主罪属于公安机关管辖，由公安机关为主侦查，人民检察院予以配合；如果涉嫌主罪属于人民检察院管辖，由人民检察院为主侦查，公安机关予以配合。

▶ 1.2 人民检察院反渎职侵权部门派员参加重大事故调查和查办渎职侵权犯罪案件过程中，发现与渎职行为无关的贪污贿赂犯罪线索的，应当移送反贪污贿赂部门办理。

▶ 1.3 侦查直接受理的刑事案件涉及公安机关管辖的刑事案件，应当将属于公安机关管辖的刑事案件移送公安机关，对该案进行分别处理；人民检察院反渎职侵权部门派员参加重大事故调查和查办渎职侵权犯罪案件过程中，发现与渎职行为无关的贪污贿赂犯罪线索的，应当移送反贪污贿赂部门办理，或者当一案多人案件需要分别处理，对案件进行拆分处理的一种诉讼活动。

▶ 1.4 当一案多人案件需要分别处理时，应作分案处理。

▶ **2. 分案处理立案的操作程序**

职务犯罪侦查部门的侦查人员在立案后侦查终结前发现有相关案件需要进行分案处理的，应当制作《分案审批表》，写明分案的理由和目的，案件拆分到的机关或部门，报请检察长审批同意后，将分案审批表和需要分案处理的原案和现案的立案决定书、提请立案报告交本院案管部门，由案管部门在其业务系统中进行拆分案件。

第二节　立案请示类操作规程

【定义】立案请示是指人民检察院对要案、疑难案件、"三类单位"案件等特殊案件线索，决定立案前，应当向同级党委或上级人民检察院请示，经批准同意后方可立案的程序。

一、立案请示一般操作规程

▶ **1.** 立案请示工作流程

立案请示工作流程图（要案）

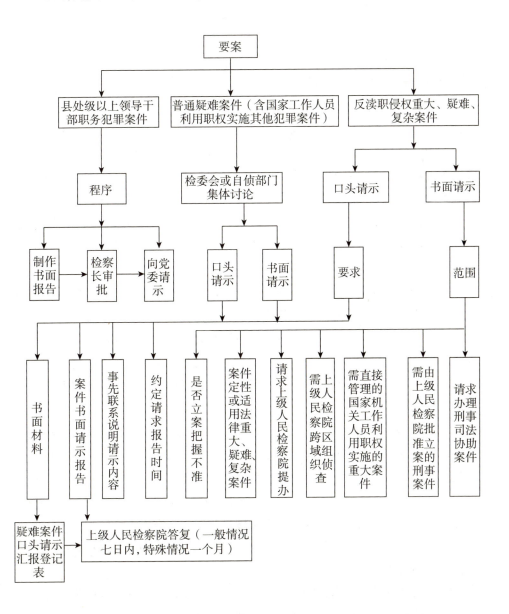

▶ 2. 要案立案请示

▶ 2.1 要案请示的范围。对县处级以上领导干部涉嫌职务犯罪的要案线索，决定立案的，要向党委请示。

▶ 2.2 要案请示的程序。向党委请示的内容包括犯罪嫌疑人基本情况，涉嫌的简要犯罪事实，提请立案的理由。向党委请示的程序包括由承办人制作书面报告，经检察长审批后，再向党委请示。侦查过程中，案件发生重大变化的要及时向党委报告。

▶ 3. 疑难案件立案请示

▶ 3.1 疑难案件请示的范围。各地检察机关在查办职务犯罪案件线索立案时遇到适用法律及侦查实务等疑难问题需要向上级人民检察院请示的，由下级人民检察院自侦部门统一向上级人民检察院相对应自侦部门汇报。省级人民检察院原则上不受理基层人民检察院越级请示汇报。特殊情况下，事先征得省级人民检察院同意，方可越级汇报。对应该请示而不请示的疑难案件，或不按规范请示的案件，立案后造成案件质量问题的，对办案单位及有关责任人员要通报批评，造成因错误立案撤销案件等严重后果或有理涉检上访的，将追究有关责任人员责任。

▶ 3.2 疑难案件请示的条件。请示案件事先要经本级院检察委员会或自侦部门集体讨论，并有讨论意见。否则上级人民检察院对应部门不予受理。

▶ 3.3 疑难案件请示的方式。下级人民检察院可来人或书面方式向上级人民检察院相对应部门请示，凡属于适用法律方面的疑难问题应当书面请示，属侦查实务方面的问题口头请示的口头答复，书面请示的书面答复，原则上不接受电话请示案件。

▶ 3.4 疑难案件请示的程序。来人口头请示的，要事先与上级人民检察院相对应部门联系请示内容并约定时间。来人口头汇报的案件，应当将书面材料一同带上，案件汇报人应当熟悉案情，做好充分准备。请示单位应当做好书面记录，参加人在记录上签字。并制作《疑难案件口头请示汇报登记表》入卷。书面请示的，案件请示报告应当与有关案件材料一并邮寄或直接派人送达上级人民检察院反贪局对应部门，只有案件请示报告而没有相关证据材料的，上级人民检察院将不予答复。

▶ 3.5 案件书面请示报告的制作要求。案件书面请示报告应当按照公文处理规定进行编号行文，内容应有初查对象的基本情况、详细案情和证据情况、需要请示解决的疑难问题、本单位集体讨论意见，做到格式规范、事实准确、内容详细、条理清楚。

▶▶ 3.6 疑难案件立案请示的答复。一般请示案件，上级人民检察院反贪污贿赂部门应当在收到案件材料后七日内做出答复。有特殊情况的，经上级人民检察院负责人同意可以延长十日。但应向下级人民检察院对应部门说明理由。重大疑难复杂案件，须经上级人民检察院检察委员会讨论的，上级人民检察院在收到案卷材料后一个月内做出答复。

二、立案请示特别操作规程

▶ 1. 反渎职侵权重大、疑难、复杂案件立案请示

▶▶ 1.1 案件请示的范围：

（1）重大案件。即反渎职侵权部门查办的辖区内涉及县处级以上干部犯罪的案件；党政领导关注、群众反映强烈、具有重大社会影响、受媒体关注的案件；省级人民检察院反渎职侵权局交办、督办、参办、提办、指挥查办的案件。

（2）疑难、复杂案件。即反渎职侵权部门查办的犯罪涉及面广、取证困难的案件；情况复杂、干扰阻力大、下级人民检察院查办确有困难的案件；对定性、适用法律或是否需要追究刑事责任等问题有重大分歧意见的案件；对管辖权发生争议的案件；跨区域需要上级进行协调的案件。

（3）其他重大、疑难、复杂案件。即需要由人民检察院直接受理的国家机关工作人员利用职权实施的其他重大犯罪案件；需由上级人民检察院批准立案的刑事案件；对担任上级人民代表大会代表的犯罪嫌疑人立案的案件；请求和办理刑事司法协助的案件；对适用的法律法规有疑义的案件。

▶▶ 1.2 案件请示的方式。下级人民检察院向上级人民检察院请示、报告案件的，应当逐级呈报，但上级人民检察院直接交办、重点督办或者要求直接报告的除外。案件请示可以口头或者书面方式进行。派员到上级人民检察院口头请示案件，应当事先与上级人民检察院分管领导联系说明请示内容、保密注意事项，约定请示报告时间。未经事先联系约定的或越级请示的，不予受理。下列情形应当书面请示：

（1）初查案件线索存在疑难、复杂因素，对是否决定立案把握不准的；

（2）下级人民检察院侦查案件，在立案侦查阶段遇到案件定性或者适用法律等重大、疑难问题的；

（3）请求上级人民检察院提办案件的；

（4）下级人民检察院在初查、侦查中发现需要跨区域组织侦查工作，请求上级人民检察院统一组织指挥和协调的；

（5）需要由人民检察院直接受理的国家机关工作人员利用职权实施的其他重大犯罪案件；

（6）需由上级人民检察院批准立案的刑事案件；

（7）请求和办理刑事司法协助的案件。

▶▶ 1.3 案件承办单位对请示案件事实的真实性和证据的真实性、合法性负责。下级人民检察院案件汇报人员、上级人民检察院负责案件书面审查的人员应当如实、全面汇报案件的事实和证据，不得隐瞒事实、证据或者作虚假的汇报。

▶ 2. "三类单位"案件立案请示

▶▶ 2.1 三类单位案件范围

（1）省直党的机关、人大机关、行政机关、政协机关、审判机关、检察机关、民主党派机关、省属企业、人民团体、事业单位国家工作人员职务犯罪案件。

（2）中央驻省单位（包括中央国家机关、企业、事业单位）国家工作人员职务犯罪案件。

（3）省辖范围内国家、省属重点工程项目单位国家工作人员职务犯罪案件。

（4）"三类单位"中涉案人员系省级以上人大代表、政协委员的，由国家统一引进的高科技人才和国家学科带头人，以及在国家、全省有影响的知名人士职务犯罪案件，适用本规定；省级人民检察院认为其他涉案人员需要按照"三类单位"案件中涉及处级人员案件处理的，参照相关规定办理。

▶▶ 2.2 "三类单位"案件请示程序

（1）人民检察院接到举报或者在办理案件中，发现有"三类单位"厅级干部案件线索的，应当将线索材料原件在三日内报省级人民检察院对口部门。发现"三类单位"处级人员案件线索，应当于五日内报告省人民检察院对口部门；情况特殊应当马上采取紧急措施的，应先行口头汇报，并采取紧急措施，再按程序上报。报告内容包括线索材料原件和《检察机关反贪污贿赂部门"三类单位"案件线索报告表》。发现本辖区管辖以外的线索应当于五日内报告上级人民检察院处理。严禁瞒案不报或者擅自处置。

（2）市级人民检察院在办理"三类单位"处级人员以上职务犯罪案件中

要自觉接受省人民检察院的指挥和指导，及时报告查办进展情况。一般应在十五日内上报工作部署，三个月内上报初查或立案侦查情况，案件拟侦查终结前上报案件的全面查处情况和拟处理意见。

（3）对市级人民检察院办理的"三类单位"处级以上职务犯罪案件、线索，省级人民检察院对口部门将确定专人负责指导、协调工作，必要时可以按照侦查一体化规定程序参办、提办或者另行指定异地管辖。向"三类单位"案件发案单位通报情况经省级人民检察院对口部门安排办理。

（4）在查办"三类单位"案件中需要找副厅级以上干部调查取证和需要在"三类单位"案件涉案单位调取、扣押账册等事项的，应当事先报告省级人民检察院对口部门；需要冻结账户的，应当事先报告省级人民检察院对口部门同意。在案件初查阶段一般不接触初查对象，确因办案需要接触的，应当事先报告省人民检察院反贪污贿赂局同意。

（5）"三类单位"案件请示实行层报制，由市级人民检察院统一负责向省人民检察院反贪污贿赂局汇报，省级人民检察院不直接受理县级人民检察院的越级请示汇报。"三类单位"案件报告请示处理工作归口省人民检察院侦查指挥中心反贪（反渎）局办公室管理，由指挥中心反贪（反渎）局办公室首先提出审查意见，然后向主管副局长汇报，层报局长、分管副检察长、检察长。

▶ **3. 操作禁忌**

对应该请示而不请示的疑难案件，或不按规范请示的案件，造成案件质量问题的，对办案单位及有关责任人员要通报批评，造成无罪判决等严重后果或有理涉检上访的，将追究有关责任人员责任。

第三节　立案通报、立案报备和备案审查类操作规程

【定义1】 立案通报是指人民检察院决定对人民代表大会代表立案时应当依法向该代表所属的人民代表大会主席团或者常务委员会通报，自觉接受人民代表大会监督的制度。

【定义2】立案报备和备案审查是指人民检察院决定立案时，向上级人民检察院对口部门报送立案相关材料，上级人民检察院对下级人民检察院的立案决定进行审查、指导和监督的工作制度。

一、立案通报操作规程

▶ **1.** 立案通报工作流程

立案通报工作流程图

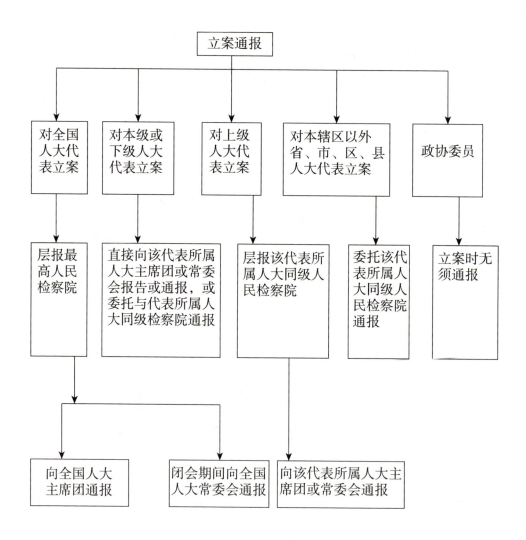

▶ 2. 对人大代表立案通报

▶▷ 2.1 根据《刑事诉讼规则》第一百八十五条规定，人民检察院决定对人民代表大会代表立案，应当按照该规则第一百三十二条规定的程序向该代表所属的人民大会主席团或者常务委员会进行通报。具体程序如下：

（1）人民检察院对全国人民代表大会代表立案的，决定立案的人民检察院应当层报，由最高人民检察院向全国人民代表大会主席团通报；在全国人民代表大会闭会期间，向全国人民代表大会常务委员会通报。

（2）人民检察院对担任县级以上人大代表的犯罪嫌疑人因现行犯需要立案并采取拘留强制措施的，人民检察院应当立即向该代表所属的人民代表大会主席团或常委会报告。因其他情况需要立案的，人民检察院应当立即向该代表所属的人民代表大会主席团或常委会通报。同时，对县级以上领导干部或者知名人士立案侦查的，决定立案的检察机关按照规定依法向有关组织等部门通报。

（3）人民检察院对本级人大代表立案侦查的，直接向本级人大主席团或者常委会通报。人民检察院对上级人大代表立案侦查的，应当立即层报该代表所属的人民代表大会同级的人民检察院进行通报。上级人民检察院对下级人民代表大会代表立案侦查的，可以直接向该代表所属人大主席团或常委会通报；也可以委托与代表所属人大同级的检察院通报；对乡、民族乡、镇的人大代表立案，由县级人民检察院向乡、民族乡、镇的人大主席团通报。人民检察院对担任两级以上的人大代表立案侦查的，应当分别按照上述规定执行。

（4）人民检察院对外省、自治区、直辖市及本辖区以外的市、区、县人大代表立案侦查的，应当委托该代表所属的人大同级的人民检察院进行通报。担任两级以上人大代表，应当分别委托该代表所属人大同级的人民检察院进行通报。

▶▷ 2.2 对人大代表立案向人大通报的操作主体为侦查部门案件承办人，向人大通报的时间、对象、方式、流程由各地检察机关根据实际操作情况制定具体的实施细则。

▶▷ 2.3 通报应当采书面形式，报所在的人大主席团或人大常委会，有关通报的文书应当付备查。

▶ 3. 对政协委员立案通报

▶▷ 3.1 根据中共中央政法委员会《关于对政协委员采取刑事拘留、逮捕强制措施应向所在政协党组通报情况的通知》，对犯罪的政协委员通报是在立案后采取刑事拘留、逮捕强制措施前，立案时无须通报。

▶▷ 3.2 通报应当采书面形式，报所在的政协机关，有关通报的文书应当付备查。

二、立案报备操作规程

▶ **1.** 立案报备和备案审查工作流程

立案报备和备案审查工作流程图

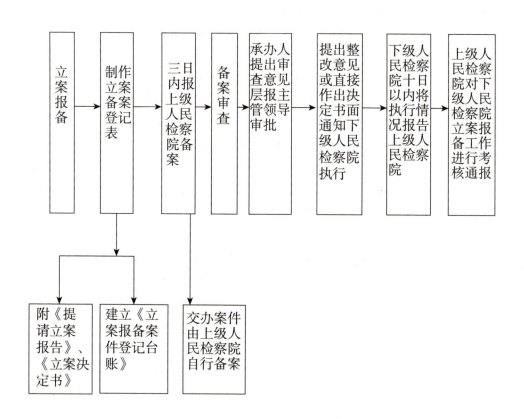

▶ 2. 立案报备的适用条件

省级以下（含省级）人民检察院办理直接受理侦查案件（含要案），决定立案的，应当在决定立案侦查之日起三日内，由承办案件的检察院填写《立案备案登记表》，连同《提请立案报告》和《立案决定书》一并报送上级人民检察院备案。

▶ 3. 立案报备的程序

▶▷ 3.1 立案报备工作统一由各级院职务犯罪侦查部门综合指导室明确熟悉业务、工作责任心强的专人归口管理。

▶▷ 3.2 各级院职务犯罪侦查部门应建立《立案报备案件登记台账》，应逐项登记已报上级人民检察院备案的案件和上级人民检察院审查后反馈的意见和问题。

▶▷ 3.3 对立案报上级人民检察院备案审查的案件，应按规定逐案逐项填写《立案备案登记表》，附《提请立案报告》、《立案决定书》，通过全国检察机关统一业务应用系统"文书移送"的形式呈报上级人民检察院对口侦查部门。

▶▷ 3.4 在侦查一体化办案中，上级人民检察院立案交下级人民检察院侦查案件，由上级人民检察院反贪局侦查办案部门填写《立案报备登记表》等有关报备材料，送同级人民检察院反贪（反渎）局综合指导部门办理报备手续。

▶▷ 3.5 凡立案的案件，因瞒报、漏报或不进报表，造成严重后果的，应按规定追究主管领导和直接责任人员责任。

三、立案备案审查操作规程

▶ 1. 立案备案审查的主体

立案备案审查的主体为上级人民检察院侦查部门综合指导室的案件管理员。

▶ 2. 立案备案审查的程序

▶▷ 2.1 省级人民检察院和市级人民检察院职务犯罪侦查部门对下级人民检察院报备的案件应建立《受理立案报备审查案件登记表》，逐项登记受理备案案件情况和审查中发现的问题，并层报局长、分管副检察长，以掌握本级和下级人民检察院立案报备和案件质量状况。

▶▶ 2.2 上级人民检察院收到下级人民检察院报送的《立案备案登记表》、《提请立案报告》、《立案决定书》后，承办人应当按程序进行审查，并在收到备案材料之日起三十日以内制作《备案审查案件报告》，提出是否同意下级人民检察院立案的审查意见层报主管领导审批。

▶▶ 2.3 备案审查的方式为书面审查，审查重点为是否同意下级人民检察院的立案决定，同意下级人民检察院立案的，及时反馈给下级人民检察院；不同意下级人民检察院立案的，通知下级人民检察院予以纠正。

▶▶ 2.4 根据《备案审查案件报告》的结论性意见，上级人民检察院同意下级人民检察院立案的，应当通过全国检察机关统一业务应用系统"文书反馈"的方式将《备案审查案件报告》反馈给下级人民检察院。

▶▶ 2.5 上级人民检察院认为下级人民检察院立案决定错误的，应当制作《纠正案件决定错误通知书》，在报经检察长或者检察委员会决定后，书面通知下级人民检察院纠正。

▶▶ 2.6 下级人民检察院应当执行上级人民检察院的决定，并在收到上级人民检察院的《纠正案件决定错误通知书》或者《纠正立案决定通知书》之日起十日以内将执行情况向上级人民检察院报告，下级人民检察院对上级人民检察院的决定有异议的，可以在执行的同时向上级人民检察院报告。

▶▶ 2.7 上级人民检察院应将下级人民检察院按规定开展立案报备工作的情况、立案质量和整改情况纳入当年的综合考核范围，并对立案报备的情况及时进行通报。

附录：《侦查计划》格式

犯罪嫌疑人×××涉嫌××一案侦查计划

一、涉案人员基本情况和有关背景资料

包括所有犯罪嫌疑人、重要证人的基本情况（参照《提请立案报告》中的"基本情况"行文）及犯罪嫌疑人的家庭成员、社会关系等背景资料。

二、案件线索来源及涉嫌犯罪的主要线索

参照《提请立案报告》写明案件线索的具体来源。列明经初查查明的主要犯罪事实、证据状况和其他可能成案的线索。

三、侦查工作前景分析和预测

在充分分析现有案件信息的基础上，着重对每一笔犯罪事实，每一条犯罪线索的深挖价值、定案的可能性、侦查的方向等进行预测。

四、侦查所需要解决的主要问题

根据案件情况列明侦查所要查明的主要问题和所要查找的主要证据。

五、侦查突破口的选择

根据具体案情确定侦查突破口（"突破口"应当是经侦查后很有可能成为定案依据的线索；线索较多的案件应当有两个以上的突破口），并说明具体理由。

六、侦查的步骤、方法和谋略（这是重中之重）

（一）应当根据具体案情和下一步工作需要详细写明工作步骤、每一步骤的工作方法和侦查中可以运用的谋略；

（二）对于强制措施和搜查等侦查措施的使用，应当有具体的安排；

（三）对于侦查中可能遇到的特殊情况、突发情况等应当有相应的应急工作方案。

七、侦查任务分工及力量分布

根据工作需要和工作人员的特点将每一项侦查任务分配到人。

八、侦查中的办案纪律和其他注意事项

①强调办案纪律；②有关保密要求；③充分考虑到具体办案中应当注意的事项（如：避免给犯罪嫌疑人的名誉造成负面影响、避免影响企业的正常生产经营等）。

承办人：

承办人：（二人以上）

××年×月×日

▶ **3. 制作说明：**

▶▶ 3.1 侦查计划根据办案实际需要制作，为人民检察院职务犯罪侦查部门承办人认为需要开展侦查工作时，与《提请立案报告》配套使用。

▶▶ 3.2 侦查计划落款为承办人两人以上，不加盖单位公章。侦查计划制成后，连同《提请立案报告》和《安全防范工作预案》层报检察长（分管副检察长）审批。

▶▶ 3.3 侦查计划的制作应当尽可能详细，在充分占有、分析案件线索信息的基础上制订出切实可行、具有可操作性与指导性的工作计划，切忌流于形式和应付了事。

▶▶ 3.4 侦查计划的正式打印件及领导审批件均应存于检查内卷。

第五章　侦查阶段采取强制
措施操作规程

【定义】职务犯罪侦查强制措施是指人民检察院在职务犯罪侦查中，为了保证职务犯罪侦查工作的顺利进行，防止犯罪嫌疑人继续实施危害社会的行为，依法对犯罪嫌疑人所采取的暂时限制或者剥夺其人身自由的方法和手段。

第一节　采取强制措施类操作规程

【定义】采取强制措施是指在职务犯罪侦查中，侦查机关为了保障侦查活动的顺利进行，防止职务犯罪嫌疑人逃匿、毁灭罪证、串供等妨碍侦查活动的现象发生，而依法采取的拘传、取保候审、监视居住（含指定居所监视居住）、刑事拘留、逮捕等强制措施。

一、采取拘传措施操作规程

【定义】拘传是指人民检察院在职务犯罪侦查中，对未被拘留、逮捕的职务犯罪嫌疑人，依法强制其到指定地点接受讯问的一种强制措施。

▶ **1. 拘传工作流程**

拘传工作流程图

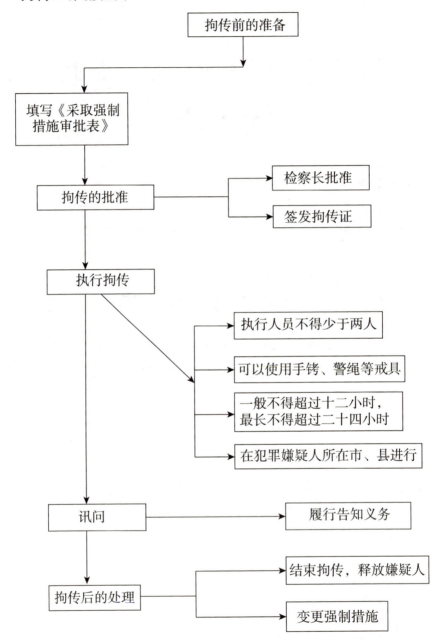

▶ 2. 拘传的主体

拘传的执行主体可以由检察人员或者司法警察进行，但执行拘传的人员不得少于两人。

▶ 3. 拘传的适用对象

▶▶ 3.1 人民检察院根据案件情况，对犯罪嫌疑人可以拘传。由于被执行刑事拘留、逮捕强制措施的职务犯罪嫌疑人已在羁押场所而没有拘传的必要，拘传措施的适用对象是未被采取任何强制措施的犯罪嫌疑人和已被采取取保候审或监视居住的犯罪嫌疑人。

▶▶ 3.2 拘传不必以传唤为前提，检察机关可以根据案件的具体情况直接决定拘传。

▶▶ 3.3 对证人不能拘传。

▶▶ 3.4 在初查阶段对未立案的被调查对象不能适用拘传。

▶ 4. 拘传的准备

▶▶ 4.1 拘传的准备。由于拘传连续的时间短，为了保证拘传的准确性以及执行的顺利、到位、侦查人员在拘传前应当对犯罪嫌疑人的身份、住址、工作地点等核实准确，摸清其行动规律，选好拘传的时机和方式。

▶▶ 4.2 选好讯问人员，做好讯问前的各项准备工作。

▶▶ 4.3 制定拘传后的讯问预案、拟采取的后续措施等。

▶▶ 4.4 对于被拘传的人是人大代表的，应当依法履行必要的报经许可或报告程序。

▶ 5. 拘传的程序

▶▶ 5.1 拘传的批准。人民检察院对职务犯罪嫌疑人采取拘传措施，应当经检察长批准，并签发拘传证。一般由侦查人员提出意见，填写《采取强制措施审批表》，侦查部门正职审核，报请检察长批准。

▶▶ 5.2 拘传的执行。执行拘传可以由检察人员或者司法警察进行，但执行拘传的人员不得少于两人。拘传时，检察人员或者司法警察应当向被拘传的职务犯罪嫌疑人出示拘传证。如果职务犯罪嫌疑人抗拒拘传，或者在拘传途中有逃跑可能的，可以对其使用手铐、警绳等械具，强制到案。

▶▶ 5.3 拘传的时限和间隔

（1）拘传持续的时间。一次拘传持续的时间不得超过十二个小时，案情特别重大、复杂，需要采取拘留、逮捕措施的，拘传持续的时间不得超过二十

81

四小时。两次拘传间隔的时间不得少于十二小时，不得以连续拘传的方式变相拘禁犯罪嫌疑人。

（2）拘传持续的时间计算。拘传持续的时间从犯罪嫌疑人到案时开始计算。职务犯罪嫌疑人到案后，承办案件的检察人员应当责令其在拘传证上填写到案时间，并在拘传证上签名、捺指印或者盖章，然后立即讯问。讯问结束后，应当责令犯罪嫌疑人在拘传证上填写讯问结束时间。犯罪嫌疑人拒绝填写的，检察人员应当在拘传证上注明。必要时还应在讯问笔录上记明。

▶▶5.4 拘传的到案地点。人民检察院拘传犯罪嫌疑人，应当在犯罪嫌疑人所在市、县内的地点进行。犯罪嫌疑人的工作单位与居住地不在同一市、县的，拘传应当在犯罪嫌疑人的工作单位所在的市、县进行；特殊情况下，也可以在犯罪嫌疑人居住地所在的市、县内进行。这里的特殊情况，主要是指案件由犯罪嫌疑人居住地所在的市、县人民检察院办理的，犯罪嫌疑人不是国家工作人员、没有工作单位的，在犯罪嫌疑人居住地拘传更有利于办案，或者更有利于保障犯罪嫌疑人合法权益等情况。这里的市，是指不设区的市，即县级市。在设区的市拘传犯罪嫌疑人，一般应在区的范围内进行，特殊情况下可以跨区进行，但不能跨县进行。由于拘传只能在犯罪嫌疑人所在的市、县内的地点进行，因此承办案件的人民检察院与犯罪嫌疑人如果不在同一市、县，承办案件的人民检察院在拘传犯罪嫌疑人时，应与犯罪嫌疑人所在的市、县的人民检察院联系，以便在当地指定拘传的到案地点。实践中，一般将犯罪嫌疑人拘传到其所在市、县的人民检察院进行讯问。

▶▶5.5 拘传后的处理。人民检察院对犯罪嫌疑人拘传后的处理分两种情况：一是对于被拘传的犯罪嫌疑人需要变更强制措施的，应当经检察长或者检察委员会决定，在拘传期限内办理变更手续。二是在拘传期间内决定不采取其他强制措施的，拘传期限届满应当结束使用拘传措施。

▶ 6. 拘传注意事项

▶▶6.1 保证拘传执行安全。拘传执行过程，往往可能发生犯罪嫌疑人拒绝配合、拒传、自伤、自杀或者伤害侦查人员等事件。侦查人员对此应予以重视，加强防范，确保拘传执行过程的办案安全。

▶▶6.2 执行拘传时，执行人员不得少于两人。

▶▶6.3 必要时可以对犯罪嫌疑人使用戒具，同时注意选用安全防范设施齐全的交通工具，保证对犯罪嫌疑人拘传途中的安全，防止发生意外。

▶▶ 6.4 加强对拘传期间犯罪嫌疑人的人权保护。拘传犯罪嫌疑人，应当保证犯罪嫌疑人的饮食和必要的休息时间。

二、采取取保候审措施操作规程

【定义】取保候审是指人民检察院在职务犯罪侦查中，为了保障侦查活动的顺利进行，依法责令职务犯罪嫌疑人提供保证人或者交纳保证金，以保证不逃避或者妨碍侦查，并随传随到的一种强制措施。

▶ **1. 取保候审工作流程**

取保候审工作流程图

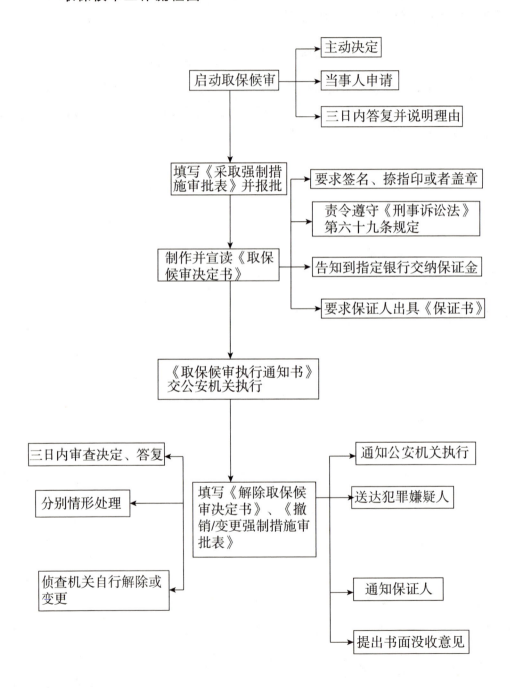

▶ 2. 取保候审的适用对象

取保候审由人民检察院决定，并由公安机关执行。对具有下列情形之一的犯罪嫌疑人、被告人，可以取保候审：

（1）可能判处管制、拘役或者独立适用附加刑的。

（2）可能判处有期徒刑以上刑罚，采取取保候审不致发生社会危险性的。一般认为，这里的"社会危险性"包括两方面内容：一是犯罪嫌疑人可能实施逃跑、自杀、干扰证人作证、毁灭、伪造证据等妨碍侦查活动的行为；二是犯罪嫌疑人可能实施新的犯罪行为。对于犯罪嫌疑人是否发生社会危险性，通常根据犯罪嫌疑人诸如犯罪性质、后果、动机、主观恶性、认罪悔罪态度、一贯表现等情况，以及案件证据收集、检察机关已经查证的事实等情况进行综合分析判断。对严重危害社会治安秩序和安宁或者具有其他犯罪性质恶劣、情节严重等情形的犯罪嫌疑人，则不得取保候审。

（3）患有严重疾病、生活不能自理，怀孕或者正在哺乳自己婴儿的妇女，采取取保候审不致发生社会危险性的。

（4）羁押期限届满，案件尚未办结，需要采取取保候审措施的。

▶ 3. 取保候审的方式

人民检察院决定对犯罪嫌疑人取保候审，应当责令犯罪嫌疑人提出保证人或者交纳保证金。

▶▶ 3.1 保证人保证。保证人保证，是指人民检察院决定对犯罪嫌疑人取保候审时，责令犯罪嫌疑人提出保证人，并由保证人向人民检察院出具书面保证材料，保证犯罪嫌疑人不逃避或者妨碍侦查，并随传随到的一种保证方式。具体要求如下：

（1）保证人担保及保证人的条件。对符合取保候审条件，具有下列情形之一的犯罪嫌疑人，人民检察院决定取保候审时，可以责令其提供一至两名保证人：一是无力交纳保证金的；二是系未成年人或者已满七十五周岁的人；三是其他不宜收取保证金的。保证人应当符合以下条件：一是与本案无牵连；二是有能力履行保证义务；三是享有政治权利，人身自由未受到限制；四是有固定的住处和收入。对于保证人是否符合条件，须经人民检察院审查决定。此外，由于保证人是保证责任的承担者，应当以保证人自愿为前提。对此，《刑事诉讼规则》第九十五条规定，采取保证人保证方式的，如果保证人在取保候审期间不愿继续担保或者丧失担保条件的，人民检察院应当在收到保证人不愿继续担保的申请或者发现其丧失担保条件后的三日以内，责令犯罪嫌疑人重新提出保证人或者交纳保证金，并将变更情况通知公安机关。

（2）保证人的义务和不履行义务的法律后果。保证人应当履行以下义务：一是监督被保证人遵守《刑事诉讼法》第六十九条的规定；二是发现被保证人可能发生或者已经发生违反《刑事诉讼法》第六十九条规定的行为的，及时向执行机关报告。保证人保证承担上述义务后，应当在取保候审保证书上签名或者盖章。同时，人民检察院发现保证人没有履行《刑事诉讼法》第六十八条规定的义务的，应当通知公安机关，要求公安机关对保证人作出罚款决定。构成犯罪的，依法追究保证人的刑事责任。

▶▶ 3.2 保证金保证。保证金保证，是指人民检察院决定对犯罪嫌疑人采取取保候审时，责令犯罪嫌疑人交纳一定数额的金钱，以保证本人不逃避或者妨碍侦查，并随传随到的一种保证方式。

（1）保证金的形式和数额。采取保证金担保方式的，人民检察院可以根据犯罪嫌疑人的社会危险性，案件的性质、情节、危害后果，可能判处刑罚的轻重，犯罪嫌疑人的经济状况等，责令犯罪嫌疑人交纳一千元以上的保证金，对于未成年犯罪嫌疑人可以责令交纳五百元以上的保证金。

（2）保证金的收取和保管。以保证金方式担保的，应当同时告知犯罪嫌疑人一次性将保证金存入公安机关指定银行的专门账户。人民检察院核实保证金已经交纳到公安机关指定银行的凭证后，应当将银行出具的凭证及其他有关材料与执行取保候审通知书一并送交公安机关。采取保证金担保方式的，被取保候审人拒绝交纳保证金或者交纳保证金不足决定数额时，人民检察院应当作出变更取保候审措施、变更保证方式或者变更保证金数额的决定，并将变更情况通知公安机关。

▶▶ **4. 取保候审的程序**

▶▶ 4.1 取保候审的决定

▶▶ 4.1.1 人民检察院决定对职务犯罪嫌疑人取保候审有两种情况：一是根据案件情况主动作出决定；二是犯罪嫌疑人及其法定代理人、近亲属和委托的辩护人申请取保候审，经审查后作出决定。对于人民检察院决定取保候审的，首先须由办案人员提出意见，填写《采取强制措施审批表》，侦查部门正职审核，然后报检察长决定。对于犯罪嫌疑人及其法定代理人、近亲属和委托的辩护人申请取保候审的，人民检察院应当在三日以内作出是否同意的答复。同意对犯罪嫌疑人取保候审的，按上述程序办理。不同意对犯罪嫌疑人取保候审的，应当告知申请人，并说明不同意的理由。

▶▶4.1.2 人民检察院决定对犯罪嫌疑人取保候审后，办案人员应当向被取保候审的犯罪嫌疑人宣读取保候审决定书，由犯罪嫌疑人签名、捺指印或者盖章，并责令犯罪嫌疑人遵守《刑事诉讼法》第六十九条规定，告知其违反规定应负的法律责任；以保证金方式担保的，应同时告知犯罪嫌疑人到负责执行的公安机关指定的银行一次性交纳保证金。

▶▶4.2 取保候审的主体。取保候审由与决定取保候审的检察机关同级的公安机关执行，必要时，人民检察院职务犯罪侦查部门案件承办人或司法警察可以予以协助。

▶▶4.3 取保候审的执行。人民检察院决定对犯罪嫌疑人取保候审的，应当制作取保候审决定书，载明取保候审的期间、担保方式、被取保候审人应当履行的义务和应当遵守的规定。人民检察院应当向取保候审的犯罪嫌疑人宣读取保候审决定书，由犯罪嫌疑人签名、捺指印或者盖章，并责令犯罪嫌疑人遵守《刑事诉讼法》第六十九条的规定，告知其违反规定应负的法律责任。向犯罪嫌疑人宣布取保候审决定后，人民检察院应当将执行取保候审通知书送达公安机关执行，并告知公安机关在执行期间拟批准犯罪嫌疑人离开所居住的市、县的，应当征得人民检察院同意。以保证人方式担保的，应当将取保候审保证书同时送达公安机关。以保证金方式担保的，人民检察院核实保证金已经交纳到公安机关指定银行的凭证后，应当将银行出具的凭证及其他有关材料与执行取保候审通知书一并送交公安机关。对公安机关的执行情况，人民检察院应当注意及时了解，加强监督。

▶▶4.4 被取保候审人应遵守的规定以及违反规定的后果。

▶▶4.4.1 被取保候审人应当遵守的规定：

（1）一是未经执行机关批准不得离开所居住的市、县；二是住址、工作单位和联系方式发生变动的，在二十四小时以内向执行机关报告；三是在传讯的时候及时到案；四是不得以任何形式干扰证人作证；五是不得毁灭、伪造证据或者串供。

（2）人民检察院可以根据案件情况，责令被取保候审的犯罪嫌疑人遵守以下一项或者多项规定：一是不得进入特定的场所；二是不得与特定的人员会见或者通信；三是不得从事特定的活动；四是将护照等出入境证件、驾驶证件交执行机关保存。

▶▶ 4.4.2 被取保候审人违反规定后应承担的法律后果：

（1）被取保候审的犯罪嫌疑人、被告人违反上述规定，已交纳保证金的，没收部分或者全部保证金，并且区别情形，责令犯罪嫌疑人、被告人具结悔过、重新交纳保证金、提出保证人，或者监视居住、予以逮捕。犯罪嫌疑人、被告人在取保候审期间未违反《刑事诉讼法》第六十九条规定的，取保候审结束的时候，凭解除取保候审的通知或者有关法律文书到银行领取退还的保证金。对违反取保候审规定，需要予以逮捕的，可以对犯罪嫌疑人、被告人先行拘留。

（2）犯罪嫌疑人有下列违反取保候审规定的行为，人民检察院应当对犯罪嫌疑人予以逮捕：一是故意实施新的犯罪的；二是企图自杀、逃跑，逃避侦查、审查起诉的；三是实施毁灭、伪造证据，串供或者干扰证人作证，足以影响侦查、审查起诉工作正常进行的；四是对被害人、证人、举报人、控告人及其他人员实施打击报复的。

（3）犯罪嫌疑人有下列违反取保候审规定的行为，人民检察院可对犯罪嫌疑人予以逮捕：一是未经批准，擅自离开所居住的市、县，造成严重后果，或者两次未经批准，擅自离开所居住的市、县的；二是经传讯不到案，造成严重后果，或者经两次传讯不到案的；三是住址、工作单位和联系方式发生变动，未在二十四小时以内向公安机关报告，造成严重后果的；四是违反规定进入特定场所、与特定人员会见或者通信、从事特定活动，严重妨碍诉讼程序正常进行的。需要对上述犯罪嫌疑人予以逮捕的，可以先行拘留；已交纳保证金的，同时书面通知公安机关没收保证金。

▶▶ 4.5 取保候审的期限。人民检察院决定对犯罪嫌疑人取保候审，最长不得超过十二个月。

▶ **5. 操作禁忌**

▶▶ 5.1 取保候审期间不得中断对案件的侦查。取保候审期限届满，案件仍不能侦查终结的，要及时解除取保候审。

▶▶ 5.2 严格执行取保候审应当由公安机关执行的规定。无论是保证人担保还是保证金担保，都要按照法律规定交由公安机关执行。特别是对保证金的收取和保管，一律由公安机关负责。人民检察院不得在决定取保候审后自行收取保证金、自行执行。决定对犯罪嫌疑人取保候审后，应及时向公安机关送达执行取保候审通知书和其他相关法律文书，以便公安机关及时执行。

三、采取监视居住措施操作规程

【定义】监视居住是指人民检察院在职务犯罪侦查中，为了保障侦查活动的顺利进行，责令犯罪嫌疑人未经批准不得离开住处或者指定居所，并由执行机关对其行动加以监视的一种强制措施。

▶ 1. 采取监视居住措施工作流程

采取监视居住措施工作流程图

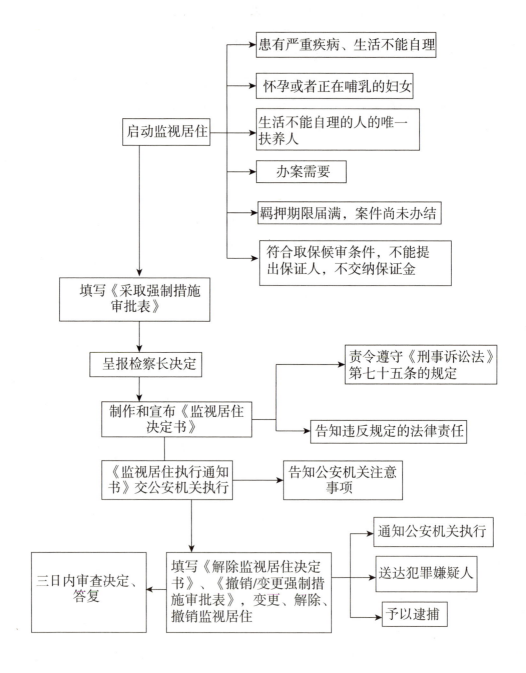

▶ 2. 监视居住的实施主体

▶ 2.1 人民检察院决定对犯罪嫌疑人采取监视居住的，应由办案人员提出意见，侦查部门正职审核，再报检察长决定，制作《监视居住决定书》。

▶ 2.2 监视居住的执行主体。监视居住由公安机关执行。

▶ 3. 监视居住的适用对象

人民检察院对符合逮捕条件，有下列情形之一的犯罪嫌疑人、被告人，可以监视居住：

（1）患有严重疾病、生活不能自理的；

（2）怀孕或者正在哺乳自己婴儿的妇女；

（3）系生活不能自理的人的唯一扶养人；

（4）因为案件的特殊情况或者办理案件的需要，采取监视居住措施更为适宜的；

（5）羁押期限届满，案件尚未办结，需要采取监视居住措施的；

（6）对符合取保候审条件，但犯罪嫌疑人、被告人不能提出保证人，也不交纳保证金的，可以监视居住。

▶ 4. 监视居住的程序

▶ 4.1 人民检察院决定对犯罪嫌疑人监视居住的，办案人员应当向被监视居住的犯罪嫌疑人宣读监视居住决定书，由犯罪嫌疑人签名或者盖章，并责令犯罪嫌疑人遵守《刑事诉讼法》第七十五条的规定，告知其违反规定应负的法律责任。

▶ 4.2 监视居住的执行。具体操作程序如下：

▶ 4.2.1 监视居住的居所确定

（1）人民检察院决定对犯罪嫌疑人监视居住的，应当核实犯罪嫌疑人的住处，在犯罪嫌疑人的住处执行。犯罪嫌疑人没有固定住处的，可以在指定的居所执行。

（2）对于特别重大贿赂犯罪，如在该犯罪嫌疑人住处执行可能有碍侦查的，经上级人民检察院职务犯罪侦查部门批准，可以在指定的居所执行。

▶ 4.2.2 监视居住的交付执行

（1）人民检察院核实犯罪嫌疑人住处或者为其指定居所后，应当制作监视居住执行通知书，将有关法律文书和案由、犯罪嫌疑人基本情况材料，送交监视居住地的公安机关执行，必要时人民检察院可以协助公安机关执行。

（2）人民检察院应当告知公安机关在执行期间拟批准犯罪嫌疑人离开执行监视居住的处所、会见他人或者通信的，批准前应当征得人民检察院同意。公安机关在执行监视居住期间向人民检察院征询是否同意批准犯罪嫌疑人离开执行监视居住的处所、会见他人或者通信时，人民检察院应当根据案件的具体情况决定是否同意。

（3）人民检察院可以根据案件的具体情况，商请公安机关对被监视居住的犯罪嫌疑人采取电子监控、不定期检查等监视方法，对其遵守监视居住规定的情况进行监督。并且在侦查期间可以商请公安机关对其通信进行监控。

▶ 5. 监视居住的适用监督

▶▶ 5.1 被监视居住人应当遵守的规定以及违反规定的法律后果。被监视居住的犯罪嫌疑人应当遵守以下规定：一是未经执行机关批准不得离开执行监视居住的处所；二是未经执行机关批准不得会见他人或者通信；三是在传讯的时候及时到案；四是不得以任何形式干扰证人作证；五是不得毁灭、伪造证据或者串供；六是将护照等出入境证件、身份证件、驾驶证件交执行机关保存。

▶▶ 5.2 对犯罪嫌疑人有下列违反监视居住规定的行为，人民检察院应当对犯罪嫌疑人予以逮捕：一是故意实施新的犯罪行为的；二是企图自杀、逃跑，逃避侦查、审查起诉的；三是实施毁灭、伪造证据或者串供、干扰证人作证行为，足以影响侦查、审查起诉工作正常进行的；四是对被害人、证人、举报人、控告人及其他人员实施打击报复的。

▶▶ 5.3 犯罪嫌疑人有下列违反监视居住规定的行为，人民检察院可以对犯罪嫌疑人予以逮捕：一是未经批准，擅自离开执行监视居住的处所，造成严重后果，或者两次未经批准，擅自离开执行监视居住的处所的；二是未经批准，擅自会见他人或者通信，造成严重后果，或者两次未经批准，擅自会见他人或者通信的；三是经传讯不到案，造成严重后果，或者经两次传讯不到案的。

需要对上述犯罪嫌疑人予以逮捕的，可以先行拘留。

▶▶ 5.4 监视居住的期限。人民检察院对犯罪嫌疑人监视居住的最长期限不得超过六个月。在监视居住期间，不得中断对案件的侦查。

▶ 6. 操作禁忌

▶▶ 6.1 加强防范被监视居住人的反侦查活动。人民检察院职务犯罪侦查部门应当协助公安机关对被监视居住的犯罪嫌疑人采取电子监控、不定期检查等监视方法对其遵守监视居住情况进行监督；在侦查期间，可以对被监视居住的犯罪嫌疑人的通信进行监控，不得放松对被监视居住人的对外联络等反侦查活动的有效监视和控制。

▶▶ 6.2 正确理解和严格执行监视居住由公安机关执行的规定。人民检察院协助公安机关执行监视居住应当依法进行，不能违反法律规定。否则，这就有可能导致收集获取的证据因存在执法瑕疵，而影响证据材料的证明力，同时也可能使侦查人员因违法采取监视居住，而受到侦查纪律及至法律责任的追究。

四、采取指定居所监视居住措施操作规程

【定义】指定居所监视居住是监视居住一种特殊的执行方式。指定居所监视居住是指对于无固定住处的和涉嫌危害国家安全犯罪、恐怖活动犯罪、特别重大贿赂犯罪的犯罪嫌疑人，在住处执行监视居住可能有碍侦查的，经上级人民检察院或者公安机关批准，可以在指定的居所执行监视居住，但是，不得在羁押场所、专门的办案场所执行监视居住的一种特殊强制措施。

▶ 1. 采取指定居所监视居住措施流程

指定居所监视居住措施及协助执行工作流程图

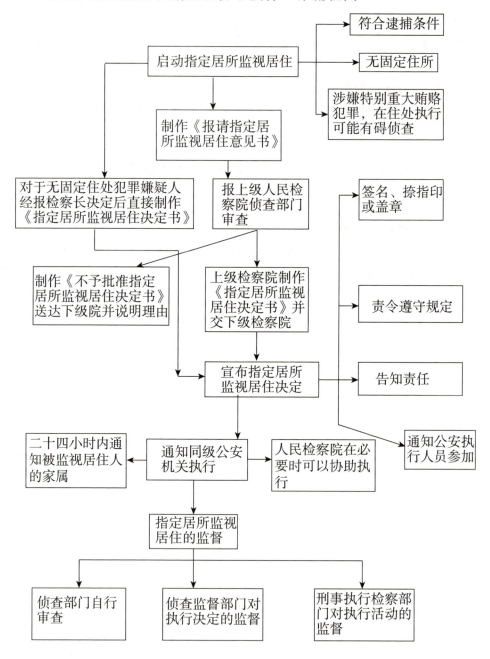

▶ 2. 指定居所监视居住的适用条件

▶▶ 2.1 指定居所监视居住措施的标准。因案件的特殊情况或者办案的需要，对于符合逮捕条件，无固定住处的职务犯罪嫌疑人，或者涉嫌特别重大贿赂犯罪案件，在住处执行可能有碍侦查的犯罪嫌疑人，可以监视居住，并在指定的居所执行。

▶▶ 2.2 "符合逮捕条件"是适用指定居所监视居住措施的前提条件，不管是对"无固定住处"的犯罪嫌疑人直接决定适用指定居所监视居住，还是对"涉嫌特别重大贿赂犯罪，在住处执行可能有碍侦查"的犯罪嫌疑人报经上级检察院批准决定适用指定居所监视居住，都应当严格把握这个条件。是否符合逮捕条件，可由有关检察院的侦查部门根据《刑事诉讼法》第七十九条、《刑事诉讼规则》第一百三十九条的规定进行审查。

▶▶ 2.3 "固定住处"是指犯罪嫌疑人在办案机关所在地的市、县内工作、生活的合法居所，既包括犯罪嫌疑人本人的住处，也包括犯罪嫌疑人与之共同居住的配偶、父母、子女的住处；既包括犯罪嫌疑人户籍所在地的住处，也包括犯罪嫌疑人经常居住地的住处；既包括犯罪嫌疑人有房屋所有权的住处，也包括犯罪嫌疑人租、借且连续居住一年以上的住处。具体要求如下：

（1）对于县级人民检察院所办案件，犯罪嫌疑人在本区、县或县级市有住处的，视为有固定住处。在同一个设区的市，在办案机关所在地的区内无住处，而在其他的区内有住处的，视为有固定住处；在办案机关所在地的区内无住处，而在该市所辖的县、县级市范围内有住处的，视为无固定住处；在办案机关所在地的县或县级市范围内无住处，而在其他的县、县级市或区有住处的，视为无固定住处。

（2）对于市级人民检察院所办案件，犯罪嫌疑人在市级人民检察院所在市辖的区内有住处的，视为有固定住处；在市级人民检察院所在市辖的区内无住处，而在该市所辖的县、县级市有住处的，视为无固定住处。但对于距离市级人民检察院所在区较远的区，按县对待。对于未设区的自治州，犯罪嫌疑人在办案机关所在地的市有住处的，视为有固定住处。

（3）对于省级人民检察院所办案件，参照市级检察院所办案件确定犯罪嫌疑人有无固定住处。

▶▶ 2.4 慎重把握"特别重大贿赂犯罪"的认定条件

▶▶ 2.4.1 特别重大贿赂犯罪有三种情形，目前一般只适用"涉嫌贿赂犯罪数额在五十万元以上，犯罪情节恶劣"的情形。对"有重大社会影响"和"涉及国家重大利益"两种情形，在最高人民检察院作出相关司法解释之前，一般暂不予适用，确需适用的，应当层报省检察院侦查部门批准。

▶▶ 2.4.2 "涉嫌贿赂犯罪数额五十万元以上"，是指人民检察院在立案侦查时根据现有证据在提请立案报告上初步认定的涉嫌贿赂犯罪的数额或者在立案侦查后根据收集的证据可以认定的涉嫌贿赂犯罪的数额。

▶ 3. 指定居所监视居住的程序

▶▶ 3.1 指定居所监视居住的报批

▶▶ 3.1.1 人民检察院决定对无固定住处犯罪嫌疑人采取制定居所监视居住的，应由办案人员提出意见，侦查部门正职审核，再报检察长决定，制作《指定居所监视居住决定书》。

▶▶ 3.1.2 需要对涉嫌特别重大贿赂犯罪的犯罪嫌疑人采取指定居所监视居住的，由办案人员提出意见，制作《报请指定居所监视居住意见书》，经部门正职审核，报检察长审批后，连同案卷材料一并通过统一业务应用系统经过两级案管部门报送至上级人民检察院侦查部门审查。

▶▶ 3.1.3 对于下级人民检察院报请指定居所监视居住的案件，上级人民检察院应当在收到案卷材料后及时作出是否批准的决定。上级人民检察院批准指定居所监视居住的，应当制作指定居所监视居住决定书，将指定居所监视居住决定书连同案卷材料一并交由下级人民检察院通知同级公安机关执行。下级人民检察院应当将执行回执报上级人民检察院。上级人民检察院不予批准指定居所监视居住的，应当将不予批准指定监视居住决定书送达下级人民检察院，并说明不予批准的理由。

▶▶ 3.2 指定居所监视居住的执行

▶▶ 3.2.1 执行场所的确定。执行场所由人民检察院指定。可以指定在各市、州统一建设的指定居所监视居住场所执行，没有统一建设场所的，可以指定在购置或者租赁的距离检察院办案工作区较近的符合指定居所监视居住条件的场所执行。

（1）严格规范指定的居所。监视居住场所建设，要统一由市级人民检察院负责，协调同级公安机关，根据本辖区办案需要进行统筹规划。要严格实行居审分离，充分利用现有办案工作区的条件，认真按照修改后的《刑事诉讼法》的有关规定，通过改造满足办案需要。

（2）指定居所应当设在楼房一层，具备"正常的生活、休息条件，便于监视、管理，能够保证办案安全"的条件。对具备修建条件的地方，要抓紧修建，实行居所楼与审讯楼相分离。对不具备楼与楼分离条件的或者不具备修建条件，采取租、借临时用房的，应当严格实行居所房与审讯房分离。

（3）对楼与楼或者房与房的隔离区，应当实行二十四小时监控录像，加强全方位实时监督，防止办案人员进入监视居住场所发生体罚虐待等违法违规行为，侵犯被监视居住人合法权益。

（4）建立居所使用审批制度，市级人民检察院修建或者临时租用的居所，在使用时应当报省级人民检察院审批并颁发准用证，禁止在人员出入复杂的地方进行指定居所监视居住。

（5）对现有的监视居住场所进行检查清理，省级人民检察院职务犯罪侦查部门检查发现下级检察机关监视居住场所建设和使用不符合条件的，一律先停止使用再进行整改，确保监视居住场所的依法规范建设、使用和监管。

▶▶ 3.2.2 监视居住决定书的宣布和有关事项的告知。人民检察院应当向监视居住的犯罪嫌疑人宣读监视居住决定书，由犯罪嫌疑人签名、捺指印或者盖章；告知其违反规定应负的法律责任。人民检察院办案人员向犯罪嫌疑人宣读指定居所监视居住决定书时，应邀请负责执行的公安机关人员参加，并明确告知犯罪嫌疑人，执行机关是公安机关。

▶▶ 3.2.3 指定居所监视居住的交付执行。监视居住由与决定监视居住检察机关同级的公安机关执行，必要时人民检察院可以协助公安机关执行。负责执行的人员应当是公安机关指派的人员，必要时人民检察院司法警察可以协助执行。犯罪嫌疑人系女性的，应当有女性执行人员参与执行。指定居所监视居住，不得要求被监视居住人支付费用。执行场所使用费用、公安机关指派人员相关费用等执行费用，在公安机关还没有专项财政预算经费保障的情况下，过渡期内可由负责案件侦查的检察院承担。

▶▶ 3.2.4 指定居所监视居住的通知。对犯罪嫌疑人决定在指定的居所执行监视居住，除无法通知的以外，人民检察院应当在执行监视居住后二十四小时以内，将指定居所监视居住的原因通知被监视居住人的家属。无法通知的，应当向检察长报告，并将原因写明附卷。无法通知的情形消除后，应当立即通知其家属。这里无法通知的情形主要包括：一是被监视居住人无家属的；二是与其家属无法取得联系的；三是受自然灾害等不可抗力阻碍的。

■》 3.2.5 加强对被监视居住人的看管

（1）明确责任，职务犯罪侦查部门与法警部门既要互相协作配合，也要加强监督制约，共同实现办案安全的目的和要求。

（2）制定针对具体案件的安全防范预案。对被监视居住人进入居所到解除或者变更为其他强制措施、撤离居所的全过程，都要事先有计划，在进入居所时应当进行人身检查，记录身体状况，并防止对人体可能造成伤害的任何器具带入居所，对监视居住期间的每个环节都要制定检查方案，确保办案安全。

（3）医疗保障协作机制。在监视居住场所设立医务室，有条件的地方可以商请当地人民医院指派一名医师、一名护士入驻居所，在办案期间实行医师、护士二十四小时值班制度，待被监视居住人解除或者变更为其他强制措施后撤回；条件尚不具备的地方，也要商请当地人民医院确定专人负责身体检查、救治等工作。

（4）严格实行看审分离。法警专门负责看管，办案人员专门负责审讯取证，并建立登记制度，明确需要提审的，由办案人员将被监视居住人从居所带至办案工作区审讯室进行审讯。审讯结束时，由法警将其带回居所。提审与带回居所的全过程，应当做好记录，详细记录带出、带回的时间。对带回居所的被监视居住人，看管法警要对其进行身体检查，一旦发现身体有异常，应当及时进行检查或者救治。实行居所房与审讯房分离的地方，也要严格执行上述要求。

（5）值班与备勤制度，合理配置看管力量。对居所实行两人一班看管，同时配备两人在居所外备勤，以防紧急、突发等情况发生。法警看管时，要一站一坐，防止发生法警犯困、失职等问题；白天、夜间看管要予以区别，白天看管时以法警四人看管一名被监视居住人的比例配置力量，每二小时一班，夜晚十二点后以 5:1 的要求配置，两人值班、三人备勤，每一个半小时一班。

（6）加强对容易引发安全事故风险节点的监控。对被监视居住人睡觉、喝水、洗澡、吃饭、如厕、剃须以及送往医院进行体检时上下车、检查全程贴身看护等关键节点，都要加强动态检查、看管，确保被监视居住人始终处于被监控状态；对居所要及时清理，对被监视居住人睡前的被子要及时检查，看管人员的本人生活用品也要检查，防止洗漱用品被用于自杀、自伤等；对被监视居住人交代犯罪事实之后，要加强动态看管，注意观察其行为表现，防止出现心理波动等引发安全事故。

▶≫ 3.2.6 被监视居住人的权利保障。一是应当保障被指定居所监视居住的犯罪嫌疑人正常合理的生活、饮食条件和休息时间。一次讯问不得超过十二小时。讯问一般应在白天进行。确需在晚上讯问的，不得超过凌晨十二点，法律另有规定的，按法律规定执行。二是严禁对被监视居住人采用刑讯逼供或者冻、饿、晒、烤、疲劳审讯等非法方法进行讯问。三是严格依法保障被监视居住人的各项诉讼权益。辩护律师依法会见被监视居住人，一般应当安排在与被监视的指定居所分开的律师会见室进行，必要时可以安排在人民检察院办案工作区会见。辩护律师会见时不被监听。

▶≫ 3.2.7 指定居所监视居住期间的安全保障

（1）指定的居所应当符合最高人民检察院有关办案安全工作规定，彻底消除各种安全隐患。

（2）被监视居住人进入指定的居所前，应当对其进行人身检查和健康检查，并做好记录。在监视居住期间，应当确保办案医疗保障绿色通道畅通。必要时，解除或者变更指定居所监视居住强制措施亦应对犯罪嫌疑人进行健康检查。

（3）负责案件侦查的检察院应商请负责执行的公安机关对被监视居住人是否遵守监视居住规定的情况进行全程电子监控和录音录像以及不定期检查，对被监视居住人的电话、信函、邮件、网络等通信进行监控。必要时，人民检察院可以协助公安机关执行。

（4）指定居所监视居住期间，执行人员和协助执行人员应当建立二十四小时看守值班登记和轮班交接记录制度。

（5）将犯罪嫌疑人从指定的居所传唤到讯问地点进行讯问时，负责传唤的司法警察应当与执行人员办理交接手续。需要安排犯罪嫌疑人离开指定的居所进行辨认、提取证据、追缴犯罪有关财物或者到人民检察院办案工作区接受讯问，应当安排两名以上司法警察保障途中安全。

（6）严格落实办案安全责任制。要逐层明确办案机关领导、办案部门正职、办案人员、执行人员、协助执行人员、司法警察、执法安全督察员的责任，将责任落实到具体人员。发生安全责任事故的，严格依法追究有关责任人员的责任。

▶≫ 3.3 指定居所监视居住适用的监督

▶≫ 3.3.1 职务犯罪侦查部门进行必要性的自行审查。对于因特别重大贿赂犯罪案件决定指定居所监视居住的，人民检察院侦查部门应当自决定指定居所监视居住之日起每两个月对指定居所监视居住的必要性进行审查，没有必要继续指定居所监视居住或者案件已经办结的，应当解除指定居所监视居住或者变更强制措施。

▶️≫ 3.3.2 对执行决定的监督：

（1）侦查监督部门依法对指定居所监视居住的决定是否合法实行监督。作出指定居所监视居住决定的人民检察院侦查部门，应当在决定作出后二十四小时以内，将《立案决定书》、《指定居所监视居住决定书》、《报请指定居所监视居住意见书》（复印件）移送本院侦查监督部门。侦查监督部门要求提供相关案件材料的，侦查部门应当及时提供。被指定居所监视居住人及其法定代理人、近亲属或者辩护律师认为人民检察院的指定居所监视居住决定存在违法情形，向人民检察院提出控告或者举报的，侦查监督部门应当启动监督程序。

（2）对指定居所监视居住的决定是否合法进行监督时，侦查监督部门应重点审查以下内容：是否符合指定居所监视居住的适用条件，主要包括：是否符合逮捕条件；是否在办案机关所在地的市、县内无工作、生活的合法居所；是否涉嫌特别重大贿赂，在住处执行可能有碍侦查；是否按法定程序履行批准手续；在决定过程中是否有其他违反法律规定的行为。

（3）侦查监督部门监督指定居所监视居住的决定是否合法，可以采取以下方式：查阅法律文书、案件材料及有关证明材料；听取侦查部门及办案人员的意见；听取犯罪嫌疑人及其法定代理人、近亲属、辩护律师或者其他有关人员的意见；其他方式。

（4）侦查监督部门对指定居所监视居住的决定进行审查后，发现存在违法情形的，应当报请检察长及时提出纠正意见；认为决定合法的，应当及时提出审查意见。有相关人员申请或经有关部门交办、转办的，应当将审查意见及时答复申请人或有关部门。

▶️≫ 3.3.3 对执行活动的监督：

（1）负责案件侦查的检察院侦查部门应当在向犯罪嫌疑人宣读指定居所监视居住决定书后二十四小时以内，将《指定居所监视居住执行通知书》复印件移送负责执行的公安机关所在地的同级检察院刑事执行检察部门。该检察院刑事执行检察部门依法对指定居所监视居住的执行活动是否合法实行监督。负责案件侦查的检察院侦查部门和负责执行的公安机关应当为检察院刑事执行检察部门履行监督职责提供查阅相关法律文书、查看执行场所和电子监控资料等便利条件。必要时，承担监督职责的检察院刑事执行检察部门可以向被监视居住人了解执行活动的有关情况。

（2）承担监督职责的检察院刑事执行检察部门，发现公安机关执行人员、协助执行人员、检察院侦查部门或者侦查人员存在侵犯被监视居住人合法权利或者违法行为的，应当及时向侵权行为人或者违法行为人所属单位提出纠正意见。侵权行为人或者违法行为人属上级单位的，应当及时向上级检察院刑事执行检察部门报告，由上级检察院刑事执行检察部门依法提出纠正意见。

（3）指定居所监视居住执行完毕以后，负责案件侦查的检察院侦查部门和检察技术部门应当与负责执行的公安机关联系，将对被监视居住人的录音录像资料复制，并由检察技术部门依法保存。

▶ **4. 指定居所监视居住适用中应注意的问题**

■▶ 4.1 坚持监视居住与讯问取证等办案工作相分离的原则。为防止指定的居所演变成专门的办案场所或被质疑为专门的办案场所，讯问被指定居所监视居住的犯罪嫌疑人的地点应当与指定的居所保持适当距离或者进行隔离并分门别户。必要时可以传唤到人民检察院办案工作区讯问。

■▶ 4.2 指定居所监视居住后的转报捕问题。因为案件的特殊情况或者办理案件的需要，对没有违反监视居住规定的犯罪嫌疑人，负责案件侦查的检察院可以依法报请上级检察院审查决定逮捕。

■▶ 4.3 指定居所监视居住的使用时限

■▶ 4.3.1 根据办案需要，在指定居所监视居住期间以尽可能短的时间突破案件。按照"敢用、慎用、短用"的要求，实行控制使用，加强审批监管，强化节约用时，切实提高办案效率，尽量缩短使用时限。

■▶ 4.3.2 指定居所监视居住的使用时限，原则上控制在十五日以内。超过十五日的，凡基层人民检察院使用的，应当上报市级院反贪（反渎）局批准；市级院使用的，应当报省级院反贪（反渎）局批准；超过一个月的，一律上报省级院反贪（反渎）局批准。

■▶ 4.3.3 要根据办案情况，做到灵活使用、动态掌握、及时变更，对需要逮捕的可以先行拘留，并做好指定居所监视居住、拘留与逮捕之间的衔接；对认罪态度好、供述心理稳定，符合变更条件的，要及时变更为取保候审或者解除监视居住。

▶≫ 4.4 指定居所监视居住的协作配合

▶≫ 4.4.1 检察机关要增强依法办案意识，凡决定指定居所监视居住的，应当在决定前同公安机关沟通协商，取得公安机关的支持，确定指定居所，提前部署警力，为完成执行任务提供保障条件。需商请公安机关采取电子监控、通讯监控、不定期检查等监视方法的，要及时协商。

▶≫ 4.4.2 要严格执行依法通知的规定，检察机关决定作出后，应当按照法律等规定将有关法律文书、案件材料送交监视居住地的公安机关执行，并依法通知被监视居住人的家属。对于被监视居住的犯罪嫌疑人委托辩护律师的，检察机关应当通知公安机关，辩护律师会见被监视居住的特别重大贿赂犯罪嫌疑人应当经检察机关许可。检察机关通知公安机关执行的，可以指派法警协助执行，但不得替代公安机关的执行。

▶≫ 4.4.3 要实行办案期间值班制度，有条件的地方，可以商请公安机关指派固定的警察驻在监视居住场所，并坐班执勤，采取不定期检查等方式进行监视；条件尚不具备的地方，也要商请公安机关临时指派警察带班执勤，加强不定期检查监督，检察机关做好协助执行工作，防止被监视居住人逃跑、串供、自伤自杀等有碍侦查行为的发生，保证办案安全。

▶≫ 4.5 指定居所监视居住的纪律责任

▶≫ 4.5.1 凡使用指定居所监视居住的，应当实行审批或者备案制度。对特别重大贿赂犯罪嫌疑人决定指定居所监视居住的，应当报上级人民检察院反贪、反渎部门批准，同时报上级人民检察院侦查监督部门备案；对无固定住处的犯罪嫌疑人决定指定居所监视居住的，应当报上级人民检察院备案，上级检察院要及时审查，防止通过指定管辖滥用指定居所监视居住措施；对解除或者变更指定居所监视居住的，下级人民检察院反贪局或者反渎局应当报上级人民检察院反贪、反渎部门备案。

▶≫ 4.5.2 决定指定居所监视居住的，反贪或者反渎部门应当在二十四小时以内将监视居住决定书副本和其他相关材料抄送负责执行监督的刑事执行检察部门，并通知其指定的居所。刑事执行检察部门应当在接到通知后二十四小时以内指派检察人员到指定的居所检查监督。有条件的地方，刑事执行检察部门应当指派专人入驻指定的居所，对执行活动是否合法进行检查监督；条件不具备的地方，刑事执行检察部门应当派员不定期进行巡回检查，巡回检查每周不少于一次；发现指定居所监视居住执行活动中存在违法情形的，应当依法及时提出纠正意见并督促纠正。

▶▶ 4.5.3 被指定居所监视居住人及其法定代理人、近亲属或者辩护人认为反贪或者反渎部门的指定居所监视居住决定或者执行活动存在违法情形，提出控告或者举报的，控告检察部门应当受理，并及时报送上一级检察院侦查监督部门或者移送同级刑事执行检察部门处理。

▶▶ 4.5.4 与纪检监察机关的衔接。

（1）对纪检监察机关移送检察机关的案件或者线索，纪检监察机关明确提出对涉案人采用指定居所监视居住意见的，检察机关应当认真审查、严格把关，如果认为符合条件，也应当在立案后采用指定居所监视居住；对不符合立案条件，或者不符合指定居所监视居住条件的，应当依法采取其他措施。

（2）严禁在案件进入司法环节前，以检察机关名义对纪检监察对象采取指定居所监视居住措施。

（3）对纪检监察机关给检察机关发送案件移送函，但不移送案件材料和纪检监察对象的，检察机关不得对该纪检监察对象采取指定居所监视居住措施。

（4）在案件进入司法环节后，对被监视居住的犯罪嫌疑人的提审，应当由检察机关办案人员按照法定程序进行；纪检监察机关因办案需要提出提审请求的，可将提审提纲交由检察机关办案人员，按照提纲的要求进行提审，必要时经纪检监察机关和检察机关的分管领导同意，纪检监察机关工作人员也可以在检察人员陪同下进行提审。

（5）对于检察机关在办案中违规违法使用指定居所监视居住，对被监视居住人体罚虐待甚至刑讯逼供的，应当依纪依法严肃追究相关人员的责任甚至刑事责任，绝不姑息迁就，确保检察机关严格、规范、公正、文明执法。

五、采取刑事拘留措施操作规程

【定义】拘留是指人民检察院在职务犯罪侦查中遇到紧急情况，为了保障侦查活动的顺利进行，对于符合法定条件的职务犯罪嫌疑人，依法采取暂时剥夺其人身自由的一种强制措施。

▶ 1. 采取刑事拘留措施流程

采取刑事拘留措施流程图

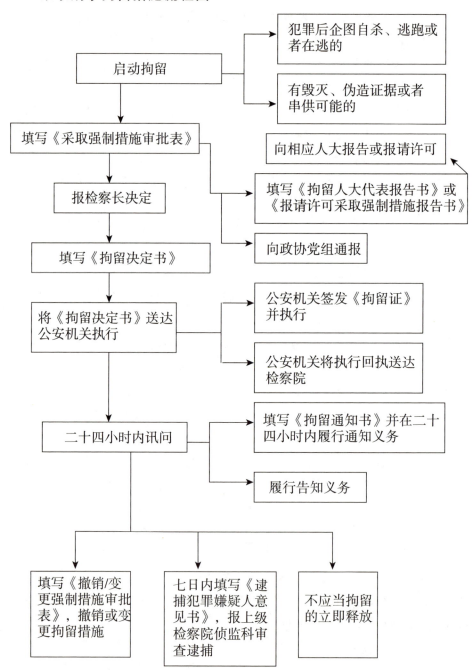

▶ **2. 拘留的实施主体**

▶ 2.1 拘留的决定主体。人民检察院拘留犯罪嫌疑人的时候，应当由办案人员提出意见，侦查部门正职审核，报检察长决定。

▶ 2.2 拘留的执行主体。检察机关作出拘留决定后，送交同级公安机关执行，必要时人民检察院可以协助公安机关执行。

▶ **3. 拘留的适用对象**

▶ 3.1 犯罪后企图自杀、逃跑或者在逃的。

▶ 3.2 有毁灭、伪造证据或者串供可能的。

▶ **4. 拘留的适用程序**

▶ 4.1 人民检察院作出拘留决定后，应当将有关法律文书和案由、犯罪嫌疑人基本情况的材料送交同级公安机关执行。拘留后，应当立即将被拘留人送看守所羁押，至迟不得超过二十四小时。

▶ 4.2 拘留后的通知和讯问。

（1）限时告知。检察机关在决定对职务犯罪嫌疑人采取拘留措施之日起，应当依法告知犯罪嫌疑人有权委托辩护人。

（2）限时通知。对犯罪嫌疑人拘留后，除无法通知的以外，人民检察院应当在二十四小时以内，通知被拘留人的家属。无法通知的，应当向检察长报告，并将原因写明附卷。无法通知的情形消除后，应当立即通知其家属。这里的无法通知包括以下情形：一是被拘留人无家属的；二是与其家属无法取得联系的；三是受自然灾害等不可抗力阻碍的。

（3）限时讯问。对被拘留的犯罪嫌疑人，应当在拘留后的二十四小时以内进行讯问。在拘留之初及时讯问，犯罪嫌疑人往往处于惊慌失措之时，还来不及"设防"对付讯问，很容易被抓住矛盾，乘隙进攻；其关系人对赃物、罪证也都来不及处理。一旦有所突破，就容易取得赃证，以揭露犯罪和证实犯罪。对被拘留人的供述，应当指派专人及时查证，必要时应当及时到犯罪嫌疑人住处或者窝藏地点收取或者搜查有关赃物、罪证。

▶ 4.3 拘留后的处理。人民检察院对被拘留的犯罪嫌疑人，应当根据具体情况作如下处理：一是发现不应当拘留的，应当立即释放；二是对需要继续侦查的，依法可以取保候审或者监视居住的，应当按照有关规定办理取保候审或者监视居住手续；三是对被拘留的犯罪嫌疑人，需要逮捕的，按照有关规定办理逮捕手续；决定不予逮捕的，应当及时变更强制措施。

▶▷ 4.4 拘留后的羁押期限。人民检察院拘留犯罪嫌疑人的羁押期限为十四日，特殊情况下可以延长一日至三日。这个时间包括侦查部门和侦查监督部门可以使用的总时间。犯罪嫌疑人已被拘留的，下级人民检察院侦查部门应当在拘留后七日以内报上级人民检察院审查逮捕。上级人民检察院应当在收到报请逮捕书后七日以内作出是否逮捕的决定，特殊情况下，决定逮捕的时间可以延长一日至三日。报送案卷材料、送达法律文书的路途时间计算在上级人民检察院审查逮捕期限以内。

▶ **5. 拘留的注意事项**

▶▷ 5.1 正确把握适用拘留的条件和时机

（1）严格把握拘留的法定条件；

（2）考虑拘留措施对突破案件、推动侦查工作的必要性；

（3）研究侦查风险决策问题。

▶▷ 5.2 严格执行拘留的程序规定

（1）不得违反拘留由公安机关执行、对担任人大代表的犯罪嫌疑人采取拘留的许可或者报告手续的履行、犯罪嫌疑人接受首次讯问的告知等程序规定。

（2）拘留后，应当立即将被拘留人送看守所羁押，至迟不得超过二十四小时；不得以讯问为目的将犯罪嫌疑人提押出所进行讯问。

▶▷ 5.3 加强研究犯罪嫌疑人拘留后送押制度的侦查破案功能

六、采取逮捕措施操作规程

【定义】逮捕是指人民检察院为了保障侦查活动的顺利进行，对符合法定条件的犯罪嫌疑人依法采取的在较长时间内剥夺其人身自由的一种强制措施。

▶ 1. 采取逮捕措施流程图

采取逮捕措施流程图

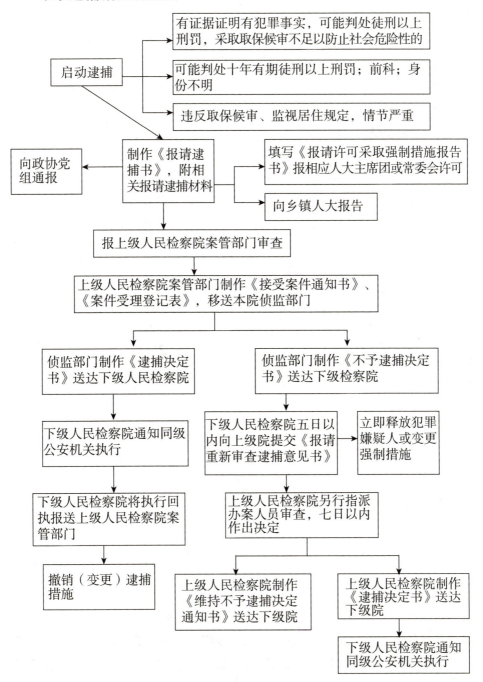

▶ **2. 逮捕的适用条件**

▶≫ 2.1 普通逮捕适用条件：

▶≫ 2.1.1 有证据证明有犯罪事实。这是适用逮捕的证据条件。应当同时结合以下情形予以判断：一是有证据证明发生了犯罪事实；二是有证据证明该犯罪事实是犯罪嫌疑人实施的；三是证明犯罪嫌疑人实施犯罪行为的证据已经查证属实的，其中犯罪事实既可以是单一犯罪行为的事实，也可以是数个犯罪行为中任何一个犯罪行为的事实。

具有以下情形之一的，可以判断不属于"有证据证明有犯罪事实"：

（1）证据所证明的事实不构成犯罪的；

（2）仅有犯罪嫌疑人的有罪供述，而无其他证据印证的；

（3）证明有罪和无罪的主要证据之间存在重大矛盾且难以排除的；

（4）共同犯罪案件中，同案犯的供述存在重大矛盾，且无其他证据证明犯罪嫌疑人实施了共同犯罪行为的；

（5）没有直接证据，而间接证据又未形成相互印证链条的；

（6）证明犯罪的证据中，对于采用刑讯逼供等非法方法收集的犯罪嫌疑人供述和以暴力、威胁等非法方法收集的证人证言、被害人陈述予以排除后，其余的证据不足以证明有犯罪事实的；

（7）虽有证据证明发生了犯罪事实，但无证据证明犯罪事实是犯罪嫌疑人实施的；

（8）其他不能证明有犯罪事实的情形。

▶≫ 2.1.2 可能判处徒刑以上刑罚。这是逮捕的刑罚条件，应当根据已查明的犯罪事实和情节，对犯罪嫌疑人是否可能判处徒刑以上刑罚予以判断。

▶≫ 2.1.3 不采取逮捕措施不足以防止发生社会危险性的。这是逮捕的社会危险性条件。具体包括：

（1）可能实施新的犯罪的。应当根据犯罪嫌疑人是否将要实施新的犯罪或者到案前已经开始策划、预备实施新的犯罪予以判断。

（2）有危害国家安全、公共安全或者社会秩序的现实危险的。主要包括涉嫌危害国家安全犯罪、恐怖活动犯罪等严重危害公共安全的犯罪，或以报复社会为目的的犯罪，以及在黑恶势力或有组织犯罪中起组织、领导、策划或其他重要作用的；在案发前或案发后预谋实施危害国家安全、公共安全或者社会秩序等重大违法犯罪行为的。

（3）可能毁灭、伪造证据，干扰证人作证或者串供的。主要包括：对涉嫌犯罪的主要事实、重要情节作虚假供述或隐瞒同案犯的重要罪行的；向同案犯通风报信或串供的；制造假象，实施毁灭、伪造证据或干扰证人作证的；对犯罪证据、涉案款物等进行转移、隐匿，或拒绝提供本人持有的重要证据的。可能对被害人、举报人、控告人实施打击报复的；企图自杀或者逃跑的。认定犯罪嫌疑人具有社会危险性，应有一定证据证明或有迹象表明，不能主观臆断。

（4）可能对被害人、举报人、控告人实施打击报复。可以根据以下情形予以判断：对被害人、举报人、控告人实施诬告、陷害、威胁、恐吓、诋毁人格名誉，或利用职权予以刁难、要挟、胁迫，以及采取其他方式滋扰其正常生活、工作的；已经着手实施侵害被害人、举报人、控告人合法权益的打击报复行为或者扬言要实施打击报复的。

（5）企图自杀或者逃跑的，可以根据以下情形予以判断：曾经自杀、准备自杀工具或扬言要自杀的；以暴力、威胁手段抗拒抓捕的；实施犯罪后逃跑的；为逃跑制造条件，企图隐匿身份，准备出境、准备逃跑工具或资金等企图逃跑的。

侦查部门应当收集反映犯罪嫌疑人具有《刑事诉讼法》第七十九条第一款所列社会危险性情形的物证、书证、证人证言、被害人陈述、犯罪嫌疑人供述和辩解、视听资料、电子数据等证据或其他证明材料。

▶▶ 2.2 特殊情形的逮捕条件：

（1）重罪逮捕。即有证据证明有犯罪事实，可能判处十年有期徒刑以上刑罚的，应当决定逮捕。认定犯罪嫌疑人是否符合"可能判处十年有期徒刑以上刑罚"，应当根据已查明的犯罪事实和情节，对犯罪嫌疑人的宣告刑（含数罪并罚）是否可能为十年有期徒刑以上刑罚予以判断。

（2）前科逮捕。即有证据证明有犯罪事实，可能判处徒刑以上刑罚，犯罪嫌疑人曾经故意犯罪，应当决定逮捕。其中认定犯罪嫌疑人是否曾经故意犯罪，应当根据犯罪嫌疑人是否曾经因故意犯罪被人民法院依法作出有罪判决予以判断。这主要是结合犯罪嫌疑人的主观恶性及社会危险性进行考量。

（3）身份不明的逮捕。即有证据证明有犯罪事实，可能判处徒刑以上刑罚，犯罪嫌疑人不讲真实姓名、住址。身份不明，应当予以逮捕。

▶▶ 2.3 违反取保候审、监视居住的逮捕条件。下级人民检察院以犯罪嫌疑人"违反取保候审、监视居住规定，情节严重"报请逮捕，应当对犯罪嫌疑人违反取保候审、监视居住规定的情形进行说明，并提供违反规定情节严重的证据或证明材料。

▶ **3. 附条件逮捕的适用条件**

▶▶ 3.1 对人民检察院直接受理立案侦查的重大案件，需要适用附条件逮捕的，应当审查是否同时具备以下条件：

（1）现有证据所证明的事实已经基本构成犯罪；

（2）经过进一步侦查能够收集到定罪所必需的证据；

（3）采取取保候审尚不足以防止发生社会危险性。

▶▶ 3.2 上述"重大案件"的范围，应当根据以下情形予以判断：

（1）犯罪嫌疑人可能被判处十年有期徒刑以上刑罚的案件；

（2）犯罪嫌疑人可能被判处五年以上不满十年有期徒刑，情节严重或者造成严重后果的案件。

▶ **4. 逮捕的一般程序**

▶▶ 4.1 逮捕的决定：

▶▶ 4.1.1 省级以下（不含省级）人民检察院直接受理立案侦查的案件，需要逮捕犯罪嫌疑人的，侦查部门应当报请上级人民检察院审查决定。

▶▶ 4.1.2 刑事执行检察、林业等派出人民检察院立案侦查的案件，需要逮捕犯罪嫌疑人的，应当报请上级人民检察院审查决定。

▶▶ 4.1.3 犯罪嫌疑人已被拘留的，下级人民检察院侦查部门应当在拘留后七日以内报上级人民检察院审查逮捕。上级人民检察院应当在收到报请逮捕书后七日以内作出是否逮捕的决定，特殊情况下，决定逮捕的时间可以延长一日至三日。

▶▶ 4.1.4 犯罪嫌疑人未被拘留的，上级人民检察院应当在收到报请逮捕书后十五日以内作出是否逮捕决定，重大、复杂的案件，不得超过二十日。

▶▶ 4.1.5 报送案卷材料、送达法律文书的路途时间计算在上级人民检察院审查逮捕期限以内。

▶▶ 4.2 报请逮捕的要求：

▶▶ 4.2.1 下级人民检察院报请逮捕时，应当报送以下证据及材料：

（1）《报请逮捕书》；

（2）与报捕事实有关的全部证据，包括有罪、无罪、罪重、罪轻的证据；

（3）犯罪嫌疑人的全部供述和辩解材料，包括讯问笔录、亲笔供词及同步录音录像资料；

（4）反映犯罪嫌疑人具有社会危险性的证据或证明材料；

（5）辩护律师提供的书面意见或有关材料；

（6）立案决定书、传唤通知书、询问通知书、调取证据通知书、提押证、采取强制措施及查封、扣押、冻结涉案财物等法律文书；

（7）交办、指定管辖案件的上级人民检察院《交办案件决定书》、《指定管辖决定书》或省人民检察院批准交办、指定管辖的书面批复；

（8）犯罪嫌疑人系人大代表，应附其所属的人民代表大会主席团或常务委员会许可采取强制措施的报告及书面批复；

（9）其他材料。

▶▶ 4.2.2 下级人民检察院报请逮捕的案件，犯罪嫌疑人已被拘留的，应当在拘留后七日以内将报请逮捕的证据及材料归类入卷报送至上级人民检察院案件管理部门。下级人民检察院报请逮捕时，侦查部门应当同时将报请情况告知犯罪嫌疑人及其辩护律师。

▶▶ 4.3 逮捕的执行：

▶▶ 4.3.1 报请逮捕的处理。上级人民检察院决定逮捕的，应当将《逮捕决定书》连同案卷材料一并送达下级人民检察院，由下级人民检察院通知同级公安机关执行；必要时，下级人民检察院可以协助执行。决定逮捕未被拘留的犯罪嫌疑人的，应当立即送交看守所羁押。

▶▶ 4.3.2 下级人民检察院应当在公安机关执行逮捕后三日以内，将执行回执报送上级人民检察院案件管理部门；如果未能执行，也应当将回执报送案件管理部门，并写明未能执行的原因。案件管理部门应当即时登记，并及时移送本院侦查监督部门。

▶▶ 4.3.3 报请不捕的处理。上级人民检察院决定不予逮捕的，应当将《不予逮捕决定书》连同案卷材料一并送达下级人民检察院。犯罪嫌疑人已被拘留的，下级人民检察院应当通知公安机关立即予以释放，并报告上级人民检察院；案件需要继续侦查的，由下级人民检察院依法决定对犯罪嫌疑人取保候审或监视居住。

▶️ **4.3.4** 对被逮捕的犯罪嫌疑人，人民检察院职务犯罪侦查部门应当在逮捕后二十四小时以内进行讯问。在发现不应当逮捕的时候，应当立即释放，发给释放证明。

▶ **5. 附条件逮捕的特殊程序**

对适用附条件逮捕的案件，上级人民检察院侦查监督部门应当进行跟踪监督。执行逮捕后第一个月届满前五日，应当向下级人民检察院侦查部门了解继续侦查取证的情况；两个月的侦查羁押期限届满前十日，应当要求下级人民检察院侦查部门报送继续侦查获取的证据，对是否已经收集到定罪所必需的证据进行审查，并制作审查意见书。对适用附条件逮捕的案件，经跟踪监督，上级人民检察院应当根据不同情况分别作以下处理：

（1）认为下级人民检察院已经获取定罪所必需的证据，并且报请延长侦查羁押期限的，对符合法律规定的可以批准延长侦查羁押期限；

（2）发现下级人民检察院未继续侦查取证，或者已经丧失继续侦查取证的条件，或者在两个月的侦查羁押期限届满时仍未收集到定罪所必需的证据，或者无继续羁押必要的，应当及时撤销逮捕决定，并书面说明理由，通知下级人民检察院执行；

（3）对没有达到继续侦查取证要求，下级人民检察院报请延长侦查羁押期限而未予批准的，或者下级人民检察院已经变更为其他强制措施的，不再另行撤销逮捕决定。

▶ **6. 报请重新审查逮捕程序**

▶️ **6.1** 下级人民检察院认为不予逮捕决定有错误的，应当在收到《不予逮捕决定书》后五日以内向上级人民检察院提交《报请重新审查逮捕意见书》和案卷材料，报请重新审查，但是应当将已被拘留的犯罪嫌疑人立即释放或者变更为其他强制措施。

▶️ **6.2** 上级人民检察院侦查监督部门在受理报请重新审查逮捕后，应当另行指派办案人员审查，并在受理案件之日起七日以内作出是否变更的决定。

▶️ **6.3** 上级人民检察院维持原决定的，应当将《维持不予逮捕决定通知书》连同案卷材料一并送达下级人民检察院；变更决定的，应当将《逮捕决定书》连同案卷材料一并送达下级人民检察院，由下级人民检察院通知同级公安机关执行。

▶️ **6.4** 下级人民检察院对逮捕后已被释放或者变更为取保候审、监视居住的犯罪嫌疑人，又发现需要逮捕的，应当向上级人民检察院重新报请逮捕。报请重新审查逮捕的操作程序与报请逮捕的程序基本相同。

▶ 7. 最高人民检察院、省级人民检察院的逮捕程序

▶ 7.1 最高人民检察院、省级人民检察院办理直接受理立案侦查的案件，需要逮捕犯罪嫌疑人的，由侦查部门填写逮捕犯罪嫌疑人意见书，连同案卷材料、讯问犯罪嫌疑人录音、录像一并移送本院侦查监督部门审查。犯罪嫌疑人已被拘留的，侦查部门应当在拘留后七日以内将案件移送本院侦查监督部门审查。

▶ 7.2 最高人民检察院、省级人民检察院办理直接受理立案侦查的案件，逮捕犯罪嫌疑人后，应当立即将被逮捕人送看守所羁押。除无法通知的以外，侦查部门应当把逮捕的原因和羁押的处所，在二十四小时以内通知被逮捕人的家属。对于无法通知的，在无法通知的情形消除后，应当立即通知其家属。

▶ 7.3 最高人民检察院、省级人民检察院办理直接受理立案侦查的案件，对被逮捕的犯罪嫌疑人，侦查部门应当在逮捕后二十四小时以内进行讯问。发现不应当逮捕的，应当经检察长批准，撤销逮捕决定或者变更为其他强制措施，并通知公安机关执行，同时通知侦查监督部门。对被释放或者被变更逮捕措施的犯罪嫌疑人，又发现需要逮捕的，应当重新移送审查逮捕。对已经作出不予逮捕的决定，又发现需要逮捕犯罪嫌疑人的，应当重新办理逮捕手续。

七、强制措施变更与解除操作规程

【定义】强制措施的变更与解除，是指人民检察院对已采取取保候审、监视居住、拘留、逮捕等强制措施的犯罪嫌疑人，不能在法律规定的期限内办结的，对犯罪嫌疑人应当解除强制措施；对被羁押的犯罪嫌疑人需要继续查证、审理的，可以对犯罪嫌疑人变更强制措施。

▶ **1. 强制措施的变更与解除工作流程**

强制措施的变更与解除工作流程图

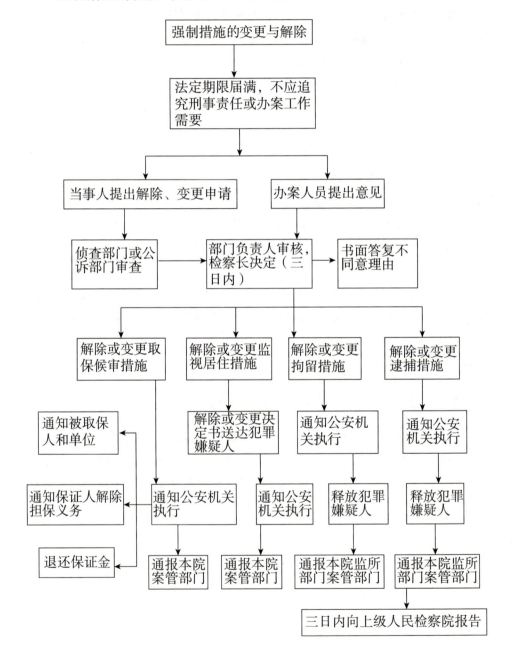

▶ 2. 强制措施的变更与解除的一般操作规程

▶ 2.1 犯罪嫌疑人被羁押的案件，不能在规定的期限内办结的，对犯罪嫌疑人应当予以释放；需要继续查证、审理的，对犯罪嫌疑人可以取保候审或者监视居住。

▶ 2.2 犯罪嫌疑人及其法定代理人、近亲属或者辩护人认为人民检察院采取强制措施法定期限届满，要求解除强制措施的，由人民检察院侦查部门或者公诉部门审查后报请检察长决定。人民检察院应当在收到申请后三日以内作出决定。经审查，认为法定期限届满，应当决定解除或者依法变更强制措施，并通知公安机关执行；认为未满法定期限的，书面答复申请人。

对于被羁押的犯罪嫌疑人解除或者变更强制措施的，侦查部门或者公诉部门应当及时通报本院刑事执行检察部门和案件管理部门。

▶ 2.3 犯罪嫌疑人及其法定代理人、近亲属或者辩护人向人民检察院提出变更强制措施申请的，由人民检察院侦查部门或者公诉部门审查后报请检察长决定。人民检察院应当在收到申请后三日以内作出决定。经审查同意变更强制措施的，在作出决定的同时通知公安机关执行；不同意变更强制措施的，应当书面告知申请人，并说明不同意的理由。

对于被羁押的犯罪嫌疑人变更强制措施的，侦查部门或者公诉部门应当及时通报本院刑事执行检察部门和案件管理部门。犯罪嫌疑人及其法定代理人、近亲属或者辩护人提出变更强制措施申请的，应当说明理由，有证据和其他材料的，应当附上相关材料。

▶ 2.4 取保候审变更为监视居住，或者取保候审、监视居住变更为拘留、逮捕的，在变更的同时原强制措施自动解除，不再办理解除法律手续。

▶ 3. 取保候审的变更、解除与撤销

▶ 3.1 犯罪嫌疑人被取保候审后，对于发现不应当追究刑事责任或者取保候审期限届满的，应当及时解除取保候审。解除取保候审应当及时通知被取保候审人和有关单位。

▶ 3.2 人民检察院发现对犯罪嫌疑人采取取保候审措施不当的，应当及时撤销或者变更。

▶ 3.3 对于犯罪嫌疑人及其法定代理人、近亲属和委托的辩护人认为取保候审超过法定期限，向人民检察院提出解除取保候审申请的，人民检察院应当在三日内审查决定。经审查认为超过法定期限的，经检察长批准后，解除取保候

审；经审查未超过法定期限的，书面答复申请人。

人民检察院解除、撤销和变更取保候审，与决定采取取保候审措施的程序相同。

▶ 3.4 解除或者撤销取保候审的决定，应当及时将《解除取保候审通知书》送达执行机关，并将解除或者撤销取保候审决定书送达犯罪嫌疑人；有保证人的，还应当通知保证人解除担保义务。

▶ 3.5 对采取保证金方式担保的，如果犯罪嫌疑人在取保候审期间没有违反规定，或者发现不应当追究犯罪嫌疑人的刑事责任的，变更、解除或者撤销取保候审时，应当通知执行机关退还保证金。

▶ **4. 监视居住的变更、解除与撤销**

▶ 4.1 犯罪嫌疑人被监视居住后，对于监视居住期限届满且发现采取监视居住措施不当的或者发现不应当追究刑事责任的，应当解除或者撤销监视居住。

▶ 4.2 解除或者撤销监视居住，应当由办案人员提出意见，职务犯罪侦查部门正职审核，检察长决定。解除或者撤销监视居住的决定，应当通知执行机关，并将解除或者撤销监视居住的决定书送达犯罪嫌疑人。

▶ 4.3 对于犯罪嫌疑人及其法定代理人、近亲属或者辩护人认为监视居住法定期限届满，向人民检察院提出解除监视居住要求的，人民检察院应当在三日以内审查决定。经审查，认为法定期限届满的，经检察长批准后，解除监视居住；经审查，未超过法定期限的，书面答复申请人。

▶ **5. 拘留的变更与撤销**

▶ 5.1 对被拘留的犯罪嫌疑人，发现不应当拘留的，应当立即释放；依法可以取保候审或者监视居住的，按照本节的有关规定办理取保候审或者监视居住手续。对被拘留的犯罪嫌疑人，需要逮捕的，按照本节的有关规定办理逮捕手续；决定不予逮捕的，应当及时变更强制措施。

▶ 5.2 犯罪嫌疑人及其法定代理人、近亲属或者辩护人认为人民检察院对拘留的犯罪嫌疑人法定羁押期限届满，向人民检察院提出释放犯罪嫌疑人或者变更拘留措施要求的，人民检察院侦查部门应当在三日以内审查完毕。侦查部门经审查认为法定期限届满的，应当提出释放犯罪嫌疑人或者变更强制措施的意见，经检察长批准后，通知公安机关执行；经审查认为未满法定期限的，书面答复申诉人。另外，侦查部门应当将审查结果同时书面通知本院刑事执行检察部门。

▶ 6. 逮捕的变更与撤销

▶▶ 6.1 对被逮捕的犯罪嫌疑人，下级人民检察院侦查部门应当在逮捕后二十四小时以内进行讯问。发现不应当逮捕的，下级人民检察院应当立即释放犯罪嫌疑人或者变更为其他强制措施。

▶▶ 6.2 犯罪嫌疑人被逮捕后，下级人民检察院决定对犯罪嫌疑人变更为其他强制措施的，应当在三日以内向作出逮捕决定的人民检察院报告，并报送以下材料：

（1）《变更逮捕强制措施报告》。其中，对变更其他强制措施后证据可能发生的变化，应当进行风险评估，并制定相应的防范预案。

（2）变更逮捕强制措施呈批材料。

（3）证明没有羁押必要性的有关材料。其中，因患严重疾病不适宜继续羁押的，应附省级人民政府指定医院出具的相关病情证明材料。

▶▶ 6.3 下级人民检察院对逮捕后已被释放或者变更为取保候审、监视居住的犯罪嫌疑人，又发现需要逮捕的，应当向上级人民检察院重新报请逮捕。

▶▶ 6.4 被逮捕的犯罪嫌疑人，作出逮捕决定的人民检察院发现不应当逮捕的，应当撤销逮捕决定，并通知下级人民检察院送达同级公安机关执行，同时向下级人民检察院说明撤销逮捕的理由。

第二节 报请许可和通报类操作规程

报请许可和通报工作流程图

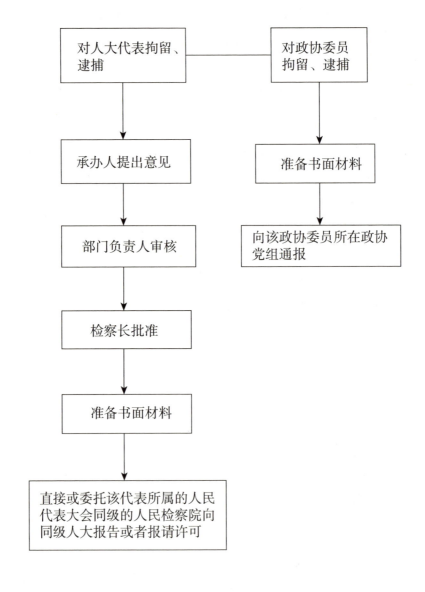

一、对人大代表拘留、逮捕报请许可操作规程

【定义】对人大代表拘留、逮捕报请许可是指人民检察院对担任县级以上人民代表大会代表的犯罪嫌疑人拘留逮捕的，因现行犯被拘留、逮捕的，应当立即向该代表所属的人民代表大会主席团或者常务委员会报告；因为其他情形需要拘留的，人民检察院应当报请该代表所属的人民代表大会主席团或者常务委员会许可的制度。

▶ 1. 对人大代表拘留报请许可

▶ 1.1 担任县级以上人民代表大会代表的犯罪嫌疑人因现行犯被拘留的，人民检察院应当立即向该代表所属的人民代表大会主席团或者常务委员会报告；因为其他情形需要拘留的，人民检察院应当报请该代表所属的人民代表大会主席团或者常务委员会许可。具体程序如下：

（1）人民检察院拘留担任本级人民代表大会代表的犯罪嫌疑人，直接向本级人民代表大会主席团或常务委员会报告或者报请许可。

（2）拘留担任上级人民代表大会代表的犯罪嫌疑人，应当立即层报该代表所属的人民代表大会同级的人民检察院报告或者报请许可。

（3）拘留担任下级人民代表大会代表的犯罪嫌疑人，可以直接向该代表所属的人民代表大会主席团或者常务委员会报告或者报请许可，也可以委托该代表所属的人民代表大会同级的人民检察院报告或者报请许可；拘留担任乡、民族乡、镇的人民代表大会代表的犯罪嫌疑人，由县级人民检察院报告乡、民族乡、镇的人民代表大会。

（4）拘留担任两级以上人民代表大会代表的犯罪嫌疑人，应当分别委托该代表所属的人民代表大会同级的人民检察院报告或者报请许可。

（5）拘留担任办案单位所在省、市、县（区）以外的其他地区人民代表大会代表的犯罪嫌疑人，应当委托该代表所属的人民代表大会同级的人民检察院报告或者报请许可；担任两级以上人民代表大会代表的，应当分别委托该代表所属的人民代表大会同级的人民检察院报告或者报请许可。

▶ 1.2 对人大代表决定拘留的，由承办人提出书面意见，报部门正职审核，检察长（副检察长）批准后，将犯罪嫌疑人的基本情况、涉嫌犯罪的事实和证据、《立案决定书》复印件等材料书面呈报相应人民代表大会主席团或者常务委员会许可后方可执行。

▶ 2. 对人大代表逮捕报请许可

▶ 2.1 人民检察院对担任本级人民代表大会代表的犯罪嫌疑人批准或者决定逮捕，应当报请本级人民代表大会主席团或者常务委员会许可。报请许可手续的办理由侦查机关负责。具体程序如下：

（1）对担任上级人民代表大会代表的犯罪嫌疑人批准或者决定逮捕，应当层报该代表所属的人民代表大会同级的人民检察院报请许可。

（2）对担任下级人民代表大会代表的犯罪嫌疑人批准或者决定逮捕，可以直接报请该代表所属的人民代表大会主席团或者常务委员会许可，也可以委托该代表所属的人民代表大会同级的人民检察院报请许可；对担任乡、民族乡、镇的人民代表大会代表的犯罪嫌疑人批准或者决定逮捕，由县级人民检察院报告乡、民族乡、镇的人民代表大会。

（3）对担任两级以上的人民代表大会代表的犯罪嫌疑人批准或者决定逮捕，分别依照上述规定报请许可。

（4）对担任办案单位所在省、市、县（区）以外的其他地区人民代表大会代表的犯罪嫌疑人批准或者决定逮捕，应当委托该代表所属的人民代表大会同级的人民检察院报请许可；担任两级以上人民代表大会代表的，应当分别委托该代表所属的人民代表大会同级的人民检察院报请许可。

▶ 2.2 对人大代表报请逮捕的，由承办人提出书面意见，报部门正职审核，检察长（副检察长）批准后，将犯罪嫌疑人的基本情况、涉嫌犯罪的事实和证据、《立案决定书》复印件等材料书面呈报相应人民代表大会主席团或者常务委员会许可后方可报上级人民检察院批准逮捕。

▶ 3. 对人大代表拘留、逮捕报请许可的时限要求

对人大代表拘留、逮捕报请许可的时限要求由各地检察机关根据实际操作情况制定具体的规定。

二、对政协委员拘留、逮捕通报操作规程

【定义】对政协委员拘留、逮捕通报是指人民检察院拘留、逮捕担任政协委员的犯罪嫌疑人，应当在拘留、逮捕前向该委员所属的政协党组通报情况；情况紧急的，可以同时或者事后及时通报的制度。

▶ 1. 对政协委员拘留通报

▶ 1.1 人民检察院拘留担任政协委员的犯罪嫌疑人，应当在拘留前向该委员

所属的政协党组通报情况；情况紧急的，可以同时或者事后及时通报。

▰▷ 1.2 对政协委员拘留的，侦查机关应将犯罪嫌疑人的基本情况、涉嫌犯罪的罪名、立案情况及时书面通报相应的政协党组。

▰▷ **2. 对政协委员逮捕通报**

▰▷ 2.1 人民检察院在逮捕担任政协委员的犯罪嫌疑人之前，应当向该委员所属的政协党组通报情况；情况紧急的，可以同时或者事后及时通报。

▰▷ 2.2 对政协委员逮捕的，侦查机关应将犯罪嫌疑人的基本情况、涉嫌犯罪的罪名、立案情况及时书面通报相应的政协党组。

▰▷ **3. 对政协委员拘留、逮捕通报注意事项**

对政协委员拘留、逮捕通报的主体为人民检察院侦查部门案件承办人，对政协委员拘留、逮捕通报无须审批。

第六章　侦查操作规程

第一节　讯问犯罪嫌疑人操作规程

【定义】讯问犯罪嫌疑人是指检察人员依照法定程序以言词方式向犯罪嫌疑人查问案件事实与其他案件有关问题的一种侦查活动。

一、传唤操作规程

【定义】传唤是指在职务犯罪侦查过程中，对未被拘留、逮捕的犯罪嫌疑人，由侦查人员通知其于指定的时间、地点到案接受讯问所采取的一种强制措施。

▶ **1. 传唤工作流程**

传唤工作流程图

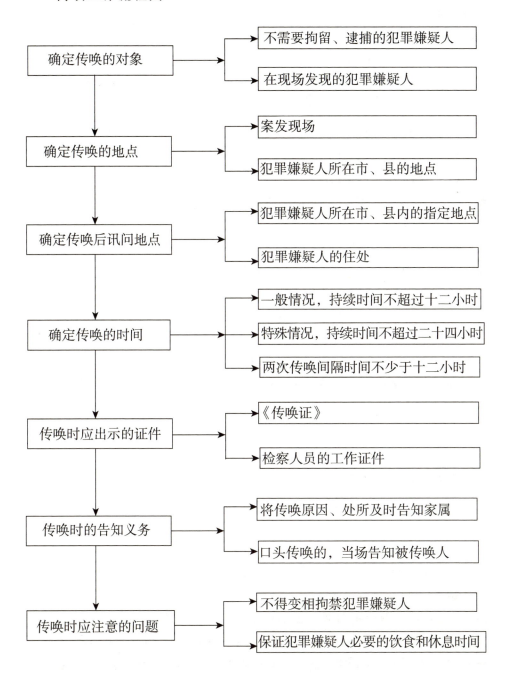

▶ 2. 传唤的实施主体

▶▶ 2.1 传唤应当由办案人员提出意见，侦查部门正职审核，由检察长或分管副检察长决定。

▶▶ 2.2 执行传唤由办案人员或司法警察进行，执行人员不得少于两人。

▶▶ 2.3 传唤前，应做好如下准备：

（1）执行人员应对犯罪嫌疑人的身份、住址、工作地点及其活动规律等基本情况；

（2）合理安排时机和方式，配好讯问人员，必要时制定讯问预案；

（3）拘传人大代表时，应依法履行相应的报请许可或报告程序。

▶ 3. 确定传唤的适用对象

▶▶ 3.1 对于不需要逮捕、拘留的犯罪嫌疑人，经检察长批准，可以适用传唤。

▶▶ 3.2 在现场发现的犯罪嫌疑人。

▶ 4. 确定传唤的地点

▶▶ 4.1 案发现场。对在现场发现的犯罪嫌疑人，经出示工作证件，可以口头传唤。

▶▶ 4.2 犯罪嫌疑人所在市、县的地点。犯罪嫌疑人的工作单位与居住地不在同一市、县的，拘传应当在犯罪嫌疑人的工作单位所在的市、县进行；也可以在犯罪嫌疑人居住所在地的市、县内进行。

▶ 5. 确定传唤后的讯问地点

▶▶ 5.1 犯罪嫌疑人所在的市、县内的指定地点。即犯罪嫌疑人在被讯问时工作生活所在的检察院、基层组织及其所在单位等。

▶▶ 5.2 犯罪嫌疑人的住处。

▶ 6. 确定传唤的时间

▶▶ 6.1 一般情况下，传唤持续的时间不得超过十二小时。

▶▶ 6.2 案情特别重大、复杂，需要采取拘留、逮捕措施的，传唤持续的时间不得超过二十四小时。

▶▶ 6.3 两次传唤间隔的时间一般不得少于十二小时。

▶ 7. 传唤应出示的证件

▶▶ 7.1 检察人员的工作证件。传唤犯罪嫌疑人时，检察人员应当向其出示能证明检察人员身份的证件，如工作证、检察官证或执行讯问任务的证明文件。

▶▶ 7.2 《传唤证》由检察院制作，向犯罪嫌疑人出示《传唤证》后，还应当责令犯罪嫌疑人在《传唤证》上签名、盖章或捺指印。

▶▶ 7.3 犯罪嫌疑人到案后，应当由其在《传唤证》上填写到案时间。

▶▶ 7.4 传唤结束后，应当由其在《传唤证》上填写传唤结束时间，拒绝填写的，检察人员应当在《传唤证》上注明。

▶▶ 7.5 传唤犯罪嫌疑人时，其家属在场的，应当当场将传唤的原因和处所口头告知其家属，并在《讯问笔录》中注明。

▶▶ 7.6 传唤犯罪嫌疑人时，其家属不在场的，检察人员应当及时将传唤的原因和处所通知被传唤人家属，具体可以采用电话通知、邮寄送达等方式，确实无法通知的，应当在《讯问笔录》中注明。

▶▶ 7.7 口头传唤的，应当当场将传唤的原因和依据告知被传唤人。

▶ **8. 传唤应注意的问题**

▶▶ 8.1 不得以连续传唤的方式变相拘禁犯罪嫌疑人。

▶▶ 8.2 传唤犯罪嫌疑人，应当保证犯罪嫌疑人的饮食和必要的休息时间。

二、提讯操作规程

【定义】提讯是指犯罪嫌疑人被送交看守所、监狱等监管场所羁押后，检察人员到看守所、监狱等监管场所指定的讯问室对犯罪嫌疑人、被告人进行讯问、告知等。

▶ **1. 提讯工作流程**

提讯工作流程图

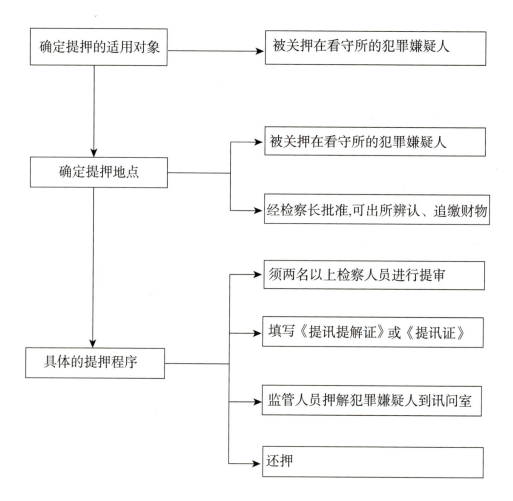

▶ 2. 提讯的主体和地点

▶ 2.1 提讯应当由两名以上具有检察官资格的检察人员进行。提讯女性在押人员，应当有一名女性工作人员参加。

▶ 2.2 提讯应当在看守所讯问室进行。

▶ 3. 提讯程序

▶ 3.1 侦查人员填写《提讯证》，如实填好犯罪嫌疑人的基本情况、提讯时间等基本内容，然后签名。经部门正职审核，报分管副检察长签发后在《提讯证》上加盖所在人民检察院印章。

▶ 3.2 侦查人员将《提讯证》、工作证、执法证等相关材料交看守所监管人员保存，然后到监管人员安排的审讯室，等候监管人员将犯罪嫌疑人带至审讯室。

▶ 3.3 第一次讯问犯罪嫌疑人，应当告知犯罪嫌疑人的诉讼权利义务。

▶ 3.4 讯问完毕后，侦查人员应当将犯罪嫌疑人送交监管人员。监管人员在《提讯证》上写明还押时间、签名或者盖章后，侦查人员应当将《提讯证》取回。

▶ 3.5 犯罪嫌疑人安全离开讯问室或看守所民警收押后，侦查人员才能离开。

▶ 4. 操作禁忌

▶ 4.1 提讯应当严格执行在监管场所规定，非经法定事由不得将犯罪嫌疑人提出看守所进行讯问。

▶ 4.2 提讯过程中，应注意安全防范，防止犯罪嫌疑人出现自杀、自残、攻击他人、逃跑等行为。

▶ 4.3 严格遵守提讯规定，同步录音录像。

▶ 4.4 严格遵守法律规定，实行"谁办案，谁提讯"的原则，禁止其他任何单位和个人提押。

▶ 4.5 案件移送时应当同时办理换押手续。

三、侦查讯问操作规程

　　【定义1】侦查讯问是指侦查人员为了查明贪污贿赂或渎职侵权犯罪事实，收集和核查证据证实犯罪，发现新的犯罪线索，查明案件全部事实真相，依照法定程序向犯罪嫌疑人查问案件事实的一项专门侦查措施，是直接获取犯罪嫌疑人供述和辩解的重要环节。

【定义2】讯问策略是指为实现讯问目的,侦查人员根据案件特点及犯罪嫌疑人个性和心理特点,灵活运用符合法律规定的讯问方式和方法的总和。

1. 讯问主体

1.1 讯问主体包括指挥人员、主办人员、协办人员和记录人员。

1.2 讯问的指挥人员是案件侦查工作的主要领导,是讯问工作的决策、指挥、协调人员,主要负责侦查讯问人员的组织调配,负责讯问计划、方案的研究、批准实施,负责对临时应急情况的指挥处置。

1.3 主办人员是讯问的主要操作人员,负责制定讯问计划,负责按照计划方案实施讯问,把握讯问节奏,对讯问出现的新情况、新变化进行临机处置。

1.4 协办讯问人员协助主办人员进行讯问,可以强化、补充主办人员的问话。除因讯问策略需要的事先约定,不得提起新话题或将讯问引向其他方向,只对讯问起辅助作用。

1.5 记录人员负责对全部讯问过程进行记录,协助主办人员工作。

2. 讯问准备

2.1 在讯问前,侦查人员应全面分析初查工作中取得的证据材料,认真研究,熟悉案情:

（1）对案件中反映的所有犯罪线索进行整理,分析案件概貌;

（2）对已有的案卷事实材料进行认真、细致的审阅,并将物证、言证、书证进行梳理、筛选,把握案件内在联系,分析案件内部矛盾,把握案件事实的基本脉络;

（3）熟悉与犯罪嫌疑人有联系的其他犯罪嫌疑人的情况,了解侦查深挖的潜力和可能性;

（4）在熟悉案情的基础上,进一步对犯罪嫌疑人、其他涉案人员和涉及的问题进行分析,明确下一步审讯的方向和内容。

2.2 广泛收集材料,研究犯罪嫌疑人特点:

（1）对犯罪嫌疑人的基本情况进行详细、深入、全面的了解,包括工作经历、学习经历、社会阅历、社会关系和社交圈等;

（2）了解犯罪嫌疑人家庭情况,包括籍贯、住址、健康状况、家庭成员情况、家庭成员关系、家庭财产情况、影响家庭关系的其他情况等;

（3）了解犯罪嫌疑人的现实表现和个性特征,包括政治立场观点、工作绩效、工作不足、能力不足、工作作风、生活作风、宗教信仰、兴趣爱好、习惯、思想心理活动、性格嗜好等等；

（4）了解犯罪嫌疑人案后表现，包括精神状态、情绪反应、经济收入等有无反常，是否了解反侦查手段，有无紧张恐慌、是否存有侥幸心理，有无悔罪、抗拒、逃匿、自首、毁证等意向。

▶▶ 2.3 研究犯罪嫌疑人心理：

（1）犯罪的主观原因；

（2）犯罪嫌疑人被拘捕、收押过程中的表现；

（3）如果在侦查中供述过或者讯问过，要弄清供述的内容，在何情况下供述、如果拒供则查明拒供的原因；

（4）查明犯罪嫌疑人在审查中的表现，特别是对付问话的习惯手法。

▶▶ 2.4 做好提审前以下工作：

（1）提前一日填写《录音录像通知书》，明确讯问开始的时间、地点情况送检察技术部门；

（2）讯问在押的犯罪嫌疑人，侦查人员应提前准备《提讯证》和工作证，并与其羁押的看守所取得联系，确保好录音录像设备正常运行；

（3）讯问拘传、传唤的犯罪嫌疑人，应当安排好本院讯问室，并对讯问室进行检查，排除不安全因素。

▶▶ 2.5 制订讯问计划：

▶≫ 2.5.1 侦查人员应按照案情和犯罪嫌疑人的基本情况、心理状态制订讯问方案。讯问方案应根据初查掌握的情况，明确讯问的重点、难点，选择审讯的突破口。

▶≫ 2.5.2 讯问方案包括以下内容：

（1）简要案情；

（2）犯罪嫌疑人思想动态和个性特点；

（3）讯问的目的和需要查明的主要问题；

（4）讯问内容和重点；

（5）犯罪嫌疑人拒供的难点、较易突破拒供的弱点；

（6）讯问的步骤、方法和策略；

（7）通过迂回突破犯罪嫌疑人心理防线的各信息要点；

（8）提问的方式和方法；

（9）需要在讯问中使用的证据及使用证据的时机和方式；

（10）讯问过程中可能出现的问题及对策；

（11）讯问中所需注意的事项；

（12）讯问参与人员及分工。

■>> 2.5.3 讯问计划应详细、周密、考虑全面，必要时要召开相关人员的座谈会，征求多方面的意见，集思广益，进行充分讨论。

■>> 2.5.4 讯问计划，要经侦查部门正职同意后报分管副检察长审批，由主办人员负责组织实施。

■▶ 2.6 重点准备讯问对策材料：

■>> 2.6.1 围绕全案焦点制定讯问对策，弄清有利证据和不利证据。

■>> 2.6.2 掌握犯罪嫌疑人可能拒供的理由，研究和准备讯问的切入点。

■>> 2.6.3 围绕讯问对策，将已掌握的证据材料进行分类：

（1）事实材料，包括认定犯罪嫌疑人有罪或无罪、罪轻或罪重的材料；

（2）反驳材料，包括分析犯罪嫌疑人可能提出或已暴露的辩解点，在解析论证的基础上为反驳其辩解所准备的相应材料；

（3）防御材料，包括为预防犯罪嫌疑人突袭，从案件中找出可能存在的矛盾和易被对方视为弱点因素的问题，对犯罪嫌疑人可能的进攻进行防御所准备的相关材料；

（4）反攻材料，包括利用犯罪嫌疑人可能的进攻而转化为对其有效的反驳、反攻，迫使其如实供述犯罪事实的材料。

▶ **3. 首次讯问**

■▶ 3.1 对犯罪嫌疑人的第一次讯问，应严格按照法律规定的程序和法定时限进行。

■▶ 3.2 首次讯问按照以下步骤进行：

（1）讯问人员主动表明身份，并告知犯罪嫌疑人在讯问中享有的权利和承担的义务以及应遵守的规定；

（2）进行实质讯问时，首先要问清犯罪嫌疑人的基本情况、家庭通信联络方式、收入情况、身份证号码以及是否人大代表和政协委员等；

（3）问清个人经历，包括学习、培训、工作经历、奖惩情况，是否受过刑事或行政处罚；

（4）家庭成员及主要社会关系情况；

（5）向犯罪嫌疑人充分说明其目前的处境情况；

（6）充分听取犯罪嫌疑人的供述和辩解，从中发现问题和矛盾，进一步了解犯罪嫌疑人的心理状态和观点，为进一步讯问打下基础；

（7）针对犯罪嫌疑人陈述中所暴露的错误观点进行初步的教育、说服工作；

（8）讯问结束并提出问题，让犯罪嫌疑人有所思考，在下次讯问时作出回答。所提问题一般应简单明了，便于引导犯罪嫌疑人认罪态度向正确方向转化。

▶▶ 3.3 妥善处理首次讯问的以下情形：

（1）对如实供述的，讯问人员应头脑冷静、平静对待，循序渐进不急于求成，全面周延不纠缠细节；

（2）对思想动摇，犹豫不决的，应侧重说明政策的从宽一面，让其树立"早交代早主动"的意识，激励其尽早坦白从宽。要进一步堵死其侥幸脱罪的退路，使其意识到坦白交代是唯一选择；

（3）对抗拒交代的，讯问人员应"以静制动"或"以动制静"，随时注意控制、缓和讯问气氛，避免形成僵局。对于态度强硬恶劣，公开对抗的犯罪嫌疑人，应先让其充分表露，选择适当时机，用精练言词予以回击，指明其抗拒的违法、悖德之处但不涉及案情，切忌将讯问演变成"吵架"；

（4）对于婉转隐蔽对抗的犯罪嫌疑人，应不置可否、如实记录，并严肃提出坦白从宽、促其认罪服法的要求；

（5）对提出了具体材料进行无罪辩解者，应如实记录，并指明将依法核查，并严肃提出坦白从宽、促其认罪服法的要求。

▶▶ **4. 深入讯问**

▶▶ 4.1 在对犯罪嫌疑人首次讯问的基础上，为突破和发展案情，查清案件全部事实真相，侦查人员应当深入讯问。

▶▶ 4.2 深入讯问应按以下基本步骤进行：

（1）导入。先试探犯罪嫌疑人的态度，以便决定讯问深入发展的力度、方向和时机。针对犯罪嫌疑人暴露出来的错误认识，向其发起进攻，目的是压住其气焰，营造有压力的讯问氛围。同时，向犯罪嫌疑人寄予希望，相信其会在侦查人员的帮教之下认罪。

（2）切入。切入是向犯罪嫌疑人提出与案件核心有联系的问题，一般应从有利于讯问深入的问题着手，可选择从案件的核心问题着手，也可选择案件核心问题的基础或前提切入，还可以选择与案件核心没什么关联的问题入手。

（3）突破。讯问人员对犯罪嫌疑人发起总攻，力争使其在案件实质问题上做如实供述。突破对象往往选择共同犯罪中可利用的成员、多起犯罪事实中的部分事实、难以狡辩的事实情节等。突破方式可选择对犯罪嫌疑人施加一定的心理压力，使其心理紧张，从而被迫供述案件事实；也可以选择减轻犯罪嫌疑人的心理压力，取得犯罪嫌疑人的供述，还可以用事实和理念让犯罪嫌疑人转变认识态度，从内心意识到自己犯罪行为的危害，主动交代犯罪事实。

（4）结束。结束讯问通常或是犯罪嫌疑人已作基本供述，或是讯问暂时处于僵持状态，或是出现犯罪嫌疑人身体不舒服、侦查人员比较疲劳等不利于继续讯问的情况。在结束讯问活动时，侦查人员应针对不同情况，进行总结评价，促使犯罪嫌疑人反省。

▶▶ 4.3 深入讯问应注意以下问题：

（1）对基本交代罪行的，侦查人员应稳定犯罪嫌疑人认罪悔罪心理，并对全部问题深追细问，注意与相关证据的相互印证，同时进一步加强心理疏导。

（2）对拒不交代罪行的，侦查人员要认真分析拒供原因，对全案讯问过程进行一次认真审阅，从中发现过去没有注意到的新情节、新疑点和新证据，据此调整讯问策略。

（3）对推翻原来供述的，侦查人员要分析翻供原因，是犯罪嫌疑人畏罪心理加剧、情绪不够稳定、反审讯经验的积累等原因，还是侦查人员不讲究讯问方法、没有按程序办案、不采用合法的讯问手段等方法不当原因，还是同监室人员的教唆、与相关人员串供等外界因素影响。

▶ **5. 讯问策略和方法**

▶▶ 5.1 针对犯罪嫌疑人认罪心理的不同阶段采取不同讯问的策略。

▶▶ 5.1.1 试探摸底阶段是侦查人员第一次接触犯罪嫌疑人的阶段，应控制在三小时以内。此阶段任务是消除犯罪嫌疑人的对立情绪，建立信任，进一步摸清底细，抓住犯罪嫌疑人要害，适时点到为止，建构双方信息不对称的基本态势，使其感觉侦查人员掌握了充分证据。讯问语言要少而精且符合逻辑，不表态、不臧否，使犯罪嫌疑人心理上处于被动。

▶▶ 5.1.2 对抗相持阶段表现为犯罪嫌疑人反驳、推脱、狡辩、缄默等，讯问人员要抑制急躁情绪，让犯罪嫌疑人充分表露，之后寻找其弱点，针锋相对，主动进攻，挫其自信；要最大限度激起犯罪嫌疑人内心的矛盾，适当地声东击西，动摇其信心；要调动与犯罪有关联人员，灵活运用证据，彻底摧毁犯罪嫌疑人的侥幸心理。

▶▶5.1.3 动摇反复阶段表现为犯罪嫌疑人形体上下意识动作频繁出现，面部表情紧张，不敢正视审讯人员，讨价还价、拖延时间，有的甚至装病装疯、自残自杀等。侦查人员此时应加大攻击力度，抓住时机对犯罪嫌疑人的错误言行严厉批评教育，使其侥幸的心理破灭。对犯罪嫌疑人提出的要求不轻易许诺，对犯罪嫌疑人涉案时的实际困难、困境和不得已之处给予适当同情。

▶▶5.1.4 对拒供的犯罪嫌疑人可以实行高压。应认真分析拒不供认的心理支点，找准因遮掩、撒谎而必然产生的违背逻辑、违反经验常识、自相矛盾、前后不一等弱点，堵死其退路，采用连续发问、步步紧逼等"高压"打压其决心和自信，同时进行多方位的攻心战，促使其最后防线瓦解，促使其如实供述犯罪事实。

▶▶5.1.5 突破口供后，应及时固定证据。包括通过深究犯罪细节防止翻供；通过对犯罪嫌疑人进行多次讯问形成多份有罪供述笔录；让犯罪嫌疑人亲笔书写固定有罪供词；进行同步录音录像；根据犯罪嫌疑人的有罪供述收集辅助证据形成证明体系。同时，听取犯罪嫌疑人的辩解理由，分清合理部分或狡辩部分，把狡辩部分作为堵塞漏洞防止翻供的重要参考。

▶▶5.2 侦查讯问应当注意运用情感感化策略。

▶▶5.2.1 对于抵触心理强、软硬不吃和注重家庭亲情的犯罪嫌疑人，应当采取有针对性的情感感化策略。

▶▶5.2.2 侦查人员可以通过对犯罪嫌疑人的亲友、同事的调查以了解其情感弱点，也可以通过讯问，让其通过对自己的家庭、亲友的叙述来了解其情感上的弱点。情感弱点一般包括：对亲情、观念、良知、道德、前途、命运等方面的考虑和顾及。

▶▶5.2.3 运用情感感化应注意掌握语言技巧，切忌让对方觉察出是讯问人员的攻心之术。可以选择犯罪嫌疑人无警觉、不敏感、愿意说的话题逐渐深入，氛围要轻松、缓和，态度要真诚、恳切，能触及其灵魂深处，引发其荣誉感、成就感、亲情感，促使其产生悔恨感。

▶▶5.2.4 情感感化可以引导对方叙述艰辛成长历程，回味成功的来之不易；可以肯定犯罪嫌疑人本性中的优点和工作中的成绩，唤回失去的尊严和成就感；可以传递犯罪嫌疑人父母、妻子或丈夫、子女的最新信息以及对其的期盼和希望，重温久违的亲情，让其产生强烈的悔恨心理。

▰▰≫ 5.2.5 运用情感感化策略应特别注意以下问题：

（1）注意自我形象的正面性对犯罪嫌疑人的影响；

（2）对犯罪嫌疑人生活上、身体上适当关心，是最直接的情感影响；

（3）语言文明、态度平和是与犯罪嫌疑人进行语言交流的前提条件；

（4）尊重犯罪嫌疑人的人格，不歧视、侮辱、挖苦是情感沟通的基础；

（5）要注意避免使用犯罪嫌疑人最不愿意听到的词语；

（6）换位讨论，设身处地为犯罪嫌疑人考虑，接近双方的情感距离；

（7）直接赞美，肯定犯罪嫌疑人经历中的优点、长处和成功，对犯罪嫌疑人的人品作客观评价，帮助犯罪嫌疑人树立形象，促使其重建良知、认罪服法。

▰▰≫ 5.3 侦查讯问应当注意运用出示证据策略。

▰▰≫ 5.3.1 讯问人员可以将初查时已收集到的证据或证据材料，出示给被讯问的犯罪嫌疑人看，以便戳穿其谎言，而促使其如实供述犯罪事实。

▰▰≫ 5.3.2 出示证据应当符合法律的相关规定。向犯罪嫌疑人出示的证据应当判断为真以后才能出示，避免使用无法确定真假的证据。

▰▰≫ 5.3.3 在讯问中出示单个证据时，应当一次只使用该证据内容的一个部分或几个部分。

▰▰≫ 5.3.4 讯问人员有指向同一事实的多个证据可供选择出示，或者可以对证明全案事实的所有证据进行出示时，应当尽量少出示证据。

▰▰≫ 5.3.5 运用证据的讯问语言要含蓄、模糊，尽量少触及所出示证据的内容，既要用与证据内容有关联的言语表达，又要避免直接地明示证据内容。

▰▰≫ 5.3.6 出示证据的顺序上应注意先用证明力弱的、后用证明力强的，先用次要的、后用重要和关键的。

▰▰≫ 5.3.7 出示证据应当按照以下方法和要求：

（1）采用间接示证法，侦查人员应运用既得证据，依据案件发展的规律，确定讯问计划，进行逐步渗透讯问。运用中要防止先入为主、主观臆断、指供诱供等违法行为的发生；

（2）采用直接示证法，应当是在犯罪嫌疑人坚持否认自己有犯罪行为且自认为侦查机关不掌握其犯罪证据时，侦查人员适时直接出示证据，破除其幻想，促使其交代罪行；

（3）出示证据前把犯罪嫌疑人可能提出的辩解的地方问清楚，然后利用部分现有的证据进行讯问，使其感到讯问人员确实掌握了其犯罪的证据，逐步加重其思想压力，促使最终交代犯罪事实；

（4）就某一事实出示掌握的多种证据加以印证时，可连续使用，但应遵守先次要、后主要的原则，逐步加重证据分量；

（5）出示证据应留有余地，力争用最少量的证据来达到使犯罪嫌疑人交代犯罪事实的目的。同时，不能将全案所有证据全部出示，更不能让犯罪嫌疑人觉察到已掌握证据的具体情况；

（6）应当把握出示证据的恰当时机，不得随意、轻易出示证据，证据应在讯问双方僵持不下时出示；

（7）出示证据要注意保密和保护举报人，不得泄露相关秘密。

▶≫ 5.4 侦查讯问应当注意运用利用矛盾策略。

▶≫ 5.4.1 要善于运用以下方法发现和利用犯罪嫌疑人口供之间的矛盾：

（1）对需要核查的案件事实和情节，要进行详细讯问；

（2）对同一案件事实，要有间隔地重复讯问；

（3）对共同犯罪，要多次重复讯问同案犯；

（4）对同一案件事实，要从不同角度、用不同话题进行讯问；

（5）对需要核查的问题，可以分成若干小问题，分别夹在其他问题中讯问；

（6）将需要核查的问题，与一些已公开的、已确切弄清的情节夹杂起来进行讯问；

（7）对供述中的一些历史事实、天文地理、自然条件、风土人情、规章制度等内容要仔细核对；

（8）对涉及比较复杂的科学技术问题，应当进行科学技术鉴定；

（9）要把外查证据与讯问内容结合起来进行讯问。

▶≫ 5.4.2 要善于发现和利用犯罪嫌疑人供述和证据之间的矛盾。要确保证据的准确性鉴别犯罪嫌疑人口供的真伪，准确及时地发现口供与证据之间的矛盾。

▶≫ 5.4.3 要善于运用以下方法发现和利用同案人之间的矛盾：

（1）揭露共同犯罪危害，促使同案人弃暗投明；

（2）指明共同犯罪各犯罪嫌疑人的利己本质；

（3）揭露矛盾，指明出路；

（4）进行分化瓦解的同时，根据各犯罪嫌疑人的认罪态度，选择薄弱环节重点突破；

（5）以争取偶犯、从犯和胁从犯为重点。

▶ **6. 选择讯问突破口**

▶ 6.1 应从易被攻破的薄弱环节和薄弱对象中选择讯问突破口。

▶ 6.1.1 从以下案件事实和情节上选择突破口：

（1）选择有确凿证据证明的事实和情节；

（2）选择犯罪嫌疑人疏于防范的事实和情节；

（3）选择次要的事实和情节；

（4）选择犯罪嫌疑人最不放心的事实和情节；

（5）选择犯罪嫌疑人口供中有矛盾的事实和情节。

▶ 6.1.2 从以下犯罪嫌疑人不同心理上选择突破口：

（1）选择犯罪嫌疑人赖以抗拒交代的精神依托；

（2）选择犯罪嫌疑人畏罪的心理；

（3）选择犯罪嫌疑人的侥幸心理。

▶ 6.1.3 从犯罪嫌疑人自身的特点、弱点的以下方面选择突破口：

（1）从犯罪嫌疑人特定性格入手；

（2）从犯罪嫌疑人特殊爱好入手；

（3）从犯罪嫌疑人事业、家庭、友情入手；

（4）从影响犯罪嫌疑人抗拒心理的某些特定情况入手；

（5）从犯罪嫌疑人的内心隐痛入手。

▶ 6.2 通过下列方法创造讯问突破时机：

（1）加强讯问时的心理打击，运用正反力量对比打击犯罪嫌疑人对抗意志，打击犯罪嫌疑人居高临下的优越感和对抗意志的情感基础；

（2）适当进行心灵沟通，引导犯罪嫌疑人产生理念共鸣、情感共鸣、性格共鸣；

（3）营造讯问突破氛围。确保讯问环境宁静，利用灯光光线的变化和犯罪嫌疑人在光线中所处的位置来营造气氛，通过讯问人的身体动作和场景布置来营造讯问气氛。

▶ **7. 突破讯问僵局**

▶ 7.1 虽经反复讯问但犯罪嫌疑人仍拒不交代，使讯问活动陷入相持不下、对立的局面或状态时，应当注意运用以下方法：

（1）针对因侥幸心理而导致的讯问僵局，讯问人员可采取出示已掌握的证据、加大强制措施力度、加强外围收集证据、及时对犯罪嫌疑人的谎言进行驳斥、分化离间共同犯罪中的犯罪嫌疑人等措施。

（2）针对因畏罪心理而导致的讯问僵局，讯问人员应耐心对其讲解"坦白从宽、抗拒从严"的刑事政策，劝说其放下心理负担；可晓以利害，使其明白如实供述才对其最有利，抗拒是有害的；可明示或暗示检察机关已掌握了犯罪证据；可安排其亲友写信或通电话劝说，激发犯罪嫌疑人的情感和良知；可利用同情法对其进行劝说。

（3）针对因对抗心理而导致的讯问僵局，讯问人员应有理有据地驳斥其错误行径，打掉其嚣张气焰，同时应进行说服教育，政策法律攻心。

（4）针对悲观心理导致的讯问僵局，讯问人员应耐心说服教育，阐明国家政策，使其看到希望和生机；可对其过去的成绩和生活进行叙述和肯定；可利用其家人、朋友对其做思想工作；可给其提供能够从轻、减轻的机会，使其重新看到希望。

▶▶ 7.2 突破讯问僵局可以重新组织讯问人员，加强讯问力量，搅乱犯罪嫌疑人抗供。同时注意采取以下方法：

（1）对于已经对犯罪嫌疑人抱有成见、经验和能力明显不足、蛮战缠斗、畏战怯战、讯问中协作意识较差的讯问人员，应及时予以更换；

（2）犯罪嫌疑人已经不再信任的讯问人员，也应及时调整；

（3）角色配备软的方面或者硬的方面明显不足的，应配备得协调一致；

（4）对犯罪嫌疑人已产生心理疲劳的讯问人员，可调整角色反差大的人员临时介入；

（5）一般不应撤换上次讯问的所有人员。

▶▶ 7.3 按以下方法重新选择讯问突破口：

（1）选择没有防备或防备较弱的事实；

（2）选择犯罪嫌疑人因掩盖罪行而暴露出的新的矛盾；

（3）选择能激发犯罪嫌疑人良知的事实。

▶▶ 7.4 对共同犯罪案件突破口应按以下方法选择：

（1）选择已掌握该犯罪嫌疑人的犯罪证据较充分的；

（2）选择从犯或被胁迫参加犯罪的；

（3）选择动摇脆弱或有悔改表现的；

（4）选择无犯罪经验和应对侦查经验较少的；

（5）选择与主犯或其他同案犯有矛盾或利害冲突的；

（6）选择对全案案情或主犯情况了解较多的。

▶ 8. 讯问结束

▶ 8.1 讯问结束时，侦查人员应查清以下问题：

（1）预谋行为、侵害对象、犯罪活动过程、犯罪手段工具、犯罪结果等犯罪行为因素；

（2）与犯罪有关的时间和地点等犯罪时空要素；

（3）故意、过失、目的、动机等犯罪主观因素；

（4）犯罪嫌疑人在共同犯罪中的作用、责任；

（5）刑事责任年龄、刑事责任能力、国家机关工作人员身份等犯罪主体资格因素。

▶ 8.2 讯问结束应符合以下基本条件：

（1）案件事实清楚，即与案件有关的事实以及具体情节都清楚，不存在有关问题和细节不清楚的情况；

（2）证据确实、充分，即所有的事实都有证据加以证实，所有的证据均经过合法途径获取，有其他证据或事实证明其是真实的。同时，证据从数量上、内容上达到了定案的要求，形成证明体系，具有排他性；

（3）根据已获取、认定的证据和法律的有关规定，能够确定犯罪嫌疑人是否构成犯罪。

▶ 8.3 讯问结束应做好以下工作：

（1）系统制作讯问笔录；

（2）对犯罪嫌疑人进行教育引导，对其判处的刑罚进行适当预测，使犯罪嫌疑人认识到翻供无益，巩固认罪心理；

（3）认真对待和合理解决口供中的矛盾，认真把关，去伪存真。对允许范围内的误差，或对案件定性、量刑没有影响的一些细微矛盾不作无谓纠缠；

（4）完备有关的法律文书。

▶ 9. 操作禁忌

▶ 9.1 严禁违法进行讯问：

（1）严禁刑讯逼供或者使用威胁方法；

（2）严禁指供诱供；

（3）严禁同时对两名以上犯罪嫌疑人进行讯问；

（4）严禁侮辱犯罪嫌疑人的人格尊严；

（5）严禁未经立案进行讯问；

（6）严禁一名检察人员进行讯问；

（7）严禁在讯问时不依法进行全程、全部、全面同步录音录像；

（8）严禁在法律许可之外进行讯问。

▶▶ 9.2 不得违规进行讯问：

（1）不得未经准备进行讯问；

（2）不得因问话的不严谨导致犯罪嫌疑人产生"坦白从严、抗拒从宽"的错误认识；

（3）不得在讯问时与讯问对象发生争吵；

（4）不得在讯问中喜怒于色；

（5）不得因讯问人用语、表情、动作不当而暴露讯问意图、暴露已掌握的证据细节。

▶▶ 9.3 讯问不得损害国家机关形象：

（1）讯问发问人的法治精神不得弱于犯罪嫌疑人；

（2）讯问发问人的法律意识不得弱于犯罪嫌疑人；

（3）讯问发问人的价值观水平不得低于犯罪嫌疑人；

（4）讯问发问人的道德水平不得低于犯罪嫌疑人；

（5）讯问发问人的情趣水平不得低于犯罪嫌疑人。

第二节 侦查部门配合全程同步录音录像类操作规程

一、同步录音录像通知操作规程

【定义】人民检察院讯问职务犯罪嫌疑人实行全程同步录音录像，是指人民检察院办理直接受理侦查的职务犯罪案件，每次讯问犯罪嫌疑人时，对讯问全过程实施不间断录音录像的工作制度。

▶ 1. 同步录音录像通知流程

同步录音录像通知流程图

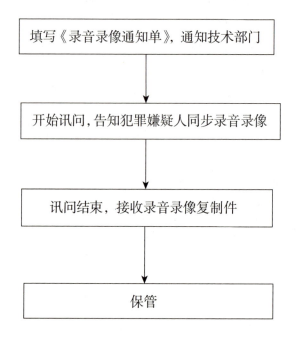

```
┌─────────────────────────────────────────┐
│   填写《录音录像通知单》,通知技术部门        │
└─────────────────────────────────────────┘
                    │
                    ▼
┌─────────────────────────────────────────┐
│   开始讯问,告知犯罪嫌疑人同步录音录像        │
└─────────────────────────────────────────┘
                    │
                    ▼
┌─────────────────────────────────────────┐
│   讯问结束,接收录音录像复制件               │
└─────────────────────────────────────────┘
                    │
                    ▼
┌─────────────────────────────────────────┐
│                保管                        │
└─────────────────────────────────────────┘
```

▶ 2. 通知技术部门

▶ 2.1 侦查部门案件承办人应当提前填写《录音录像通知单》,写明讯问开始的时间、讯问地点、被讯问犯罪嫌疑人姓名等情况后送检察技术部门相关负责人,技术部门相关负责人接到通知单后应当指派技术人员实施,技术人员应当提前做好相关准备工作。

▶ 2.2 若技术部门无法安排技术人员,经检察长批准,可以指派除讯问人员以外的其他检察人员实施。

▶ 2.3 技术人员适用回避原则。技术部门应当及时审查实施录音、录像人员是否在该案中存在刑事诉讼法规定的回避事由。

▶ 3. 告知事项

讯问开始时,案件承办人应当告知犯罪嫌疑人将对讯问进行全程同步录音录像,告知情况应在录音录像中予以反映,书记员应当记载于《讯问笔录》。

▶ **4. 接收录音录像资料复制件**

录音录像结束后，录音录像资料经讯问人员、被讯问犯罪嫌疑人确认、签字后，录音录像原件由检察技术部门归档，复制件由侦查部门保管。

▶ **5. 注意事项**

▶ 5.1 参与讯问的检察人员和书记员一般要着检察服，做到仪表整洁，举止严肃、端庄、文明。严禁刑讯逼供或者使用威胁、引诱、欺骗等非法方法进行讯问。

▶ 5.2 讯问过程中，需要出示书证、物证等证据的，应当当场出示让犯罪嫌疑人辨认，并对辨认过程进行录音录像。

▶ 5.3 录音录像应当全程进行。录音录像应当自犯罪嫌疑人进入讯问场所开始录制，至结束讯问、犯罪嫌疑人阅读完笔录并签字确认、离开讯问场所后方能停止。

▶ 5.4 录音录像应当保持完整。检察人员从第一次讯问开始，每一次的讯问都应当录音录像，应当完整、不间断地记录每一次讯问过程，不得做剪接、删改。

▶ 5.5 录音录像实施录审分离。讯问由检察人员负责，录音录像一般由检察技术人员负责。经检察长批准，也可以指定其他检察人员负责录制。

二、录音录像特殊情况处理操作规程

▶ **1. 录音录像特殊情况处理流程**

录音录像特殊情况处理流程图

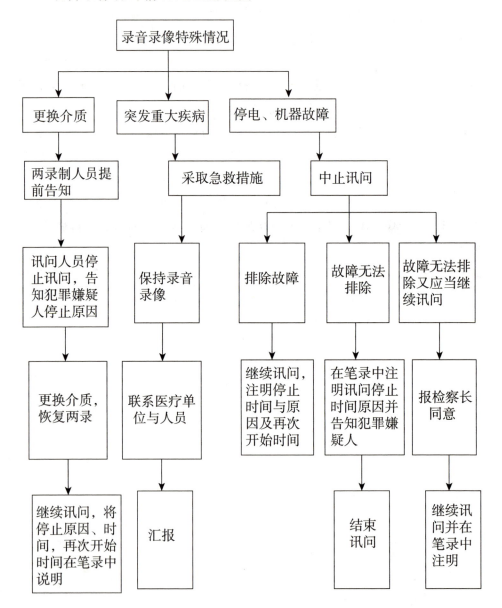

▶ 2. 更换介质的处理

录制人员应当监控录音录像系统设备的运行，因更换存储介质需要暂停录制时，应当提前告知讯问人员。讯问人员得知后应当停止讯问，介质更换完毕后继续讯问，并将讯问停止的原因、时间和再次讯问开始的时间等情况在笔录和录音录像中予以反映。

▶ 3. 出现停电、机器故障等情况的处理

▶ 3.1 因停电、技术故障等客观情况不能录音录像的，一般应当停止讯问，待故障排除后再次讯问。讯问停止的原因、时间和再行讯问开始的时间等情况，应当在笔录和录音录像中予以反映。

▶ 3.2 不能录音录像的客观情况一时难以消除又应当继续讯问的，经检察长批准，并告知犯罪嫌疑人后可以继续讯问。未录音录像的情况应当在笔录中予以说明，由犯罪嫌疑人签字确认。

▶ 4. 犯罪嫌疑人突发重大疾病导致讯问中断的情况处理

在讯问过程中出现犯罪嫌疑人突发重大疾病等情况，首先应当及时对犯罪嫌疑人采取急救措施，迅速联系医疗机构与人员，并及时向领导汇报。在此过程中，应当保持录音录像设备不间断工作。

三、移送录音录像资料审查操作规程

▶ **1.** 移送录音录像资料审查操作流程

移送录音录像资料审查操作流程图

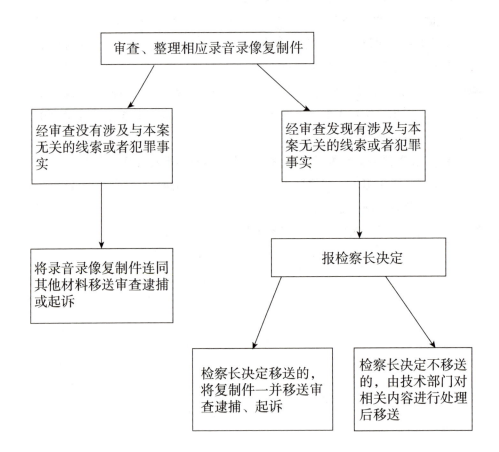

▶ **2. 移送录音录像资料**

▶▷ 2.1 案件移送审查逮捕案件时，应当将与笔录对应的录音录像复制件移交侦查监督部门，待审查完毕后连同其他证据一并退回侦查部门。

▶▷ 2.2 案件移送审查起诉案件时，应当将所有录音录像资料复制件一同移送公诉部门。

▶▷ 2.3 讯问过程中犯罪嫌疑人检举揭发与本案无关的犯罪事实或者线索的，在移送审查逮捕、移送审查起诉和提起公诉时，是否将录有该检举揭发内容的录音录像资料一并移送，由检察长决定。检察长决定不移送的，应该由检察技术部门对录有检举揭发内容的声音进行技术处理后移送。

第三节 勘验、侦查实验类操作规程

一、勘验操作规程

【定义】现场勘验是指检察人员对刑事案件犯罪现场进行勘察和检验的一种侦查活动。

▶ **1. 勘验操作流程**

勘验操作流程图

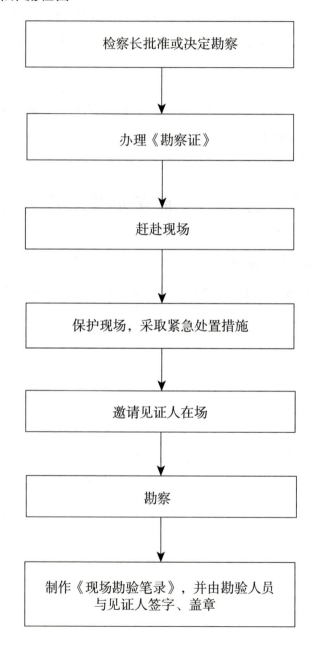

```
┌─────────────────────────────┐
│      检察长批准或决定勘察       │
└─────────────────────────────┘
              │
              ▼
┌─────────────────────────────┐
│        办理《勘察证》          │
└─────────────────────────────┘
              │
              ▼
┌─────────────────────────────┐
│          赶赴现场             │
└─────────────────────────────┘
              │
              ▼
┌─────────────────────────────┐
│   保护现场，采取紧急处置措施     │
└─────────────────────────────┘
              │
              ▼
┌─────────────────────────────┐
│        邀请见证人在场          │
└─────────────────────────────┘
              │
              ▼
┌─────────────────────────────┐
│            勘察              │
└─────────────────────────────┘
              │
              ▼
┌─────────────────────────────┐
│ 制作《现场勘验笔录》，并由勘验人员 │
│      与见证人签字、盖章        │
└─────────────────────────────┘
```

▶ **2. 勘验的内容**

勘验主要是对与职务犯罪有关的场所、物品、人身、尸体等进行查验。

▶ **3. 勘验的程序和要求**

▶ 3.1 勘验的主体是具备现场勘验、检查的专业知识和专业技能、具有现场勘验、检查资格的检察人员，必要时可以指派检察技术人员或者检察机关聘请的其他有专门知识的人，在检察人员的主持下进行勘验。

▶ 3.2 勘验时应持有检察长签发的《勘察证》。

▶ 3.3 注重保护现场。接案后，检察人员应当迅速赶往案发现场，及时划定保护范围，布置警戒，不许无关人员进入现场；固定和保全易于消失和损坏的痕迹、物证；对其他紧急情况采取紧急处置措施等。

▶ 3.4 邀请见证人在场。勘验时，人民检察院应当邀请两名与案件无利害关系的见证人在场。

▶ 3.5 制作《现场勘验笔录》。勘验现场应当拍摄照片，勘验的情况，如时间、地点、对象、目的、经过和结果等应当写明笔录并制作现场图，由参加勘验的人和见证人签名。对重大案件的现场勘验应当录像。

▶ 3.6 勘验有尸体的现场，应当有法医在场。

▶ **4. 操作禁忌**

▶ 4.1 勘验应当邀请见证人在场，但不能邀请当事人及其亲属、司法人员充当见证人。

▶ 4.2 对于确需进入现场的人员，应当经勘验指挥人员同意，并按指定的路线、时间和方式进出现场。

▶ 4.3 《现场勘验笔录》应当有参加勘验的人和见证人签名或盖章，当见证人拒绝签名或盖章时，应在记录中注明，但不得因此中止勘验的进行。

▶ 4.4 勘验时，不得随意触动现场的痕迹、物品等，并应当对可能遭受破坏的物品、痕迹等采取保护措施。

▶ 4.5 勘验不能在法定时限内完成的，仍应当对整个或部分勘验对象继续予以保护，避免遭受人为破坏。

二、侦查实验操作规程

【定义】侦查实验是指检察人员为了确定和判明有关事实或行为在某种情况下能否发生或如何发生，而按照原有条件实验性地重演的侦查活动。

▶ **1.** 侦查实验操作流程

侦查实验操作流程图

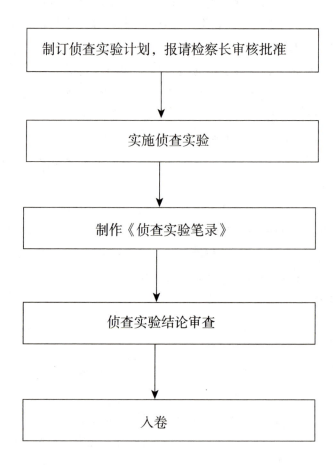

▶ 2. 侦查实验的基本规则

▶ 2.1 侦查实验应当在为了查明案情的前提下，方可进行，并遵守相应的比例原则。

▶ 2.2 只有案件重要情节非经侦查实验难以查明或者案件是否发生以及日后发生难以确定的时候方能进行侦查实验。

▶ 2.3 侦查实验时，应当在相同或尽量相似的条件下进行。

▶ 3. 侦查实验的主体

检察人员或者检察机关聘请的有关专业人员，也可以要求犯罪嫌疑人、被害人、证人参加。

▶ 4. 侦查实验的程序

▶ 4.1 审查案件证据状况，确定是否需要提请侦查实验。

▶ 4.2 办案人员认为需要进行侦查实验的，应当制作《呈请侦查实验报告书》，详细列明侦查实验的理由和原因及通过侦查实验所要解决的问题，然后依程序报检察长批准。

▶ 4.3 制订侦查实验计划，侦查实验的方法，侦查实验所需的条件。

▶ 4.4 将侦查实验计划上报检察长，经检察长审核批准后实施。

▶ 4.5 实施侦查实验。应当根据侦查实验计划实施侦查实验，严格过程控制。如果要求犯罪嫌疑人、被害人、证人参与侦查实验，应当事前预先实验。

▶ 4.6 制作《侦查实验笔录》，详细记录侦查实验的条件、经过与结果，并由参加或者观看侦查实验的人员签名或盖章，必要时可以对侦查实验录音录像。

▶ 5. 操作禁忌

▶ 5.1 侦查实验的实施应当与报请批准的《呈请侦查实验报告书》所列明的内容相一致，不得擅自进行报批之外的侦查实验内容。

▶ 5.2 根据案件需要，可以安排被害人、证人参加，但对犯罪嫌疑人及其近亲属参与的，则应加强安全防范。

▶ 5.3 侦查实验应当限定在一定的人员范围内，不仅实验内容要注意保密，而且相关的程序与方法也要予以保密。

▶ 5.4 除依法进行外，不得实施有辱他人人格、有伤社会风化及危害其他群体生命、健康和财产安全的行为。

第四节　搜查、检查、辨认类操作规程

一、搜查操作规程

【定义】搜查是指侦查人员为了收集证据、查获犯罪嫌疑人依法对犯罪嫌疑人以及可能隐藏犯罪嫌疑人或者罪证的人的身体、物品、住处和其他有关地方进行搜寻、检查的一种侦查行为。

▶ **1. 搜查操作流程**

人身搜查工作流程图

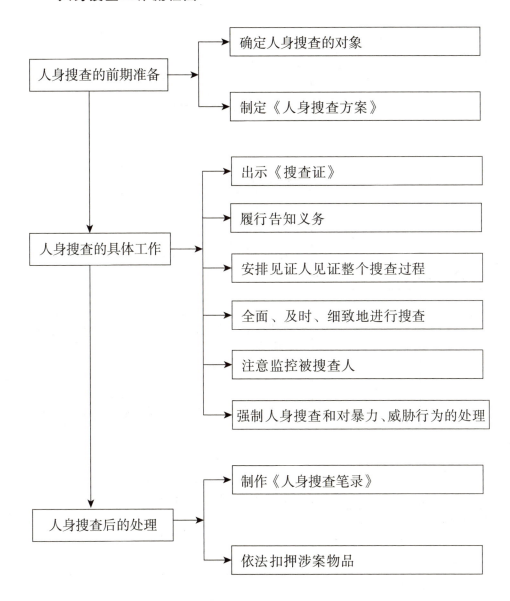

场所搜查工作流程图

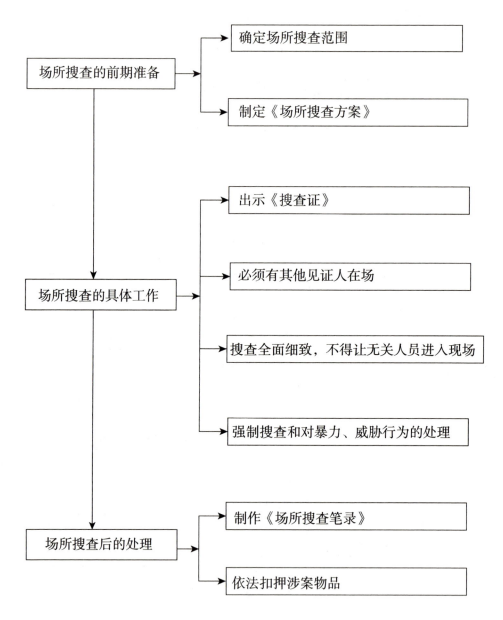

▶ 2. 搜查的前期准备

▶▷ 2.1 确定人身搜查的对象：

（1）犯罪嫌疑人的人身或住处。

（2）分析确定可能隐藏罪犯或者犯罪证据的人的住所、工作地点，即犯罪嫌疑人以外的其他人的住处和工作地点，如亲友、邻居的住处和工作地点；可能存放涉案物品的地方，如山洞、树林等。

▶▷ 2.2 制定《人身搜查方案》：

（1）了解被搜查对象的基本情况，即对被搜查人的姓名、性别、年龄、民族、工作、单位等情况进行了解。搜查住所等场所时，还要了解搜查现场和周边环境。

（2）确定搜查时间、地点、程序、重点和方法，避免搜查范围无原则地扩大。

（3）确定搜查人的分工和责任。若搜查对象为妇女的身体，应当安排女性工作人员和女性见证人。

（4）做好搜查的物质技术准备。根据案件性质和搜查目的，准备好相关器材和工具。

▶▷ 2.3 《搜查证》的制作：

（1）侦查人员提出搜查申请后，依规定报请检察长签发《搜查证》；

（2）《搜查证》的内容应当写明被搜查人的姓名、性别、职业、住址、搜查的住址、搜查的机关、执行人员以及搜查日期。

▶ 3. 搜查的程序

▶▷ 3.1 搜查应当在检察人员的主持下进行，可以有司法警察参加。必要的时候，可以指派检察技术人员参加或者邀请当地公安机关、有关单位协助进行。执行搜查的检察人员不得少于两人。

▶▷ 3.2 搜查时，应当向被搜查人或者其家属出示《搜查证》。

（1）在进行搜查时，首先应当向被搜查人或者其家属出示《搜查证》。

（2）在执行逮捕、搜查的时候，遇有下列紧急情况之一，不用《搜查证》也可以进行搜查：可能携带凶器的；可能隐藏爆炸、剧毒等危险物品的，可能隐匿、毁弃、转移犯罪证据的；可能隐匿其他犯罪嫌疑人的；其他紧急情况的。搜查结束后，搜查人员应当在二十四小时内向检察长报告，及时补办有关手续。

▶▶ 3.3 告知被搜查人或者其家属阻碍搜查、妨碍公务应负的法律责任；场所搜查时，应当有被搜查人或者其家属、邻居或者其他见证人在场，并且对被搜查人或者其家属说明阻碍搜查、妨碍公务应负的法律责任。

▶▶ 3.4 安排见证人在场见证整个搜查过程。

▶▶ 3.5 应当全面、及时、细致地进行搜查，避免遗漏。

▶▶ 3.6 搜查要提高警惕，对被搜查人员要注意监控，防止其行凶、自杀、逃跑或者毁灭证据、串供等。

▶▶ 3.7 强制搜查和对暴力、威胁行为的处理。

（1）在人身搜查过程中，若遇到抗拒和阻碍，首先应进行说服教育，若无法解除阻碍，可以对人身进行强制搜查。

（2）对以暴力、威胁方法抗拒和阻碍人身搜查，构成犯罪的，应当依法采取紧急措施，并交由公安机关立案查处。

（3）搜查时，如果遇到拦阻或者封闭被搜查场所的，首先应当口头制止，如果时间允许，也可以进行必要的说服教育。通过这些工作仍不能排除阻碍的，可以强行对场所进行搜查，必要的时候可以根据法律规定使用戒具予以制止。

（4）对以暴力、威胁方法阻碍搜查的，应当予以制止，或者由司法警察将其带离现场；阻碍搜查构成犯罪的，应当依法追究刑事责任。

▶▶ 3.8 制作《人身搜查笔录》：

（1）《人身搜查笔录》应当记录搜查的具体情况，写明搜查的时间、地点、过程和发现的证据，提取和扣押证据的名称、数量、特征也要记录到《人身搜查笔录》当中。

（2）《人身搜查笔录》应当由检察人员、被搜查人或者其家属、邻居或者其他见证人签名、盖章或捺指印。如果被搜查人或者其家属拒绝签名、盖章或捺指印的，应当在笔录中注明。

▶▶ 3.9 依法扣押涉案物品：

（1）如需扣押有关财物、文件，应当在被搜查人指认、见证人的见证下进行清点，并当场开具扣押财物、文件清单（一式四份）。

（2）如果被搜查人拒绝签名、盖章或捺指印，检察人员应当在扣押财物、文件清单上注明情况，并以录音、录像的方式予以固定。具体的扣押操作程序参见本章第六节的有关内容。

▶ 4. 操作禁忌

▶▶ 4.1 检察机关不得违背法律规定的搜查目的，也不得超越法律所规定的搜查对象和范围进行搜查和滥用搜查权。应该办理的法律手续，应当办全，应当按照法律规定的程序进行。

▶▶ 4.2 搜查应当全面细致，并指派两名以上的搜查人员严密注视搜查现场的动向，不要让无关人员进入搜查现场，防止搜查现场出现意外情况和突发事件。

▶▶ 4.3 人民检察院不得自行到本辖区以外执行搜查任务，如确有需要，应当携带《搜查证》、工作证，以及载有主要案情、搜查目的、要求等内容的公函，与当地人民检察院联系；外地检察机关通知来本辖区内搜查时，应当给予必要的配合，协助办案人民检察院执行搜查，如派员进行安全保卫的具体联系工作等。

▶▶ 4.4 搜查中发现涉及国家秘密、商业秘密、个人隐私的文件、物品等要保密并妥善处理，严格控制知情范围。

二、人身检查操作规程

【定义】人身检查是指检察人员为了确定被害人、犯罪嫌疑人人身的某些特征、伤害状况或生理状况，依法对其人身进行检查的侦查活动。

▶ **1. 人身检查流程**

人身检查流程图

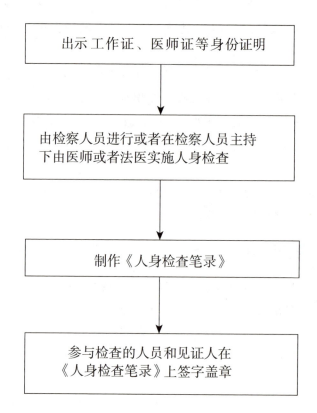

▶ **2. 人身检查应遵循的基本规则**

▶ 2.1 不得采取损害被检查人生命、健康或贬低其名誉和人格的方法。

▶ 2.2 保护被检查人隐私。

▶ 2.3 人身检查时，不得强迫对被害人进行人身检查。

▶ **3. 人身检查的主体**

检察人员，检察机关指派、聘请的法医或者医师，在检查时应当出具相应的工作证。

▶ 4. 人身检查适用范围

人身检查主要适用于被害人、犯罪嫌疑人，具体包括三个方面：

（1）为了确定被害人、犯罪嫌疑人的某些特征；

（2）为了确定被害人、犯罪嫌疑人的伤害情况；

（3）为了确定被害人、犯罪嫌疑人的生理状态。

▶ 5. 人身检查的基本内容

人身检查，主要是采集犯罪嫌疑人、被害人的指纹、血液、尿液等生物样本。

▶ 6. 人身检查实施程序

▶ 6.1 确定需要检查的对象，并通知或提解被检查人员到场，说明检查的内容、告知其相应的权利和义务。

▶ 6.2 检查时，应由检察人员进行或在检察人员的主持下，由聘请的法医或者医师依法进行。

▶ 6.3 检查妇女的身体应当由女工作人员或者医师进行，并在便于保护其隐私的场所进行。

▶ 6.4 检查完毕，应当场制作笔录，详细记载检查的结果，由被检查人签名或盖章确认，检查人员也应当签名或盖章。

▶ 7. 操作禁忌

▶ 7.1 采集血液、尿液等生物样本不应直接由检察办案人员进行，而应由医师进行。必要时可以强制检查。

▶ 7.2 对被害人人身检查应当征得被害人同意，不得强制检查。

▶ 7.3 检查妇女的身体不得由男性办案人员进行，但医师不在此限。

▶ 7.4 犯罪嫌疑人拒绝检查，检察人员认为有必要的，可以强制检查。

▶ 7.5 检查时，不得侮辱被害人、犯罪嫌疑人的人格或侵犯其他相关的合法权益。

三、辨认操作规程

【定义】辨认是指为了查明案情，在必要时让被害人、证人以及犯罪嫌疑人对与犯罪有关的物品、文件、尸体、场所或者犯罪嫌疑人等进行辨别确认的一种侦查行为。

▶ **1. 辨认工作流程**

辨认工作流程图

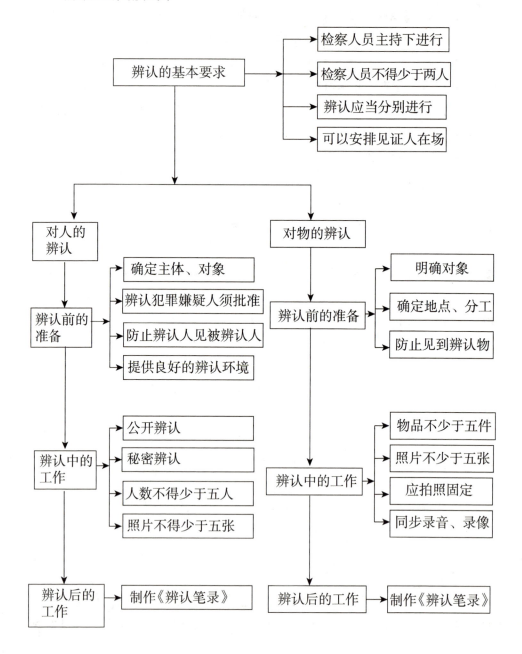

▶ 2. 辨认的基本要求

（1）辨认应当在检察人员的主持下进行；

（2）主持辨认的检察人员不得少于两人；

（3）每一辨认人对同一被辨认人或物应当分别进行辨认，其中一名辨认人进行辨认时，其他辨认人不得在场，避免辨认人互相影响和干扰，影响辨认结果的真实性；

（4）对辨认结果可能出现异议，或者案情重大，为增强辨认的证明力，检察人员可以安排见证人在场。

▶ 3. 辨认操作步骤

▶▶ 3.1 辨认前的准备工作

▶▶▶ 3.1.1 确定辨认主体和对象。辨认的主体一般是犯罪嫌疑人、被害人、证人、犯罪嫌疑人或其他诉讼参与人（如行贿人）；辨认的对象一般是犯罪嫌疑人、同案犯、物品、文件、场所。

▶▶▶ 3.1.2 确定辨认的时间、地点和人员分工等，对犯罪嫌疑人的辨认，须经检察长批准。

▶▶▶ 3.1.3 在辨认前，应当向辨认人详细询问被辨认人的具体特征，防止辨认人见到被辨认人或被辨认物，并应当告知辨认人有意作虚假辨认应当负的法律责任。

▶▶▶ 3.1.4 提供良好的辨认环境，防止外界干扰。

▶▶ 3.2 辨认中的工作程序

▶▶▶ 3.2.1 辨认方式可以分为公开辨认和秘密辨认。公开辨认就是普通的辨认方式；秘密辨认是在被辨认人不知情的情况下进行的辨认，或辨认人不愿意公开进行时，在不暴露辨认人的情况下进行的辨认，检察人员应当为不愿意公开进行辨认的辨认人保守秘密。

▶▶▶ 3.2.2 无论是公开辨认还是秘密辨认，都应当将辨认对象混杂在其他人员当中，不得给予辨认人任何暗示。受辨认的人数不得少于五人，照片不得少于五张。相混杂的人与辨认对象在年龄、体貌特征等方面应当相当，只有这样才能达到辨认的效果和目的。

▶▶▶ 3.2.3 辨认物品时，同类物品不得少于五件，照片不得少于五张。

▶▶▶ 3.2.4 辨认时，应当对文件、场所进行拍照。必要的时候，对整个辨认过程进行录像或者录音。

■➤ 3.3 辨认后的程序处理

■≫ 3.3.1 制作《辨认笔录》，《辨认笔录》应包括下列内容：

（1）进行辨认的时间、地点和条件；

（2）辨认人的姓名、性别、年龄、工作单位、职业和住址；

（3）辨认对象的具体情况；

（4）辨认结果及其根据，即认定的结果是什么，依据是什么；

（5）混杂辨认客体的具体情况。

■≫ 3.3.2 参与辨认的人员应当在《辨认笔录》上签字或者盖章，包括主持辨认的检察人员、辨认人、被辨认人、见证人等。

第五节 查询、调取、查封、扣押、冻结类操作规程

一、查询操作规程

▶ **1. 查询流程**

查询流程图

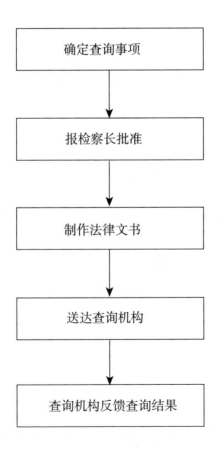

确定查询事项

↓

报检察长批准

↓

制作法律文书

↓

送达查询机构

↓

查询机构反馈查询结果

▶ **2. 查询前的准备工作**

▶ 2.1 了解犯罪嫌疑人货币财产或相关形式财产的存储时间、地点、数额，与职务犯罪的关联程度、金融机构及其所在地等基本信息。

▶ 2.2 了解拟查询的款项是否已被采取查封、扣押等措施。

▶ 2.3 了解款项存储机构的基本情况，并适时联系、沟通有关查询工作的安排，以便该金融机构配合开展工作。

▶ 2.4 安排查询工作的人员分工及时间安排，并制订相应的计划或作出明确的安排。

▶ 2.5 掌握查询有关的法律规定和有关案情，分析可能面临的问题及其解决方案。

▶ 2.6 梳理案件信息，确定查询事项、范围、数量及拟处理方式。

▶ 2.7 填写法律文书。应当在相应的法律文书上填写查询的内容，报检察长批准后方能实施。

▶ **3. 查询的范围**

办案人员根据办案需要，可以查询犯罪嫌疑人或者与涉嫌犯罪有牵连的存款、汇款、债券、股票、基金份额等财产。

▶ **4. 查询程序**

▶ 4.1 查询应由两名或者两名以上检察人员进行。

▶ 4.2 实施查询。查询应当由两名或两名以上检察人员进行，并向相关机构和个人出示工作证，送达查询的法律文书，通知相关机构执行。

▶ 4.3 异地查询时，除遵守常规程序外，还应当在实施前，联系查询所在地人民检察院的相关部门，请求给予必要的配合。

▶ **5. 操作禁忌**

▶ 5.1 查询过程中获知的有关犯罪嫌疑人的财产信息，应依法予以保密，不得随意泄露。

▶ 5.2 查询过程中，如发现有应当查封、扣押、冻结的情形，应依法办理有关手续，不得直接查封、扣押、冻结，但有紧急情形的除外。

▶ 5.3 经查询发现与案件无关的财产，应及时解除已采取的侦查措施。

▶ 5.4 查询中发现下级或其他检察机关存在错误的，应当通知作出原决定的侦查机关。

二、调取证据操作规程

【定义】调取是指调查并获取，调取证据是指人民检察院依法向有关单位和个人调取能够证明犯罪嫌疑人有罪或无罪等有关情况的物品、文件、视听资料和电子数据的一种措施。

▶ **1. 调取证据的主体**

检察机关调取证据时，应由两名以上检察人员进行。

▶ **2. 调取的证据种类**

▶ 2.1 检察机关调取的证据种类主要包括物证、书证、视听资料、电子数据。

▶ 2.2 检察机关依法调取的行政机关在行政执法和查办案件过程中收集的物证、书证、视听资料、电子数据等证据材料，可以以行政机关名义移送，经人民检察院审查符合法定要求的，可以作为证据使用。

▶ 2.3 检察机关依法调取的行政机关在行政执法和查办案件过程中收集的鉴定意见、勘验、检查笔录，经人民检察院审查符合法定要求的，可以作为证据使用。

▶ 2.4 人民检察院办理直接受理立案侦查的案件，对于有关机关在行政执法和查办案件过程中收集的涉案人员供述或者相关人员的证言、陈述，应当重新收集；确有证据证实涉案人员或者相关人员因路途遥远、死亡、失踪或者丧失作证能力，无法重新收集，但供述、证言或者陈述的来源、收集程序合法，并有其他证据相印证，经人民检察院审查符合法定要求的，也可以调取作为证据使用。

▶ **3. 调取证据的启动**

▶ 3.1 检察机关认为需要向有关单位和个人调取证据时，依职权调取。

▶ 3.2 根据辩护人的申请调取。

▶ 3.2.1 辩护人认为在侦查期间公安机关收集的证明犯罪嫌疑人无罪或者罪轻的证据材料未提交的，有权申请人民检察院调取。

▶ 3.2.2 辩护律师经证人或者其他有关单位和个人同意，可以向其收集与本案有关的材料，也可以申请人民检察院调取。

▶ 3.3 对辩护人提出调取证据的处理：

▶ 3.3.1 案件移送审查逮捕或者审查起诉后，辩护人申请人民检察院向公安机关调取证明犯罪嫌疑人无罪或者罪轻的证据材料的，向人民检察院案件管理部门提出申请，案件管理部门应当及时将申请材料送侦查监督部门或者公诉部门办理。

▓≫ 3.3.2 人民检察院经审查认为辩护人申请调取的证据已收集并且与案件事实有联系的，应当决定收集、调取并制作笔录附卷；公安机关移送相关证据材料的，人民检察院应当在三日以内告知辩护人。

▓≫ 3.3.3 人民检察院经审查认为辩护人申请的证据未收集或者与案件事实没有联系的，应当决定不予收集、调取，并向辩护人书面说明理由。

▓≫ 3.3.4 人民检察院根据辩护律师的申请收集、调取证据时，辩护律师可以在场。

▓≫ 3.3.5 案件移送审查起诉后，辩护律师申请人民检察院收集、调取证据的，应当向人民检察院案件管理部门提交申请材料，人民检察院案件管理部门应当及时将申请材料移送公诉部门办理。

▶ 4. 调取证据的实施

▓≫ 4.1 检察人员认为需要向有关单位和个人调取证据时，可以凭人民检察院的证明文件，向有关单位和个人调取能够证明犯罪嫌疑人有罪或者无罪以及犯罪情节轻重的证据材料。

▓≫ 4.2 检察机关向有关单位和个人调取证据，应当经分管副检察长批准，开具《调取证据通知书》，《调取证据通知书》一共四联，存根统一保存，第二联附卷，第三联送达提供证据的单位或个人，第四联经被调取证据单位或个人退回后附卷。

▓≫ 4.3 检察人员在调取证据材料时，应当出示检察人员的工作证和《调取证据通知书》。在调取证据较多的情况下，还应填写《调取证据清单》，《调取证据清单》应列明所需调取的证据名称、数量、所在单位，一式三份，一份统一保存，一份附卷，一份交提供证据的单位或个人。

▓≫ 4.4 检察人员向有关单位和个人收集、调取证据时，应当告知其应当如实提供证据。对涉及国家秘密、商业秘密、个人隐私的证据，应当保密。

▓≫ 4.5 检察人员在调取物证、书证、视听资料和电子数据时，可以根据需要拍照、录像、复印和复制。进行拍照、录像、复印和复制时，应制作表明来源和原件所在地的说明和执法笔录，由制作人和无利害关系的在场人员签字盖章确认。调取上述证据时参照收集物证、书证、视听资料和电子数据相关操作规程办理。

▓≫ 4.6 必要时，检察人员应当采用录音或者录像等方式固定证据内容及取证过程。

▓≫ 4.7 被调取单位、个人应当在《调取证据通知书》上盖章或者签名，拒绝盖章或者签名的，检察人员应当注明。

▶▷ 4.8 证据的提供人、调取证据的检察人员应当在《调取证据清单》上签名或者盖章，注明证据调取的时间、来源，证据系复制件的，应在备注栏证明原件存于何处。

▶▷ 4.9 被调取单位拒绝提供证据的，应当向单位负责人、领导层宣讲《刑事诉讼法》第五十二条之规定及法律风险，要求其提供，必要时可以通报其同级主管部门、监管部门、行业协会，或者通过上级检察机关其上级主管部门、监管部门、行业协会。个人拒绝提供证据的，应当向其宣讲法律并要求提供，拒不提供的，应当记录在案，根据具体情况，依法追究法律责任。

▶▷ 4.10 对于伪造证据、隐匿证据或者毁灭证据的单位和个人，应当依法追究法律责任。

▶ 5. 调取证据的异地协助

▶▷ 5.1 需要向本辖区以外的有关单位和个人调取物证、书证等证据材料的，办案人员应当携带工作证、人民检察院的证明文件和有关法律文书，与当地人民检察院联系，当地人民检察院应当予以协助。

▶▷ 5.1.1 检察人员需要到外省市向有关单位和个人调取物证、书证的，应当书写请示报告或者审批表，经部门正职审核，报检察长批准。

▶▷ 5.1.2 书写请示报告的，报告内容一般应包括：

（1）出差时间、地点、参加人员；

（2）取证的目的和要求；

（3）随身携带的材料和法律文书清单；

（4）出差的交通工具、费用预算；

（5）其他应当请示的事项。检察人员应当及时同当地检察院有关部门联系，在其配合、协助下执行任务。

▶▷ 5.2 如果需要调取的证据比较简单，可以向证据所在地的检察院函调。函件应当注明取证对象的确切地址和取证要求，经部门正职审核，报检察长签发。

▶▷ 5.3 协助的人民检察院应当在收到函件后一个月内将调查结果送达请求的人民检察院。

▶ 6. 调取证据的注意事项

▶▷ 6.1 调取物证应当调取原物。原物不便搬运、保存，或者依法应当由有关部门保管、处理或者依法应当返还，或者因保密工作需要不能调取原物的，可以将原物封存，并拍照、录像。对原物拍照或者录像应当足以反映原物的外形、内容。

▶▶ 6.2 调取书证、视听资料应当调取原件。取得原件确有困难或者因保密需要不能调取原件的，可以调取副本或者复制件。

▶▶ 6.3 调取书证、视听资料的副本、复制件和物证的照片、录像的，应当书面记明不能调取原件、原物的原因，制作过程和原件、原物存放地点，并由制作人员和原书证、视听资料、物证持有人签名或者盖章。

三、查封、扣押、冻结操作规程

【定义】查封、扣押、冻结，是指人民检察院在立案后，为了保全证据、防止涉案财物转移而对涉案的相关物品、文件等实施的保全措施。

▶ **1. 查封、扣押、冻结操作流程**

查封、扣押、冻结操作流程图

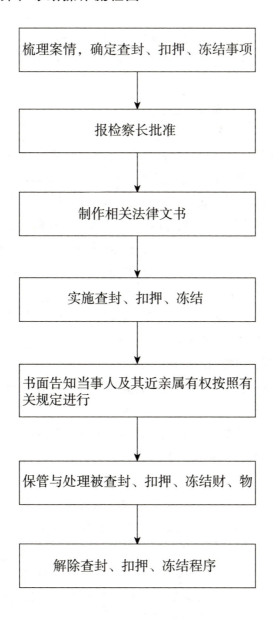

梳理案情，确定查封、扣押、冻结事项

报检察长批准

制作相关法律文书

实施查封、扣押、冻结

书面告知当事人及其近亲属有权按照有关规定进行

保管与处理被查封、扣押、冻结财、物

解除查封、扣押、冻结程序

► 2. 查封、扣押、冻结适用范围

（1）可以证明犯罪嫌疑人有罪、无罪或者犯罪情节轻重的各种财物和文件；

（2）不能立即查明是否与案件有关的可疑财物与文件；

（3）属于犯罪嫌疑人或者与涉嫌的犯罪有牵连的存款、汇款、债券、股票、基金份额等财产。

► 3. 查封、扣押、冻结的程序

►► 3.1 检察执法人员实施程序

►►► 3.1.1 梳理案情，大体确定所需查封、扣押的财物、文件，以及上述物品的持有人信息、物品可能存放的地点等；尽量收集犯罪嫌疑人存款、汇款、债券、股票、基金份额等财产的线索，确定冻结的内容。

►►► 3.1.2 准备法律文书。扣押、查封、冻结需经过检察长批准方能实施。异地查封、扣押，应当按照规定持相关法律文书即案情等说明材料，商请被查封、扣押财物和文件所在地人民检察院协助执行。执行出现异议可以进行协商，协商不成报请共同的上级人民检察院作出决定。

►►► 3.1.3 查封、扣押、冻结由两名或两名以上检察人员进行。

►►► 3.1.4 清点、查询。侦查人员应当会同在场见证人和被查封、扣押财物、文件持有人对查封、扣押的财物查点清楚。

（1）对于发现的违禁品无论与案件是否有关，一律查封、扣押，并送有关部门处理。

（2）清点外币、金银珠宝、文物、名人字画以及其他不易辨别真伪的贵重物品，应当在拍照或者录像后当场密封，由检察人员、见证人和持有人在密封材料上签名或者盖章。

（3）清点存折、信用卡、有价证券等支付凭证和具有一定特征能够证明案情的现金，应当注明特征、编号、种类、面值、张数、金额等，由检察人员、见证人和持有人在密封材料上签名或者盖章。

（4）查封、扣押易损毁、灭失、变质以及其他不宜长期保存的物品应当及时处理，应当用各种方式对其加以固定后及时封存，或者经检察长批准予以拍卖、变卖，价款作为涉案款物带诉讼终结后一并处理。

（5）查封不便提取的不动产、生产设备或者其他财物，应当拍照或录像后原地封存。

（6）查封不动产以及置于其上的其他不宜移动的其他财物，以及涉案的车辆、船舶、航空器、大型机械、设备等财物，必要时可以扣押其权利证书，经拍照或者录像后原地封存，并开具一式四份的查封清单，注明相关财物的详细地址与特征，同时注明已经拍照或者录像及其权利证书已被扣押；必要时可以将被查封的财物交持有人或者其近亲属保管，并书面告知不得作出处分；同时应当将查封决定书副本送达相关财物登记、管理部门，告知其在查封期间禁止办理抵押、转让、出租、赠与等。

（7）查封单位的涉密电子设备、文件等物品，应当在拍照或者录像后当场密封，由检察人员、见证人、单位有关负责人签名或者盖章。启封时应当由见证人、单位有关负责人在场并签字或者盖章。有关人员拒绝签名或盖章的，应当在相关文书中予以说明。

（8）扣押犯罪嫌疑人的邮件、电报或者电子邮件，应当经检察长批准，通知邮电部门或者网络服务单位将有关的邮件、电报或者电子邮件检交扣押。

（9）对于违法所得与合法收入共同购置的不可分割的财产，可以先行清点查封，在案件办结后拍卖、变卖，对不属于违法所得的部分予以退还。

（10）不能立即查明是否与案件有关的可疑的财物和文件，也可以查封或者扣押，但应当及时审查。经查明确实与案件无关的，应当在三日内解除查封或者予以退还。

▶▶ 3.1.5 开列清单。在查点的基础上，应当当场开列一式两份的清单，在清单上写明查封、扣押财物、文件的名称、规格、特征、质量、数量，文件的编号，以及财物、文件发现的地点，查封、扣押的时间等。对于查封不便提取的不动产、生产设备、或者其他财物，应当开具一式四份的查封清单。

▶▶ 3.1.6 签名、盖章。对于查封、扣押清单应当由侦查人员、在场见证人、持有人签名或者盖章，持有人拒绝签名、盖章或者不在场的，应当在清单上予以说明。冻结债券、股票、基金份额等财产后，应当书面告知当事人或者法定代理人、委托代理人有权申请出售。

▶▶ 3.1.7 留存。查封扣押清单一份由侦查机关附卷备查，一份交持有人或者家属。

▶▶ 3.2 见证人参与程序

（1）见证人应当是与案件无直接利害关系的自然人，且有相应的权利能力和行为能力。

（2）如需邀请见证人，通常应有一人或以上人员，但应严格控制人数。

（3）见证人不在场时，应当在查封、扣押、冻结笔录上注明并说明原因，对于重要或关键的查封、扣押、冻结措施，应确保有见证人在场。

▶ **4. 被查封、扣押、冻结的相关财、物的管理程序**

▶▶ 4.1 除法律和有关规定另有规定外，人民检察院办案部门查封、扣押、冻结涉案财物及其孳息后，应当立即将扣押的款项存入专门账户，将扣押的财物送案件管理部门办理入库保管手续，并将查封、扣押、冻结涉案款物的清单送案件管理部门登记，至迟不得超过三日。

▶▶ 4.2 侦查部门向管理部门移交扣押的涉案财物时，应当制作移交清单，列明物品的名称、规格、特征、数量、质量或者现金数额等，并由案件管理部门向侦查部门出具收据。

▶▶ 4.3 对下列物品可以不移交本院管理部门，由侦查部门拍照或者录像后按照有关规定以及本节 6 所述的解除程序进行处理：

▶▶▶ 4.3.1 对不方便提取或者不必提取的不动产、生产设备及其他财物，可以按照 3.1.4（6）处理。

▶▶▶ 4.3.2 对于珍贵文物、珍贵动物及其制品、珍稀植物及其制品，按照国家有关规定移送主管机关。

▶▶▶ 4.3.3 对毒品、淫秽物品等违禁品，及时移送有关主管机关，或者根据办案需要严格封存，不得使用或者扩散。

▶▶▶ 4.3.4 对于危险品，应当及时移送有关部门或者委托有关主管机关妥善保管。

▶▶▶ 4.3.5 对易损毁、灭失、变质及其他不宜长期保存的物品，可以经检察长批准后及时委托有关部门拍卖、变卖，拍卖、变卖所得价款暂予保存，待诉讼终结后一并处理。

▶▶▶ 4.3.6 对单位涉密电子设备、文件等物品，可以在密封后交被扣押物品单位保管。

▶▶ 4.4 临时调用涉案财物。临时调用涉案财物须经检察长批准。加封的财物启封时，侦查部门、管理部门应当同时派员在场，并应当请见证人或者持有人在场，当面查验。归还时重新封存。

▶▶ 4.5 对被扣押、冻结的债券股票、基金份额等财产，在扣押、冻结期间权利人申请出售，经审查认为不损害国家利益、被害人利益，不影响诉讼正常进行的，以及扣押、冻结的汇票、本票、支票的有效期即将届满的，经检察长批准，可以在案件办结前已发出售，所得价款由检察机关指定专门的银行账户保管，并及时告知当事人或者其近亲属。

▶ 5. 查封、扣押、冻结解除程序

▶▷ 5.1 制作处理决定书。侦查部门处理查封、扣押、冻结的涉案财物，应当制作《查封、扣押、冻结涉案财物处理决定书》，并送达当事人，并由被送达人在处理清单上签名或者盖章；处理查封、扣押、冻结的单位涉案财物，应当由单位有关负责人签名并加盖公章。不予签名、盖章的，应当在处理清单上注明。

▶▷ 5.2 人民检察院查封、扣押、冻结、保管、处理涉案财物的相关法律文书送达或者制作完成后，侦查部门应当在五日以内将法律文书复印件送本院案件管理部门和纪检监察部门，并接受纪律检查部门监督。

▶▷ 5.3 处理查封、扣押、冻结的涉案款应当注意事项

▶▷▷ 5.3.1 对于查封、扣押、冻结的相关物品、文件、邮件、电报，以及存款、汇款、债券、股票、基金份额等财产，经查明确实与案件无关的，应当在三日内作出解除、退还决定或者解除冻结，并可以通知有关单位和个人配合，对于冻结的财产，应当告知其所有人。

▶▷▷ 5.3.2 查封、扣押、冻结的涉案财物，经审查数以被害人的合法财产，不需要在法庭上出示的，应当及时返还。诉讼程序终结后，经查明属于犯罪嫌疑人的合法财产的，应当及时解除查封、扣押、冻结，返还犯罪嫌疑人或其合法继承人。侦查部门应当制作返还财物清单，由领取人签字或者盖章后与物品照片一并存入卷宗。

▶▷▷ 5.3.3 对违法所得的处理。人民检察院作出撤销案件决定的，侦查部门应当在三十日以内对犯罪嫌疑人的违法所得作出处理，并制作查封、扣押、冻结财物的处理报告，详细列明每一项财物的来源、去向并附有关法律文书复印件，报检察长审核后存入案卷，并在《撤销案件决定书》中写明对查封、扣押、冻结的涉案财物的处理结果。情况特殊的，经检察长核实可以延长三十日，并针对违法所得的不同情形分别作出处理：

（1）因犯罪嫌疑人死亡而撤销案件的，依照犯罪嫌疑人、被告人逃匿、死亡案件违法所得的没收程序进行处理。

（2）因其他原因撤销案件的，对于查封、扣押、冻结的犯罪嫌疑人违法

所得及其他涉案财物需要没收的，应当提出检察建议，移送有关主管机关处理。

（3）对于冻结的犯罪嫌疑人存款、汇款、债券、股票、基金份额等财产需要返还被害人的，可以通知金融机构返还被害人；对于查封扣押的犯罪嫌疑人的违法所得及其他涉案财产需要返还被害人的，直接决定返还被害人。

▓≫5.3.4 对于查封、扣押、冻结的涉案财物产生的孳息，应当与财物一并上缴或者返还。

▓≫5.3.5 对于应当返还被害人的查封、扣押、冻结财物，无人认领的应当公告，公告满一年无人认领的应当依法上缴国库。上缴国库后有人认领的，且查证属实的，由人民检察院向政府财政部门申请退库或者返还，原物已经拍卖、变卖的，应当退回价款。

▶ 6. 查封、扣押、冻结应注意的事项

▶≫6.1 查封、扣押、冻结、保管、处理涉案财物，应当严格依法进行。严禁以虚假立案或者其他非法方式查封、扣押、冻结财物。对涉案单位私设账外资金与案件无关的，不得扣押、冻结，可以通知有关主管机关或者其上级单位处理。严禁查封、扣押、冻结与案件无关的合法财产。

▶≫6.2 严禁在立案前查封、扣押、冻结财物。立案之前发现涉嫌犯罪的财物，如果符合立案条件，应当及时立案，并采取查封、扣押、冻结措施，以保全证据和防止涉案财物的转移。个人或者单位在立案之前向人民检察院自首时携带涉案财物的，人民检察院可以先行接受，并向自首人开具接受凭证，根据立案和侦查情况决定是否查封、扣押、冻结。人民检察院查封、扣押、冻结涉案财物后，应当对案件及时进行侦查，不得在没有法定理由的情况下撤销案件或者停止对案件的侦查。

▶≫6.3 人民检察院查封、扣押、冻结犯罪嫌疑人的涉案财物，应当为犯罪嫌疑人及其扶养的家属保留必要的生活费用和物品；查封、扣押、冻结单位的涉案财物，应当尽量不影响该单位正常的办公、生产、经营等活动。

▶≫6.4 人民检察院查封、扣押、冻结、保管、处理涉案财物，应当书面告知当事人或者近亲属有权按照有关规定进行投诉。

▶≫6.5 人民检察院查封、扣押、冻结、处理涉案财物应当使用最高人民检察院统一制定的法律文书，填写应当规范、完备，文书存根应当完整。

�— 6.6 禁止使用《没收决定书》、《罚款决定书》等不符合规定的文书查封、扣押、冻结、处理涉案财物。

▶ 6.7 查封、扣押、冻结、保管、处理涉及国家秘密、商业秘密、个人隐私的涉案财物，应当严格遵守有关保密规定。

第七章 特殊侦查措施操作规程

第一节 技术侦查和异地羁押类操作规程

一、技术侦查操作规程

【定义】职务犯罪技术侦查（简称技术侦查）是指检察机关运用现代科技设备和特殊的侦查方法秘密收集证据、查明犯罪事实和查获犯罪嫌疑人的侦查措施的总称。

技术侦查流程图

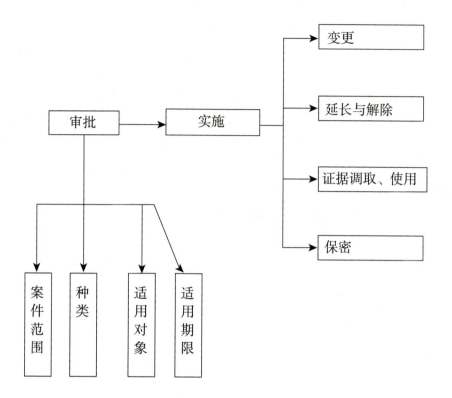

▶ 1. 技术侦查审批

▶▷ 1.1 技术侦查的适用范围

▶▷▷ 1.1.1 技术侦查的适用范围主要包括：

（1）涉案金额在十万元以上、采取其他方法难以收集证据的重大贪污、贿赂犯罪案件；

（2）利用职权实施的严重侵犯公民人身权利的重大犯罪案件；

（3）需要追捕被通缉或者批准、决定逮捕的在逃的犯罪嫌疑人、被告人；

（4）需要查办中央交办的重大案件的涉案人员；

（5）需要查办进行其他严重犯罪活动、造成恶劣社会影响的涉案人员。

▶▷▷ 1.1.2 有下列情形之一的，不得使用技术侦查手段：

（1）不属于技术侦查手段适用范围的；

（2）未按规定办理审批手续的；

（3）侦控目的不明确的；

（4）危及技术侦查手段安全的；

（5）采取一般侦查措施可以满足工作需要的。

▶▷ 1.2 技术侦查的决定主体

技术侦查的决定主体是检察机关。

▶▷ 1.3 技术侦查的执行主体

技术侦查的执行主体是公安机关、国家安全机关等机关。

▶▷ 1.4 技术侦查的种类

检察院机关采取技术侦查措施应当根据侦查犯罪的需要，确定采取技术侦查措施的种类，按照有关规定报请批准。实践中的技术侦查种类主要包括：

（1）红外线侦查；

（2）麦克风侦查监听；

（3）电信侦控；

（4）窥视（电子监视）；

（5）邮件检查（寄递渠道侦查监控）；

（6）密取（秘密搜查）；

（7）对进出我国大陆的国际通信电缆、海缆、光缆的侦查监控；

（8）互联网的侦查监控；

（9）个人信息记录监控；

（10）技术反制手段等。

▶》1.5 技术侦查的期限

技术侦查的期限主要包括：

（1）批准技术侦查决定自签发之日起三个月以内有效；

（2）对于不需要继续采取技术侦查措施的，应当及时解除；

（3）对于复杂、疑难案件，期限届满仍有必要继续采取技术侦查措施的，经过原批准机关批准，有效期可以延长，每次不得超过三个月。

▶》1.6 技术侦查的审批

▶》1.6.1 人民检察院在立案后，应当根据侦查犯罪的需要，对确实需要采取技术侦查措施的，应确定采取技术侦查措施的种类和适用对象，按照有关规定报请相关机关、部门批准，经过批准，再交由有关执行机关执行。

▶》1.6.2 专门机关应进一步加强内部管理，严格审批手续，细化操作规程，落实考核制度，确保技术侦查依法使用。

▶ 2. 技术侦查变更

在有效期限内，需要变更技术侦查措施种类或者适用对象的，应当按照技术侦查审批操作规程重新办理批准手续。

▶ 3. 技术侦查延长与解除

▶》3.1 对于复杂、疑难案件，期限届满仍有必要继续采取技术侦查措施的，应当在期限届满前十日以内制作《呈请延长技术侦查措施期限报告书》，写明延长的期限及理由，经过原批准机关批准，有效期可以延长，每次不得超过三个月。

▶》3.2 对于不需要继续采取技术侦查措施的，应当及时解除。

▶ 4. 技术侦查证据调取、使用

▶》4.1 技术侦查证据的调取

采取技术侦查措施收集的物证、书证及其他证据材料，侦查人员应当制作相应的说明材料，写明获取证据的时间、地点、数量、特征以及采取技术侦查措施的批准机关、种类等，并签名和盖章。

▶》4.2 技术侦查证据的使用

▶》4.2.1 采取技术侦查措施获取的证据，除应保护技术侦查手段的重大秘密等特殊原因需要进行转化外，可以直接在诉讼中使用，但是不得暴露技术侦查措施及其实施方式的详细情况。

▶▶ 4.2.2 采取技术侦查措施收集的材料作为证据使用的，批准采取技术侦查措施的法律决定文书应当附卷，辩护律师可以依法查阅、摘抄、复制。

▶ 5. 技术侦查的保密

▶▶ 5.1 对于使用技术侦查措施获取的证据材料，如果可能危及特定人员的人身安全、涉及国家秘密或者公开后可能暴露侦查秘密或者严重损害商业秘密、个人隐私的，应当采取不暴露有关人员身份、技术方法等保护措施。在必要的时候，可以建议不在法庭上质证，由审判人员在庭外对证据进行核实。

▶▶ 5.2 检察人员对采取技术侦查措施过程中知悉的国家秘密、商业秘密和个人隐私，应当保密。

▶▶ 5.3 检察人员对采取技术侦查措施获取的与案件无关的材料，应当及时销毁，并对销毁情况制作记录。

▶▶ 5.4 采取技术侦查措施获取的证据、线索及其他有关材料，只能用于对犯罪的侦查、起诉和审判，不得用于其他用途。

▶ 6. 操作禁忌

▶▶ 6.1 不得向无关人员暴露技术侦查手段。

▶▶ 6.2 不得在使用技术侦查手段中暴露工作人员的身份。

▶▶ 6.3 不得在非保密场所阅读、谈论技术侦查手段的秘密。

▶▶ 6.4 不得与无关人员谈话中涉及技术侦查手段的秘密，部署使用有关技术侦查手段时，应严格限制知密范围。

▶▶ 6.5 不得在文艺创作和公开的宣传报道中涉及技术侦查手段使用的秘密。

▶▶ 6.6 不得在无适当安全措施的情况下携带技术侦查工作资料和专用器材。

▶▶ 6.7 不得使用保密措施的通信设备，普通寄递和互联网传递技术侦查工作情况。

▶▶ 6.8 不得有其他有损于技侦手段实施及目标实现行为。

二、异地羁押操作规程

【定义】异地羁押是指因侦查和其他诉讼活动的特别需要，将被执行逮捕的犯罪嫌疑人关押到案件管辖地以外的监管场所。

异地羁押流程图

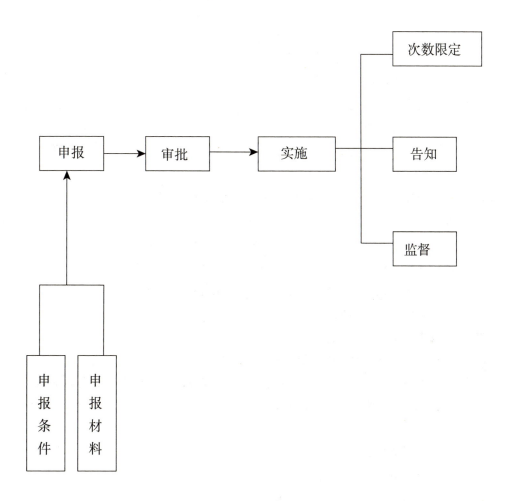

▶ 1. 异地羁押申报

▶▶ 1.1 申报异地羁押条件

▶▶▶ 1.1.1 羁押被逮捕的犯罪嫌疑人应当以案件管辖地羁押为原则，以异地羁押为例外。

▶▶▶ 1.1.2 异地羁押应当具有规定或特定的正当事由。具有下列情形之一的，可以申报异地羁押：

（1）犯罪嫌疑人与案件管辖地监管场所或其主管机关工作人员有特殊关系、可能影响侦查的；

（2）犯罪嫌疑人与案件管辖地党政机关负责人有特殊关系、可能影响侦查的；

（3）犯罪嫌疑人在案件管辖地担任过重要领导职务或有其他重要影响，可能妨碍侦查的；

（4）共同犯罪的同案人，不宜羁押在同一监管场所的；

（5）在羁押期间发现有违反监管规定的情形影响侦查的；

（6）上级人民检察院统一指挥或交办的案件需要异地羁押的；

（7）其他需要异地羁押的特别情形。

▶▶ 1.2 申报异地羁押材料

办案人员申报异地羁押需要准备以下材料：

（1）填写公安部门统一的《异地羁押审批表》，注明犯罪嫌疑人的基本情况、案由、基本案情、身体状况、现羁押场所、拟异地羁押场所、异地羁押理由等；

（2）附《立案请示报告》；

（3）附《立案决定书》；

（4）附《拘留证》或者《逮捕证》。

▶ 2. 异地羁押审批

▶▶ 2.1 需要对犯罪嫌疑人异地羁押的，应当由侦查部门向本院侦查指挥中心提交对犯罪嫌疑人异地羁押的手续，层报案件管辖地和拟异地羁押地人民检察院共同的上级人民检察院侦查指挥中心办公室审核，报该上级人民检察院检察长批准。

▶▶ 2.2 上级人民检察院检察长批准后，由该上级人民检察院送同级公安机关审批。

▶▷ 2.3 异地羁押按下列程序层批:

(1)需要异地羁押的,由侦查部门呈报本院分管副检察长或检察长批准。

(2)需要跨县(市、区)异地羁押的,由县(市、区)人民检察院呈报市级人民检察院审查。同意异地羁押的,由市级人民检察院送同级公安机关审批。

(3)跨市(州)羁押的案件,由案件承办单位层报至省人民检察院审查。同意异地羁押的,由省人民检察院送同级公安机关审批。属于基层人民检察院承办的案件,须经市级人民检察院审查同意。

▶▷ 2.4 异地羁押对象需转押或提回案件主管机关所在地的看守所羁押时,仍须按上述审批流程呈批。

▶ 3. 异地羁押注意事项

▶▷ 3.1 实行异地羁押后,除审判需要提押由审判管辖地监管场所羁押外,原则上不得再次转押。

▶▷ 3.2 异地羁押犯罪嫌疑人后,侦查部门应当告知审查决定逮捕的侦查监督部门和异地羁押监管场所的驻所检察部门。

▶▷ 3.3 异地羁押后,除有碍侦查或者无法通知的情形以外,应当把逮捕的原因和羁押的处所,在二十四小时以内通知被逮捕人的家属或者他的所在单位。

▶▷ 3.4 驻所检察部门应当配合监管场所严格执行监管规定,并对检察机关侦查部门在监管场所的侦查活动进行监督,发现侦查活动违法或者违反异地羁押规定,应当立即报告检察长通知检务督察部门督察并予以纠正。

第二节 追逃类操作规程

一、边控操作规程

【定义】边控,也称"口岸出入境控制",是指侦查机关为了抓捕犯罪嫌疑人,防止、限制犯罪嫌疑人逃往境外,通报边检(防)机关予以协助,依法在边境口岸采取的阻止犯罪嫌疑人出境的一项紧急性侦查措施。

▶ **1. 边控流程**

边控流程图

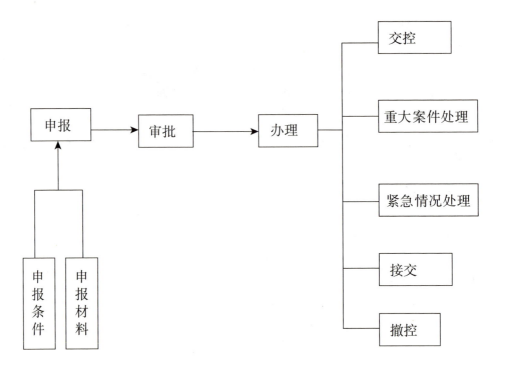

▶ **2. 边控的申报**

▶▷ 2.1 边控对象：持有出国护照或港澳通行证的具有出境、出逃倾向的犯罪嫌疑人。

▶▷ 2.2 边控申报的条件

▶▷ 2.2.1 人民检察院在办理直接受理立案侦查的案件过程中，为防止持有出国护照或港澳通行证的犯罪嫌疑人逃往境外，需要在出入境口岸采取边控措施限制出境的，可以申报边控。

▶▷ 2.2.2 地方各级人民检察院需要对犯罪嫌疑人及其他涉案人员在全国出入境口岸采取"扣人，并通知交控单位"、"不准出境，并通知交控单位"、"不准出境，入境掌握动态并通知交控单位"、"掌握出入境动态，并通知交控单位"四类边控措施的，应层报省级人民检察院审查批准后，由省级人民检察院向本省、自治区、直辖市出入境边防检查总站或省级公安厅（局）、边防局（处）交控。

▶▷ 2.3 边控申报程序

▶▷ 2.3.1 边控申报程序具体如下：

（1）办案人员填写最高人民检察院统一下发的《边控对象通知书》，提供详细、准确、全面的相关资料，包括被控对象的姓名（包括别名、曾用名）、性别、出生年月、国籍、出入境证件种类和号码及案件承办人或联系人可供二十四小时随时接通的电话号码；另外应当要注明边控类型和边控期限；

（2）准备立案决定书；

（3）需要采取"扣人"边控措施的，应当出具《逮捕证》、《拘留证》等限制人身自由的法律文书；采取"不准出境"边控措施的，应提供《立案决定书》、《取保候审决定书》等法律文书；如需扣留或收缴中国内地居民和港澳台居民所持出入境证件的，须依法出具扣留或收缴证件的法律文书，不得要求扣留或收缴外国人和无国籍人员的出入境证件；

（4）申请边控请示，提供案由、案情简介及边控缘由。

▶ **3. 边控审批**

▶▷ 3.1 边控申报材料的审核

各级人民检察院院领导应严格按照刑事诉讼法律及相关司法解释对办案人员提交的边控申报材料进行审核。审核的主要内容包括：

（1）基本的案件事实；

（2）犯罪嫌疑人的基本情况，是否存在逃往境外的可能；

（3）是否属紧急情况，需要及时采取边控措施的；

（4）所附材料是否齐全；

（5）法律文书制作是否规范；

（6）其他需要审核的内容。

▶▶ 3.2 边控决定的作出

▶▶ 3.2.1 县级、市级人民检察院经审核边控申报材料，对符合边控要求的，还应提交边控申请函、申请被控对象的姓名（别名）、性别、出生年月、出入境证件种类和号码等详细资料，以及申请边控期限和起止时间，呈报省级人民检察院批准。

▶▶ 3.2.2 紧急情况下，经基层以上人民检察院负责人批准，可先向当地出入境口岸交控。

▶▶ 3.2.3 对不符合边控要求的犯罪嫌疑人不予作出边控决定。

▶ 4. 边控办理

▶▶ 4.1 交控及续控程序

▶▶ 4.1.1 边控申请经省级人民检察院批准后，由省级人民检察院向有关出入境边防检查总站或省级公安厅（局）、边防局（处）交控。

▶▶ 4.1.2 交控的人民检察院需继续按原交控要求实施边控的，应当在控制期限届满前按原交控渠道提请续控，续控可不再填写《边控对象通知书》，但应当发函明确控制期限；控制期限届满后再次实施边控的，应按首次交控要求办理交控手续。

▶▶ 4.2 重大案件处理程序

重大案件，需要在全国范围内采取边控措施的，应由省级人民检察院呈报最高人民检察院批准后，交由省公安部办理。

▶▶ 4.3 紧急情况处理程序

重大紧急情况下，基层以上人民检察院无法及时通过省级人民检察院办理交控手续的，可依法提请边检机关在当地口岸采取临时边控措施，控制期限不超过七日，且不能续控，需延长控期应当层报省级人民检察院办理正常的边控手续。

▶▶ 4.4 扣人后接交程序

对查获的采取扣人措施的交控对象，交控的人民检察院应在接到边检机关通知后二十四小时内到查获交控对象的边检机关办理移交手续，特殊情况下无法及时办理移交手续的，应委托查获地人民检察院于二十四小时内代为办理移交手续。

4.5 撤控程序

4.5.1 在控制期限内，交控的人民检察院无须对交控对象继续边控的（如交控对象被查控、案件已了结等），应当按原交控渠道提请撤控。

4.5.2 控制期限届满，未办理续控手续的，将自动撤控，边检机关不再通知。

4.5.3 边控期限内，一般不可临时变更交控措施，情况特殊的除外。

4.6 边控专办员制度

省级人民检察院应建立交控专办员制度，要相应固定一至两名交控专办员负责办理边控事宜，并将专办员的姓名、职务及联系方式通报给边检机关及有关公安机关出入境管理部门，以方便对口联络，保持信息畅通，及时处置后续问题。

4.7 报备制度

对没有办理出入境证件、需限制其出境的犯罪嫌疑人和案件其他重要关系人，立案侦查的人民检察院需报请其证件所属地公安机关，不予为其办理出入境证件。

二、通缉操作规程

【定义】通缉是指为缉捕在逃犯罪嫌疑人而通报一定范围的公安机关、检察机关和公民协同缉拿的侦查行为，主要途径和方式有全国通缉、辖区通缉、网络通缉、国际红色通报即俗称"红色通缉令"、专项通缉行动等。

通缉流程图

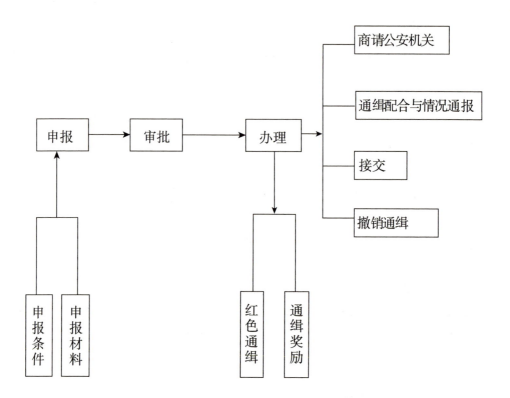

▶ 1. 通缉种类

▶▶ 1.1 全国通缉。全国通缉，是指公安部在全国范围内，以布告令的方式向全国公布追捕对象，并对其实施缉捕的侦查措施。通缉令一律由公安机关发布。发布全国通缉令，可以在全国范围内对追捕对象实施缉拿，通常主要是由全国各级公安机关负责实施。

▶▶ 1.2 辖区通缉。辖区通缉，是指公安机关在所辖区域范围内，以布告令的方式公布追捕对象，并对其实施缉捕的侦查措施。

▶▶ 1.3 网络通缉。网络通缉，是指全国各级公安机关通过专用的电子通缉网络，将追捕对象的相应资料上网公布，一旦被发现举报，公安机关即行逮捕的侦查措施。网络通缉具有方便、快捷的特点，也是检察机关追捕行动中运用最为广泛的措施。

▶▶ 1.4 "国际红色通报"。即俗称红色通缉令，是指为查找潜逃出境的追捕对象，由经办国国际刑警中心局局长和国际刑警组织总秘书长签发，并向所有国际刑警组织成员国发布，成员国可以据此实施为逮捕或为引渡而拘留被通缉者的国际警务合作项目（措施）。红色通缉令的关键在于发现境外追捕对象所逃往的国家或地区，以便进一步启动引渡程序或采取其他相应措施。

▶▶ 1.5 专项通缉行动。即集中行动、集中打击，是指在一定时间或一定区域范围内，统一组织、统一指挥，集中力量追缉、查找、捕获在逃犯罪嫌疑人的侦查行为。它往往需要多部门的配合与协作。专项通缉行动由于追捕力量的集中与行动的周密策划，具有见效快、成果大的特点。专项追捕行动可以在不同范围或不同时间段内进行。

▶ 2. 通缉申报

▶▶ 2.1 通缉申报的条件

人民检察院办理直接受理立案侦查的案件符合以下条件之一可以申报通缉：

（1）应当逮捕的犯罪嫌疑人在逃；

（2）已被逮捕的犯罪嫌疑人脱逃。

▶▶ 2.2 通缉申报程序

通缉申报程序具体如下：

（1）办案人员准备《在逃人员登记表》、《立案决定书》和《逮捕证》等复印件；

（2）办案人员准备在逃犯罪嫌疑人近期照片、身份证号码、指纹、体貌特征、携带物品和注意事项等；

（3）办案人员制作《通缉通知书》；

（4）办案人员凭以上材料申报检察长。

▶ 3. 通缉审批

▶ 3.1 通缉申报材料的审核

各级人民检察院检察长应严格按照刑事诉讼法律及相关司法解释对办案人员提交的通缉申报材料进行审核。审核的主要内容包括：

（1）基本的案件事实；

（2）犯罪嫌疑人的基本情况，是否在逃；

（3）是否需要在本辖区内或者本辖区外通缉犯罪嫌疑人；

（4）所附材料是否齐全；

（5）法律文书制作是否规范；

（6）其他需要审核的内容。

▶ 3.2 通缉决定的作出

▶ 3.2.1 各级人民检察院检察长对符合通缉要求且确需在本辖区内通缉的犯罪嫌疑人可以直接作出通缉决定。

▶ 3.2.2 对符合通缉要求且需要在本辖区外通缉的犯罪嫌疑人可以由有决定权的上级人民检察院决定。

▶ 3.2.3 对不符合通缉要求的犯罪嫌疑人不予作出通缉决定。

▶ 4. 通缉办理

▶ 4.1 商请公安机关程序

▶ 4.1.1 人民检察院应当将通缉通知书和通缉对象的照片、身份、特征、案情简况送达同级公安机关，由同级公安机关按照规定发布通缉令，追捕归案。

▶ 4.1.2 人民检察院决定通缉的，应商请同级公安机关将被通缉人信息上网，利用公安系统计算机网络追逃。

▶ 4.1.3 对案情重大、情况紧急，来不及办理逮捕手续的在逃犯罪嫌疑人，经基层以上人民检察院负责人批准，可商请公安机关先上网通缉，在七日以内补办逮捕手续。

▶ 4.1.4 对需要在本辖区外通缉犯罪嫌疑人的，应当由立案侦查的人民检察院提出通缉令发送范围，报请上级人民检察院批准后，交由上级人民检察院同

级的公安机关发布通缉令。

▶▶ 4.1.5 对需要在全国范围内通缉的，应采取打印形式填写《在逃人员登记表》，先在当地公安机关上网，然后由省级人民检察院将报请进行全国通缉的报告等材料，呈报最高人民检察院批准后，商请公安部办理。

▶▶ 4.1.6 商请公安机关发布通缉令，人民检察院应提供下列材料：《通缉通知书》、《逮捕证》复印件、《在逃人员登记表》、《立案决定书》及犯罪嫌疑人近期一至二寸清晰照片两张、身份证号码、指纹、体貌特征、携带物品和注意事项等情况及简要案情。

▶▶ 4.2 通缉配合与情况通报程序

检察机关与公安机关应当积极配合，及时检查监督通缉的执行情况。检察机关如果发现新的重要情况，可以补发通报，送达同级公安机关办理，或者按原通缉令办理途径由原发布通缉令的上级公安机关办理。

▶▶ 4.3 接交程序

立案侦查的人民检察院对已抓获的被通缉犯罪嫌疑人已被出入境口岸扣人、扣证的，应及时派员交接并办理有关手续。特殊情况下，不能即行接交的，应即与口岸所在地人民检察院联系，委托其接交。

▶▶ 4.4 撤销通缉程序

符合以下情形之一，立案侦查的人民检察院应当在四十八小时内向当地公安机关通报并办理通缉撤销手续，最高人民检察院批准通缉的，由省级人民检察院呈报最高人民检察院商请公安部办理撤销通缉令的命令：

（1）检察机关撤销案件；

（2）犯罪嫌疑人自首；

（3）经核实犯罪嫌疑人确已被抓获的；

（4）经核实犯罪嫌疑人已经死亡的；

（5）通缉的原因已经消失而无通缉必要的。

▶▶ 4.5 红色通缉令办理程序

对于应当逮捕的犯罪嫌疑人已潜逃出境的，可以发布红色通缉令通过国际刑警组织实施境外缉捕，其操作规程如下：

（1）检察机关应商请当地公安机关上网追逃；

（2）层报省级人民检察院按规定办理有关手续，填写《红色通缉令申请表》；

（3）同省级人民检察院凭《红色通缉令申请表》、犯罪嫌疑人在境外所持证件种类、号码、所住国家或地区以及在这些国家或地区居住地、工作地或经常活动地、电话号码等材料呈报最高人民检察院；

（4）最高人民检察院商请国际刑警组织中国国家中心局，请求有关方面协助。

▶ 4.6 通缉奖励

对抓获被通缉人或者提供关键线索的有功人员应当予以奖励。奖励金额依照公安部有关规定，根据案件具体情况与公安机关协商确定，由立案侦查的人民检察院负责筹集提供。

▶ 5. 发布通缉令的注意事项

▶ 5.1 通缉措施应根据案情有选择地使用。实践中需要发布通缉令的，一般是去向不明的重特大案犯，要避免滥发通缉令。

▶ 5.2 通缉令的发布要突出重点地区，发布的方式要视情况决定，既可发往各地侦查机关，有关部门，又可分开张贴，或通过广播电视网络等渠道公开发布。

▶ 5.3 在工作中发现新的情况应及时补充或更正。

▶ 5.4 通缉前要做好准备工作。一是对被通缉人的情况调查尽可能的仔细（包括基本情况、体貌特征、携带物品、照片、指纹信息等）；二是准备好法律文书。

▶ 5.5 要根据情况确定是否悬赏通缉。

▶ 5.6 应注意保守工作秘密。虽然通缉是一种比较公开的形式，但对具体案情应做到严格保密。

▶ 5.7 对发布全国通缉令的还要求先上网追逃，同时确定抓获被通缉人或者提供关键线索的有功人员的奖励金额，然后按要求将材料由省级检察机关呈报最高人民检察院审核批准后，由最高人民检察院商请公安部办理。

第八章　侦查终结操作规程

第一节　延长和重新计算侦查羁押期限类操作规程

一、提请批准延长侦查羁押期限操作规程

【定义】提请批准延长侦查羁押期限是指对犯罪嫌疑人被逮捕的职务犯罪案件，因故不能在法定羁押期限内侦查终结，在符合法定条件的情形下，由自侦部门办案人员依规定提请有决定权的人民检察院批准延长侦查羁押期限的操作过程。

▶ **1. 提请批准延长侦查羁押期限操作流程**

提请批准延长侦查羁押期限操作流程图

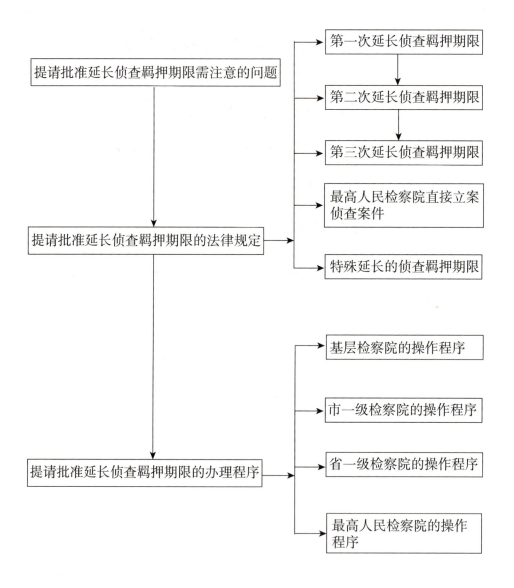

▶ **2. 提请批准延长侦查羁押期限的主体**

负责查办职务犯罪案件人民检察院的侦查部门。

▶ **3. 提请批准延长侦查羁押期限的法定条件**

▶▷ 3.1 对犯罪嫌疑人逮捕后的侦查羁押期限不得超过两个月。在两个月内难以侦查终结时，可以依据案件的具体情况依法延长侦查羁押期限。

▶▷ 3.2 第一次延长侦查羁押期限的法定条件：

▶▷▷ 3.2.1 基层人民检察院、市级人民检察院和省级人民检察院直接受理立案侦查的案件，案情复杂、期限届满不能终结的，可以经上级人民检察院批准延长一个月。

▶▷▷ 3.2.2 "案情复杂、期限届满不能终结的案件" 主要是指下列案件：

（1）涉案犯罪嫌疑人在三人以上或者同案犯在逃的；

（2）一名犯罪嫌疑人涉嫌多起犯罪或者多个罪名的；

（3）案件定性争议大，在适用法律上确有疑难的；

（4）涉外案件或者需要境外取证的；

（5）与大、要案有牵连，且影响大、要案处理，大、要案尚未侦查终结的案件；

（6）符合第二次、第三次延长侦查羁押期限条件的案件。

▶▷ 3.3 第二次延长侦查羁押期限的法定条件：

▶▷▷ 3.3.1 基层人民检察院和市级人民检察院直接受理立案侦查的案件，属于交通十分不便的边远地区的重大复杂案件、重大的犯罪集团案件、流窜作案的重大复杂案件和犯罪涉及面广、取证困难的重大复杂案件，在第一次延长侦查羁押期限届满前不能侦查终结的，经省（自治区、直辖市）人民检察院批准，可以延长两个月。

▶▷▷ 3.3.2 省级人民检察院直接受理立案侦查的案件，属于上述情形的，可以直接决定延长两个月。

▶▷ 3.4 第三次延长侦查羁押期限的法定条件：

▶▷▷ 3.4.1 人民检察院和市级人民检察院直接受理立案侦查的案件，对犯罪嫌疑人可能判处十年有期徒刑以上刑罚，在第二次延长侦查羁押期限届满，仍不能侦查终结的，经省（自治区、直辖市）人民检察院批准，可以再延长两个月。

▶▷▷ 3.4.2 省级人民检察院直接受理立案侦查的案件，属于上述情形的，可以直接决定再延长两个月。

▶≫ 3.4.3 这类案件应当符合的条件：

（1）属于第二次延长侦查羁押期限规定的四类案件；

（2）对犯罪嫌疑人可能判处十年以上有期徒刑的刑罚。

▶≫ 3.5 最高人民检察院直接受理立案侦查案件侦查羁押期限的延长：

最高人民检察院直接受理立案侦查的案件，依照刑事诉讼法的规定需要延长侦查羁押期限的，直接决定延长侦查羁押期限。

▶≫ 3.6 特别重大复杂案件延期审理的法定条件：

▶≫ 3.6.1 因特殊原因，在较长时间内不宜交付审判的特别重大复杂的案件，由最高人民检察院报请全国人民代表大会常务委员会批准延期审理。

▶≫ 3.6.2 这类案件应当符合下列条件：

（1）属于特别重大复杂的案件，即在全国乃至在国际上都可能产生重大影响，或是关系到社会稳定、国计民生的案件；

（2）"特殊原因"由最高人民检察院认定。

▶ 4. 延长侦查羁押期限的时限计算

不同案件侦查羁押期限的延长和计算具体如下表所示：

适用案件范围	累计延长次数	延长时限	捕后侦查羁押期限	决定、批准机关	备注
一般案件	零	零	两个月		
案情复杂、期限届满不能侦查终结的案件	一次	一个月	三个月	上一级人民检察院批准	最高人民检察院直接立案侦查的案件，可以直接决定延长
交通十分不便的边远地区的重大复杂案件、重大的犯罪集团案件、流窜作案的重大复杂案件和犯罪涉及面广、取证困难的重大复杂案件，在第一次延长侦查羁押期限届满仍不能侦查终结的	两次	再延长两个月	五个月	经省、自治区、直辖市人民检察院批准	省级院以及最高人民检察院直接立案侦查的案件，可以直接决定延长

续表

适用案件范围	累计延长次数	延长时限	捕后侦查羁押期限	决定、批准机关	备注
对犯罪嫌疑人可能判处十年以上有期徒刑刑罚，在第二次延长侦查羁押期限届满仍不能侦查终结的	三次	再延长两个月	七个月	经省、自治区、直辖市人民检察院批准	省级院以及高检院直接立案侦查的案件，可以直接决定延长
因为特殊原因，在较长时间内不宜交付审判的特别重大复杂的案件	延期审理			全国人民代表大会常务委员会	由最高人民检察院报请批准延期审理。

▶ 5. 提请批准延长侦查羁押期限的办理程序

▶ 5.1 对人民检察院直接立案侦查的案件，侦查部门认为需要延长侦查羁押期限的，应当在侦查羁押期限届满七日前，向本院侦查监督部门移送延长侦查羁押期限的意见及有关材料。具体程序为：

（1）案件承办人员制作《延长侦查羁押期限意见书》，报经部门正职审批后，加盖部门印章。

《延长侦查羁押期限意见书》应当写明案件的主要案情和延长侦查羁押期限的具体理由，并有羁押必要性的说明。其中，延长侦查羁押期限的具体理由应当对照刑事诉讼法以及《刑事诉讼规则》的相应条文，根据案件的具体情况，详细阐述案件符合法定条件的理由。

（2）侦查部门应当在侦查羁押期限届满前七日将《延长侦查羁押期限意见书》和有关案件材料通过案件管理部门报送至本院侦查监督部门，由其按规定报请审批。

有关案件材料是指：第一次延长侦查羁押期限的，应当包括《逮捕决定书》及《逮捕证》复印件；第二次、第三次延长侦查羁押期限的，应当包括前一次批准延期的《批准延长侦查羁押期限决定书》（省级以上人民检察院对本院直接侦查的案件决定延长侦查羁押期限时为《延长侦查羁押期限决定书》）复印件。

▶▶5.2 侦查部门收到侦查监督部门送达的《批准延长侦查羁押期限决定书》（省级以上人民检察院对本院直接受理立案侦查的案件决定延长或不予延长侦查羁押期限的为《延长侦查羁押期限决定书》或者《不批准延长侦查羁押期限决定书》）后应当及时采取相应措施：

▶▶5.2.1 收到侦查监督部门送达的《批准延长侦查羁押期限决定书》（或《延长侦查羁押期限决定书》）后，办案人员应当开具《延长侦查羁押期限通知书》报分管副检察长审批后，加盖院章，在侦查羁押期限届满前将相关文书连同《延长侦查羁押期限通知书》送达至看守所和犯罪嫌疑人。同时应当在二十四小时以内通知犯罪嫌疑人的家属或所在单位、在三日内告知本院刑事执行检察部门。

▶▶5.2.2 收到侦查监督部门送达的《不批准延长侦查羁押期限决定书》后，办案人员应当在侦查羁押期限届满前变更强制措施或者解除强制措施释放犯罪嫌疑人（详见侦查阶段变更、解除强制措施操作规程）。

▶ **6. 操作禁忌**

▶▶6.1 侦查羁押期限从逮捕后的次日起开始计算，逮捕前的拘留时间不应计算在内。

▶▶6.2 延长侦查羁押期限的起始日，应当与延长前的侦查羁押期限的截止日连续计算，不得重叠，也不得出现断续。

▶▶6.3 犯罪嫌疑人的羁押期间包含节假日，不得除去节假日顺延。

▶▶6.4 对被羁押的犯罪嫌疑人做精神病鉴定的时间，不计入侦查羁押期限。但其他鉴定的时间，应计入侦查羁押期限。精神病鉴定的时间自鉴定工作开始计算至作出鉴定结论为止，而不是从申请鉴定开始之日起计算。鉴定结论作出后，应回复计算侦查羁押期限，并与中断前的期限连续计算。

▶▶6.5 对于符合延长侦查羁押期限的，应当在羁押期限届满前及时办理完毕审批手续。

▶▶6.6 侦查部门不得借用审查起诉时间变相延长侦查羁押期限。

二、重新计算侦查羁押期限操作规程

【定义】重新计算侦查羁押期限是指侦查部门在职务犯罪案件侦查期间，发现犯罪嫌疑人另有重要罪行的，自发现之日起取消原有侦查羁押期限的计算，重新计算侦查羁押期限。

▶ 1. 重新计算侦查羁押期限操作流程

重新计算侦查羁押期限操作流程

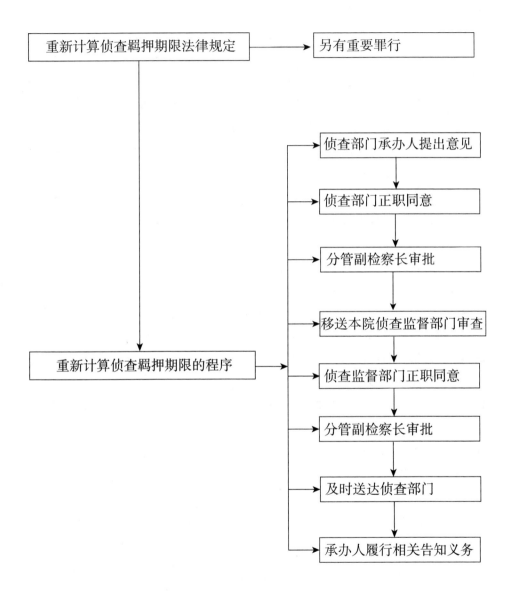

▶ **2. 主体**

办理职务犯罪案件的人民检察院侦查部门提出重新计算侦查羁押期限的意见，移送给本院侦查监督部门。

▶ **3. 重新计算侦查羁押期限的法定条件**

在侦查期间，发现犯罪嫌疑人另有重要罪行的，自发现之日起取消原有侦查羁押期限的计算，重新开始计算侦查羁押期限。

（1）"重要罪行"，指的是重大案件，如果虽然发现另有罪行，但是没有达到重大标准，则不应重新计算侦查羁押期限。

（2）"另有重要罪行"，指的是与逮捕时的罪行不同种的重大犯罪或同种的将影响罪名认定、量刑档次的重大犯罪。其中，不同种的重大犯罪是指新发现的犯罪行为与逮捕时发现的罪行性质不同，触犯不同刑法条文，应定不同罪行的重大犯罪。同种的将影响罪名认定、量刑档次的重大犯罪，是指新发现的犯罪行为虽然与逮捕时发现的罪行性质相同或有关联，但可能导致罪名的变化和使用刑法条文的变化。

▶ **4. 重新计算侦查羁押期限的办理程序**

▶ 4.1 案件承办人员提出重新计算侦查羁押期限的意见，制作《重新计算侦查羁押期限意见书》，报部门正职审批，分管副检察长决定。

▶ 4.2 将《重新计算侦查羁押期限意见书》连同《立案决定书》复印件一并通过案件管理部门移送本院侦查监督部门审查。

▶ 4.3 《重新计算侦查羁押期限意见书》应当写明重新计算侦查羁押期限的案件事实、理由和法律依据。

▶ 4.4 本院侦查监督部门安排专人负责审查，提出审查意见，经部门正职同意、报分管副检察长审批后，制作《重新计算侦查羁押期限决定书》，并及时送达侦查部门。

▶ 4.5 侦查部门案件承办人收到《重新计算侦查羁押期限决定书》后，应当在二十四小时以内向犯罪嫌疑人宣告，并及时将《重新计算侦查羁押期限通知书》通知犯罪嫌疑人的家属或所在单位，并在三日内告知本院刑事执行检察部门。

▶ 4.6 侦查监督部门依法不同意重新计算侦查羁押期限的，侦查部门应当严格遵守法定办案期限，不得超期羁押。案件尚未办结，需要继续侦查的，应当释放犯罪嫌疑人或变更强制措施。

▶ **5. 操作要求**

▶ 5.1 人民检察院批准、决定重新计算侦查羁押期限的，审查逮捕部门应当同时书面告知刑事执行检察部门。

▶ 5.2 申请延长或重新计算侦查羁押期限到批准同意之前，不得停止对案件的侦查。

第二节 侦查预审、侦查终结、移送审查起诉或不起诉、补充侦查类操作规程

【定义】侦查终结是指侦查部门经过侦查，认为案件事实清楚、证据确实、充分，足以认定犯罪嫌疑人是否犯罪和应否追究其刑事责任而决定结束侦查，依法对案件作出处理或提出处理意见的一种诉讼活动。

一、报送人民监督员监督操作规程

▶ **1.** 人民监督员权利告知操作流程

人民监督员权利告知操作流程图

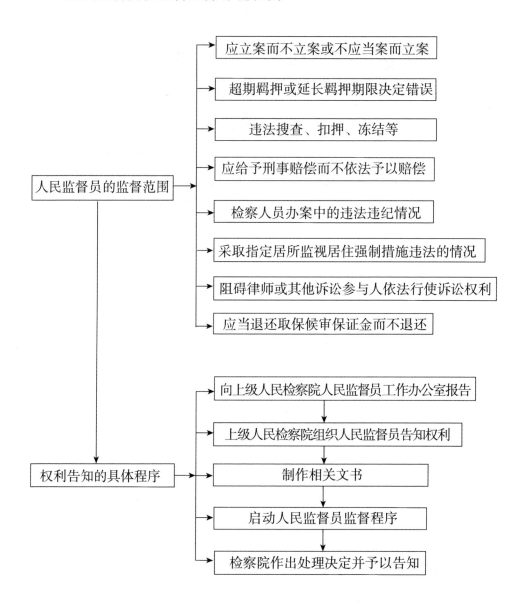

▶ 2. 应当报送人民监督员监督案件范围

人民监督员的监督范围包括：

（1）应当立案而不立案或者不应当立案而立案的；

（2）超期羁押或者检察机关延长羁押期限决定不正确的；

（3）违法搜查、扣押、冻结或者违法处理扣押、冻结款物的；

（4）应当给予刑事赔偿而不依法予以赔偿的；

（5）检察人员在办案中有徇私舞弊、贪赃枉法、刑讯逼供、暴力取证等违法违纪情况的；

（6）采取指定居所监视居住强制措施违法的；

（7）阻碍律师或其他诉讼参与人依法行使诉讼权利的；

（8）应当退还取保候审保证金而不退还的。

▶ 3. 报送人民监督员监督操作程序

▶ 3.1 在侦查终结前七日以内，侦查部门应通过本院人民监督员办事机构向上级检察院人民监督工作办公室报告。

▶ 3.2 报送前，侦查部门应当通知本院负责人民监督员工作的部门，由其制作《人民监督员告知犯罪嫌疑人权利义务告知书》，报部门正职、分管领导审批后，于三日内报送上级人民检察院。

▶ 3.3 上级检察院人民监督员工作办公室收到申请后五日内，应组织人民监督员向犯罪嫌疑人告知人民监督员的监督权利。

▶ 3.4 人民监督员向犯罪嫌疑人告知监督权利后，应当制作《人民监督员告知笔录》、《人民监督员监督活动反馈表》。

▶ 3.5 人民监督员告知时，犯罪嫌疑人反映检察机关办案中存在上述八种情形或其他违法违纪的不规范行为，人民监督员要求启动人民监督员监督程序的，人民监督员工作办公室应当进行审查，并在三日内提出意见报分管副检察长批准。

▶ 3.6 检察院依法作出相关处理决定后，应当及时告知人民监督员处理结果。人民监督员对"八种情形"的处理决定有异议的，可以要求检察院复议或要求上级人民检察院复核。对要求复议的，人民检察院应当另行指定人员办理，并在十五日内向人民监督员反馈结果；对要求复核的，上级人民检察院应当及时复核，并将复核意见通过下级人民检察院答复人民监督员。

▶ 3.7 检察机关处理决定未采纳多数人民监督员评议表决意见，经反馈后，多数人民监督员仍然不同意的，可以要求组织案件监督的检察院复议一次。

▶ 4. 操作要求

▶▷ 4.1 报送本院负责人民监督员工作部门时，不得泄露案件事实和拟处理意见等非程序性信息。

▶▷ 4.2 在通知人民监督员参与案件监督时，人民监督员仅限于告知其享有的程序性权利，同时说明不得为当事人及有关人员通风报信，泄露有关案件信息等内容。

▶▷ 4.3 人民监督员办公室向侦查人员核实人民监督员发现的违法法违纪行为时，侦查部门应当给予相应的配合，有关人员应就其行为作出必要的说明或解释。

▶▷ 4.4 案件监督前，应向人民监督员提供履行监督所需必要的、充分的有关案件事实、证据和法律适用等材料；案件监督中，承办人应全面、客观地介绍案件事实、证据认定、法律适用以及对案件处理的不同观点和意见。必要时，人民监督员可以通过讯问犯罪嫌疑人相关录音录像了解当事人的意见。

二、提请办理指定审判管辖操作规程

【定义】 提请办理指定审判管辖是指检察机关在办理经上级人民检察院改变侦查管辖的职务犯罪案件时，需要依照刑事诉讼法的规定指定审判管辖的，在案件侦查终结前一个月，应当报请作出指定管辖决定的上级人民检察院的侦查部门商请公诉部门与法院协商，办理指定审判管辖手续的程序。

▶ 1. 主体

▶▷ 1.1 指定审判管辖由办理职务犯罪案件的侦查部门逐级向作出指定侦查管辖的上级人民检察院的侦查部门提出申请。

▶▷ 1.2 作出指定侦查管辖的上级人民检察院侦查部门对下级人民检察院侦查部门提交的申请经审查后，对符合条件的，通过案管部门移送本院公诉部门办理具体手续。

▶▷ 1.3 作出指定管辖的上级人民检察院公诉部门负责协商同级人民法院办理指定审判管辖的具体事宜。

▶ 2. 时限

需要协商人民法院办理指定审判管辖的，侦查部门至迟应当在侦查终结前一个月，启动协商人民法院办理指定管辖事宜。

▶ **3. 提请办理指定审判管辖的程序**

▶ 3.1 需要指定审判管辖的，在案件侦查终结前一个月，办理案件的侦查部门应当将下述材料逐级上报作出指定侦查管辖的上级人民检察院侦查部门：

（1）指定侦查管辖的文书（复印件）；

（2）提请指定审判管辖的专项报告，应当一案一报告，内容主要包括案件的指定侦查管辖情况及拟指定审判管辖的法院和理由等，经部门正职审核同意后，加盖部门印章；

（3）案件的基本情况，内容主要包括犯罪嫌疑人基本情况、案件来源、诉讼过程、犯罪事实及证据、侦查终结拟认定的罪名及理由。

▶ 3.2 上级人民检察院侦查部门收到下级人民检察院侦查部门提请指定审判管辖的材料后，承办人员应及时对材料进行审查，不符合要求的，通知补正；材料齐全的，分情况作出处理：

（1）需要继续向上级人民检察院提出申请的，承办人员根据下级人民检察院上报的材料制作《提请指定审判管辖的专项报告》，层报部门正职同意，加盖部门印章后，连同下级人民检察院侦查部门上报的材料一并报送上级人民检察院侦查部门；

（2）不需再向上级人民检察院提出申请的，承办人员根据下级人民检察院上报的材料制作《关于请求办理指定审判管辖手续的函》，层报部门正职同意，加盖部门印章后，连同下级人民检察院侦查部门上报的材料一并送本院案件管理部门受理，由本院案件管理部门移送本院公诉部门，由本院公诉部门协商人民法院办理指定管辖事宜。《关于请求办理指定审判管辖手续的函》主要内容包括案件指定侦查管辖情况，案件侦查终结拟认定的罪名及拟指定审判管辖的法院和理由。

▶ 3.3 公诉部门办理好指定审判管辖事宜后，应当及时将结果告知案件管理部门，并反馈给侦查部门。

▶ **4. 注意事项**

▶ 4.1 侦查部门在移送审查起诉前，应当由检察机关与法院协商好指定管辖的事宜，协商管辖事宜的时间，计入侦查期限。

▶ 4.2 在办理人民检察院直接立案侦查案件的指定审判管辖时，公诉部门与侦查部门意见不一致的，由两部门共同协商解决。协商不一致的，分别提请分管副检察长协商解决。分管副检察长协商后意见仍不一致的，报本院检察长决定。

▶▶ 4.3 侦查部门未办理好指定审判管辖前，不得移送审查起诉或不起诉，案件管理部门应当不予受理。

▶▶ 4.4 上级人民检察院侦查部门最迟应当在侦查羁押期限届满前三日内作出决定并通知下级人民检察院的侦查部门。

三、侦查预审操作规程

【定义1】侦查预审是指在侦查过程中，由专门人员对侦查部门在职务犯罪案件侦查过程中所收集的证据材料即时进行分析、研究、审查、鉴别，确认是否合法、真实、相关和是否清楚、确实、完整，提出补充、矫正、完善证据的要求，提出新的取证要求、取证对象、取证事项，提出新的侦查方向，保证侦查活动有效进行的一种诉讼活动。

【定义2】瑕疵证据是指侦查人员通过轻微违法的方式所获得的证据，在收集证据过程中存在时间、地点、步骤、方式等技术性违规。

▶ 1. 预审主体

▶▶ 1.1 省、市级人民检察院职务犯罪侦查部门应设立预审组。预审人员应在职务犯罪侦查部门现有人员中选配，具有相应的侦查工作或侦监、公诉工作经验，熟悉侦查业务或公诉业务。

▶▶ 1.2 县级人民检察院职务犯罪侦查部门应设有专门的侦查预审人员。

▶▶ 1.3 针对部分案件成立专案组的，应下设侦查预审小组，可以从侦监、公诉部门选择人员在专案组专门从事侦查预审工作。

▶▶ 1.4 侦查预审工作在侦查指挥员领导下进行。

▶▶ 1.5 侦查指挥人员应当要求侦查人员将获取的证据材料即时、全部交预审人员审查。

▶▶ 1.6 预审人员与侦查人员交接证据材料应当严格遵守交接制度，防止发生事故。

▶▶ 1.7 预审人员应当妥善保管所负责审查的证据材料，不得遗失、污损、破坏。

▶ 2. 预审内容

▶▶ 2.1 审查证据的合法性。包括以下内容：

（1）是否按照法律规定的主体、时间、地点、方式、程序进行调取；

（2）证据的来源是否合法；

（3）收集证据的方法是否合法；

（4）提供证言的人是否具有作证资格；

（5）获取的证据是否违反法律禁止性规定或严重侵犯犯罪嫌疑人合法权益。

（6）其他证据收集的违法违规情形。

▶▶ 2.2 审查证据的真实性。包括以下内容：

（1）证据是否客观存在；

（2）是否具有不能排除的疑点；

（3）有无虚假、伪造或不实的内容；

（4）证据形成的过程是否自然；

（5）取证的环境是否受到干扰。

▶▶ 2.3 审查证据的相关性。包括以下内容：

（1）证据与待证事实之间是否具有实质性的联系；

（2）证据之间有无相关性；

（3）待证事实与定罪、量刑有无相关性。

▶ **3. 预审的方式**

▶▶ 3.1 侦查预审工作应注重效率，保证证据提取、补查的及时性，以免证据灭失或难以提取。

▶▶ 3.2 预审应以同步、书面审查为主，可以向办案人员询问取证的情况，必要时参与旁听或者直接讯问。

▶▶ 3.3 对报请逮捕或侦查终结的案件，必须提请预审审查。提请审查的证据，可以是单个证据，也可以是一组证据，还可以是一个阶段的证据。

▶▶ 3.4 对重大、疑难、复杂案件，侦查人员应将获取的证据即时交由预审人员审查。其他案件获取的证据，应及时交由预审人员审查。

▶▶ 3.5 侦查预审应围绕侦查方向是否正确、证据收集是否真实、证据结构是否完整、侦查工作是否规范、非法证据是否存在、犯罪嫌疑人的合法权益是否得到保障、证据整理固定和入卷是否规范等方面进行审查，并及时将案件的审查结果经侦查指挥人员同意后向侦查人员反馈。

▶▶ 3.6 侦查预审小组或侦查预审人员对收到的各项证据材料，必须进行仔细核对登记、妥善保管。对调取的物证、书证禁止损坏、涂污和留上新的痕迹；

对于容易损坏或变质的物证应当以记录、绘图、拍照和制作模型的方法加以保全。

▶▶ 3.7 预审意见应由预审人员填写《侦查预审证据审查意见表》，并将其逐件报送侦查指挥人员。侦查指挥人员应将预审意见作为侦查决策的重要参考。必要时，侦查指挥人员应当面询预审人员。

▶▶ 3.8 预审综合意见由预审人同填写《侦查预审结案表》报侦查指挥人员。

▶ 4. 对单个证据的审查和处理

▶▶ 4.1 对物证、书证的审查和处理应重点注意物的特征和书的内容。

▶▶ 4.1.1 对物证、书证应重点审查以下内容：

（1）物证、书证是否为原物、原件，是否经过辨认、鉴定；

（2）物证的照片、录像、复制品或者书证的副本、复制件是否与原物、原件相符，是否由二人以上制作，有无制作人关于制作过程以及原物、原件存放于何处的文字说明和签名；

（3）物证、书证的收集程序、方式是否符合法律、有关规定；

（4）经勘验、检查、搜查提取、扣押的物证、书证，是否附有相关笔录、清单，笔录、清单是否经侦查人员、物品持有人、见证人签名，没有物品持有人签名的，是否注明原因；

（5）物品的名称、特征、数量、质量等是否注明清楚，是否与实物相符；

（6）物证、书证在收集、保管、鉴定过程中是否受损或者改变，包括受到人为的破坏或自然因素的影响而发生了化学变化、物理变化；

（7）对现场遗留与犯罪有关的具备鉴定条件的生物样本、痕迹、物品，是否已作DNA鉴定、指纹鉴定等，是否与犯罪嫌疑人或者被害人的相应生物检材、生物特征、物品等鉴定比对；

（8）物证、书证与案件事实有无关联；

（9）物证、书证是否引出新的涉案事实；

（10）物证、书证显示的内容是否需要调整侦查方向；

（11）物证、书证是否证明犯罪嫌疑人不构成犯罪。

▶▶ 4.1.2 审查发现书证、物证具有下列情形之一的，应当依法排除：

（1）收集物证、书证不符合法定程序，可能严重影响司法公正的，不能补正或者无法作出合理解释的；

（2）经勘验、检查、搜查提取、扣押的物证、书证，未附有勘验、检查笔录，搜查笔录、提取笔录、扣押清单不能证明物证、书证来源的；

（3）物证的照片、录像、复制品不能反映原物的外形和特征的；

（4）书证有更改或者更改迹象不能作出合理解释，或者书证的副本、复制件不能反映原件及其内容的；

（5）物证、书证的来源及收集过程可疑，不能作出合理解释的。

▶》4.1.3 审查发现书证、物证的收集程序、方式有下列瑕疵，经补正或者作出合理解释的，可以采用：

（1）物证的照片、录像、复制品，书证的副本、复制件未注明"与原件核对无异"，或者无被收集、调取人签名、盖章的；

（2）物证的照片、录像、复制品，书证的副本、复制件没有制作人关于制作过程和原物、原件存放地点的说明，或者说明中无签名的；

（3）有其他瑕疵的。

▶》4.2 证人证言、被害人陈述的审查和处理应重点注意言证内容和人际关系。

▶》4.2.1 对证人证言应当着重审查以下内容：

（1）证言、陈述的内容是否为证人直接感知；

（2）证人作证时、被害人陈述时的年龄，认知、记忆和表达能力，生理和精神状态是否影响作证；

（3）证人与案件当事人、案件处理结果有无利害关系；

（4）询问证人、被害人是否个别进行；

（5）询问笔录的制作、修改是否符合法律、有关规定，是否注明询问的起止时间和地点，首次询问时是否告知证人、被害人有关作证的权利义务和法律责任，证人、被害人对询问笔录是否核对确认；

（6）询问未成年证人、被害人时，是否通知其法定代理人或者有关人员到场，其法定代理人或者有关人员是否到场；

（7）有无以暴力、威胁等非法方法收集的情形；

（8）证言、陈述之间以及与其他证据之间能否相互印证，有无矛盾；

（9）证言、陈述是否反映新的涉案事实；

（10）证言、陈述的内容是否需要调整侦查方向；

（11）证言、陈述是否证明犯罪嫌疑人不构成犯罪。

▶》4.2.2 审查证人证言、被害人陈述具有下列情形的应予排除：

（1）以暴力、威胁等非法手段取得的证人证言、被害人陈述；

（2）处于明显醉酒、中毒或者麻醉等状态，不能正常感知或者正确表达的证人、被害人所提供的证言；

（3）证人、被害人的猜测性、评论性、推断性的证言，但根据一般生活经验判断符合事实的除外；

（4）询问证人、被害人没有个别进行的；

（5）书面证言没有经证人核对确认的；

（6）询问聋哑人或者不通晓当地通用语言、文字的少数民族人员、外国人，应当提供通晓聋、哑手势的人员或者翻译而未提供的。

▶▶ 4.2.3 证人证言、被害人陈述的收集程序、方式有下列瑕疵，经补正或者作出合理解释的，可以采用：

（1）询问笔录没有填写询问人、记录人、法定代理人姓名以及询问的起止时间、地点的；

（2）询问地点不符合规定的；

（3）询问笔录没有记录告知证人、被害人有关作证的权利义务和法律责任的；

（4）询问笔录反映出在同一时段，同一询问人员询问不同证人、被害人的。

▶▶ 4.3 犯罪嫌疑人供述和辩解的审查和处理应注意全面审查，不得先入为主、有失偏颇。

▶▶ 4.3.1 对犯罪嫌疑人供述和辩解，应当着重审查以下内容：

（1）讯问的时间、地点，讯问人的身份、人数以及讯问方式等是否符合法律有关规定；

（2）讯问笔录的制作、修改是否符合法律、有关规定，是否注明讯问的具体起止时间和地点，首次讯问时是否告知犯罪嫌疑人相关权利和法律规定，犯罪嫌疑人对此是否核对确认；

（3）讯问未成年犯罪嫌疑人时，是否通知其法定代理人或者有关人员到场，其法定代理人或者有关人员是否到场；

（4）犯罪嫌疑人的供述有无以刑讯逼供等非法方法收集的情形；

（5）犯罪嫌疑人的供述是否前后一致，有无反复以及出现反复的原因；犯罪嫌疑人的所有供述和辩解是否均已随案移送；

（6）犯罪嫌疑人的辩解内容是否符合案情和常理，有无矛盾；

（7）犯罪嫌疑人的供述和辩解与同案人的供述和辩解以及其他证据能否相互印证，有无矛盾；

（8）根据犯罪嫌疑人供述或者辩解，可否收集到再生证据以强化和固定其他证据；

（9）犯罪嫌疑人供述或辩解是否反映出新的涉案事实、新的取证对象；

（10）根据犯罪嫌疑人供述或辩解的复杂变化情况是否需要调整侦查方向；

（11）犯罪嫌疑人供述或辩解是否反映出犯罪嫌疑人不构成犯罪的可能。

▶≫4.3.2 审查犯罪嫌疑人供述存下列情形之一的应予排除：

（1）采用刑讯逼供等非法手段取得的供述；

（2）讯问笔录没有经犯罪嫌疑人核对确认的；

（3）讯问聋哑人、不通晓当地通用语言、文字的人员时，应当提供通晓聋、哑手势的人员或者翻译人员而未提供的；

（4）讯问笔录与同步录音录像有实质性差异的；

（5）两次以上同一对象的讯问笔录基本雷同的。

▶≫4.3.3 审查讯问笔录有下列瑕疵，经补正或者作出合理解释的，可以采用；不能补正或者作出合理解释的，不得作为定案的根据：

（1）讯问笔录填写的讯问时间、讯问人、记录人、法定代理人等有误或者存在矛盾的；

（2）讯问人没有签名的；

（3）首次讯问笔录没有记录告知被讯问人相关权利和法律规定的。

▶≫4.4 鉴定意见的审查和处理应重点注意程序是否规范、结论是否合理。

▶≫4.4.1 鉴定意见应当着重审查以下内容：

（1）鉴定机构和鉴定人是否具有法定资质；

（2）鉴定人是否存在应当回避的情形；

（3）检材的来源、取得、保管、送检是否符合法律、有关规定，与相关提取笔录、扣押物品清单等记载的内容是否相符，检材是否充足、可靠；

（4）鉴定意见的形式要件是否完备，是否注明提起鉴定的事由、鉴定委托人、鉴定机构、鉴定要求、鉴定过程、鉴定方法、鉴定日期等相关内容，是否由鉴定机构加盖司法鉴定专用章并由鉴定人签名、盖章；

（5）鉴定程序是否符合法律、有关规定；

（6）鉴定的过程和方法是否符合相关专业规范；

（7）鉴定意见是否明确；

（8）鉴定意见与待证事实有无关联；

（9）鉴定意见与勘验、检查笔录及相关照片等其他证据是否矛盾；

（10）鉴定意见是否依法及时告知相关人员，当事人对鉴定意见有无异议；

（11）鉴定意见是否反映出新的涉案事实；

（12）鉴定意见内容是否反映出新的涉案事实、取证对象，可否需要因之调整侦查方向；

（13）鉴定意见的内容是否反映出犯罪嫌疑人不构成犯罪的可能。

▓》4.4.2 审查鉴定意见存在下列情形之一的应予排除：

（1）鉴定机构不具备法定资质，或者鉴定事项超出该鉴定机构业务范围、技术条件的；

（2）鉴定人不具备法定资质，不具有相关专业技术或者职称，或者违反回避规定的；

（3）送检材料、样本来源不明，或者因污染不具备鉴定条件的；

（4）鉴定对象与送检材料、样本不一致的；

（5）鉴定程序违反规定的；

（6）鉴定过程和方法不符合相关专业的规范要求的；

（7）鉴定文书缺少签名、盖章的；

（8）鉴定意见与案件待证事实没有关联的；

（9）违反法律规定的其他情形。

▶》4.5 对勘验、检查笔录、侦查实验笔录的审查和处理应重点注意程序的规范性。

▶》4.5.1 勘验、检查笔录、侦查实验笔录应当着重审查以下内容：

（1）是否依法进行，笔录的制作是否符合法律、有关规定，操作人员和见证人是否签名或者盖章。

（2）笔录是否记录了提起事由、时间、地点、在场人员、现场方位、周围环境等，现场的物品、人身、尸体等的位置、特征等情况以及过程；文字记录与实物或者绘图、照片、录像是否相符；现场、物品、痕迹等是否伪造、有无破坏；人身特征、伤害情况、生理状态有无伪装或者变化等。

（3）补充进行的是否说明了再次进行的缘由，前后情况是否矛盾。

（4）着重审查过程、方法以及笔录的制作是否符合有关规定。

（5）内容是否反映出新的涉案事实、取证对象，是否需要因之调整侦查方向。

（6）内容是否反映出犯罪嫌疑人不构成犯罪的可能。

▶▶4.5.2 勘验、检查笔录存在明显不符合法律、有关规定的情形，不能作出合理解释或者说明的，应予排除。

▶▶4.5.3 侦查实验的条件与事件发生时的条件有明显差异，或者存在影响实验结论科学性的其他情形的侦查实验笔录，应予排除。

▶▶4.5.4 勘验、检查、搜查、提取笔录或者扣押清单上没有侦查人员、物品持有人、见证人签名，或者对物品的名称、特征、数量、质量等注明不详的，经补正或者作出合理解释的，可以采用。

▶▶4.5.5 对于勘验、检查笔录、侦查实验笔录笔录存在下列情形的，应当要求侦查人员予以补正或作出合理说明：

（1）勘验、检查笔录、侦查实验笔录没有侦查人员、见证人签名或盖章的；

（2）勘验、检查笔录、侦查实验笔录见证人身份未注明的；

（3）勘验、检查笔录、侦查实验笔录时间有误的。

▶4.6 对辨认笔录的审查和处理应重点注意程序是否规范、操作是否严谨。

▶▶4.6.1 辨认笔录应当着重审查以下内容：

（1）辨认笔录是否在侦查人员的主持下进行。

（2）主持辨认的侦查人员是否有两人以上。

（3）辨认是否是单独进行；多名辨认人对同一被辨认人进行辨认时，是否由每名辨认人单独进行辨认。

（4）辨认是否有见证人进行见证。

（5）辨认犯罪嫌疑人时，被辨认的人数是否达到七人或以上。

（6）辨认犯罪嫌疑人照片时，被辨认的照片是否达到十人或以上。

（7）对被辨认人或被辨认照片的身份情况是否单独注明。

（8）辨认物品时，混杂的同类物品是否在五件以上。

（9）辨认是否形成了单独的辨认笔录。

（10）辨认笔录中是否有侦查人员、辨认人、见证人签名。

（11）辨认前辨认人是否见到过辨认对象。

（12）辨认过程中，侦查人员是否给辨认人明显暗示或明显有指认嫌疑的。

（13）辨认笔录是否如实记录辨认过程，是否影响辨认笔录的真实性确定。

（14）辨认内容是否反映出新的涉案事实、取证对象，可否需要因之调整侦查方向。

（15）辨认内容是否反映出犯罪嫌疑人不构成犯罪的可能。

▶▶ 4.6.2 对于辨认笔录存在下列情形的，应当予以排除：

（1）辨认不是在侦查人员主持下进行的；

（2）以指认为目的的辨认违反辨前不见原则，辨认前使辨认人见到辨认对象的；

（3）辨认活动没有个别进行的；

（4）辨认对象没有混杂在具有类似特征的其他对象中，或者供辨认的对象数量不符合规定的；

（5）辨认中给辨认人明显暗示或者明显有指认嫌疑的；

（6）辨认混杂对象少于法律规定的；

（7）违反相关规定，不能确定辨认笔录的真实性的。

▶▶ 4.6.3 对于辨认笔录存在下列情形的，应当要求侦查人员予以补正或作出合理说明：

（1）辨认笔录没有侦查人员、辨认人签名或盖章的；

（2）辨认笔录时间有误的；

（3）主持辨认的侦查人员少于两人的；

（4）没有向辨认人详细询问辨认对象的具体特征的；

（5）对辨认经过和结果没有制作专门的辨认笔录或辨认笔录制作不规范的；

（6）辨认记录过于简单，只有结果没有过程的；

（7）案卷中只有辨认笔录，没有被辨认对象的照片、录像等资料，无法获悉辨认的真实情况的。

▶▶ 4.7 视听资料的审查和处理应重点审查内容的完整性和资料的原始性。

▶▶ 4.7.1 视听资料应当着重审查以下内容：

（1）是否附有提取过程的说明，来源是否合法。

（2）是否为原件，有无复制及复制份数；是复制件的，是否附有无法调取原件的原因、复制件制作过程和原件存放地点的说明，制作人、原视听资料持有人是否签名或者盖章。

（3）制作过程中是否存在威胁、引诱当事人等违反法律、有关规定的情形。

（4）是否写明制作人、持有人的身份，制作的时间、地点、条件和方法。

（5）内容和制作过程是否真实，有无剪辑、增加、删改等情形。

（6）内容与案件事实有无关联。

（7）视听资料的内容是否反映出新的涉案事实、取证对象，可否需要因之调整侦查方向。

（8）视听资料的内容是否反映出犯罪嫌疑人不构成犯罪的可能。

▶▶4.7.2 视听资料存在下列情形的，应予排除：

（1）视听资料有剪辑、增加、删改，致使视听资料的真实性存疑的；

（2）视听资料的制作过程中，威胁、引诱当事人等违反法律、规定，导致视听资料的真实性存疑的；

（3）视听资料的来源存疑的；

（4）视听资料的制作、取得的时间、地点、方式等有疑问，不能提供必要证明或者作出合理解释的。

▶▶4.7.3 视听资料存在瑕疵的，可以要求侦查人员作出合理解释或说明：

（1）视听资料的提取过程未进行注明的；

（2）视听资料系复制件，复制件的制作过程和原件持有人未签名或者盖章的；

（3）视听资料未写明制作人、持有人的身份，制作的时间、地点、条件和方法的；

（4）视听资料存在其他能够补正的瑕疵情形的。

▶▶4.8 对电子数据等证据审查和处理应重点注意数据来源的真实性、完整性的审查。

▶▶4.8.1 对电子邮件、电子数据交换、网上聊天记录、博客、微博客、手机短信、电子签名、域名等电子数据，应当着重审查以下内容：

（1）是否随原始存储介质移送。在原始存储介质无法封存、不便移动或者依法应当由有关部门保管、处理、返还时，提取、复制电子数据是否由二人以上进行，是否足以保证电子数据的完整性，有无提取、复制过程及原始存储介质存放地点的文字说明和签名。

（2）收集程序、方式是否符合法律及有关技术规范。经勘验、检查、搜查等侦查活动收集的电子数据，是否附有笔录、清单，并经侦查人员、电子数据持有人、见证人签名；没有持有人签名的，是否注明原因；远程调取境外或者异地的电子数据的，是否注明相关情况；对电子数据的规格、类别、文件格式等注明是否清楚。

（3）电子数据内容是否真实，有无删除、修改、增加等情形。

（4）电子数据与案件事实有无关联。

（5）与案件事实有关联的电子数据是否全面收集。

（6）电子数据的内容是否反映出新的涉案事实、取证对象，可否需要因之调整侦查方向。

（7）电子数据的内容是否反映出犯罪嫌疑人不构成犯罪的可能。

▶▶ 4.8.2 电子证据存在下列情形的之一的，应当予以排除：

（1）电子证据有剪辑、增加、删改，致使电子证据的真实性存疑的；

（2）电子证据的来源存疑的；

（3）电子证据的制作、取得的时间、地点、方式等有疑问，不能提供必要证明或者作出合理解释的；

（4）经审查无法确定电子证据的真伪的；

（5）电子证据的收集程序、方法不符合法律及相关规范，致使电子证据的真实性存疑的；

（6）电子证据不是由二名以上有资质的侦查人员收集的。

▶▶ 4.8.3 电子证据存在下列瑕疵的，可以要求侦查人员作出合理解释或说明：

（1）电子证据的提取过程未进行注明的；

（2）电子证据的打印件未一并提交的；

（3）电子证据系复制件，复制件的制作过程和原件持有人未签名或者盖章的；

（4）电子证据未写明制作人、提取人、原件持有人、见证人的身份，制作的时间、地点、条件和方法的；

（5）电子证据的规格、类别、文件格式等未注明清楚的；

（6）电子证据没有原件持有人、提取人、制作人、见证人签名的。

▶ 5. 综合证据的审查

▶ 5.1 审查全案证据是否能够形成完整的证据体系，是否达到报请逮捕或侦查终结的要求。既要审查案件的构罪证据，也应审查影响犯罪嫌疑人法定量刑情节（从重、从轻、减轻或免除处罚）的证据。

▶ 5.2 审查各个证据之间的关系，综合将证据联系对照审查。对单个证据难以判明真伪、确定其证明作用的，应与其他证据相互对照审查以判明真伪。

▶ 5.3 审查证明犯罪构成要件的证据是否确实、充分。据以定罪的证据是否依法收集，且证据与证据之间是否相互印证，相互支持，相互说明；证据之间、证据与逻辑、证据与经验之间是否存在不能解释的矛盾，能排除犯罪嫌疑人的辩解或其他合理怀疑。审查对各个事实及各种情节的证明是否存在疏漏，能否形成证明体系。

▶ 5.4 需要补充侦查、完善证据的，按以下要求进行：

（1）经审查确认为非法证据的，应依法予以排除；被确定为瑕疵证据的，应要求收集证据的人员说明情况，并对证据进行补正。

（2）审查认为证据之间不能相互印证，证据与证据之间不能解释矛盾，可以通过其他途径进行补充证据的，应建议侦查人员及时补正以排除合理怀疑。

（3）据以定罪的证据或影响量刑的重要证据不够充分的，应要求侦查人员补充、完善，并明确下一步补充证据的方向。

（4）对证明犯罪事实和情节存在疏漏的，应要求侦查人员补充相应证据材料，进一步完善证明体系。

（5）在审查证据中发现其他案件线索，认为可能遗漏罪行或遗漏同案犯的，也应建议侦查人员一并查清。

（6）对需要侦查人员完善证据的，侦查预审组和预审人员应指出证据不足的具体问题，列明下一步需要收集的证据材料，并要求侦查人员反馈情况。

▶ 6. 预审结束

▶ 6.1 侦查预审结束的案件，预审组或预审人员应制作预审结案报告，连同预审的证据材料一并交侦查部门正职审批。对涉及非法证据排除等重大事项的，应向分管副检察长报告。

▶▶ 6.2 预审结案报告应明确审查意见，对报请逮捕前的案件预审，应根据证据的情况提出报请逮捕、暂缓报请逮捕或不报请逮捕的意见。

▶▶ 6.3 对侦查终结前的案件预审，应根据证据的情况提出不同处理意见：

（1）对事实清楚、证据确实充分的案件，应提出报请逮捕或移送审查起诉的意见；

（2）对事实不清、证据不足的案件，应提出暂缓报请逮捕或暂缓移送审查起诉的意见，同时，提出证据补充、固定和完善的提纲，对侦查部门的侦查方向、重点提出建议；

（3）对没有犯罪事实，或犯罪行为并非犯罪嫌疑人所为的案件，应提出不报请逮捕或撤销案件的意见；

（4）对预审过程中发现侦查人员违法收集证据的行为，应当提出纠正意见，同时报告侦查指挥人员。

▶ 7. 操作禁忌

▶▶ 7.1 预审内容不得有如下行为：

（1）不审查证据的合法性；

（2）只审查有罪证据，忽视审查无罪证据；

（3）在仅根据犯罪嫌疑人供述认定案件事实。

▶▶ 7.2 预审活动不得有如下行为：

（1）未经侦查指挥人员同意直接向侦查员提供意见；

（2）未经侦查指挥人员同意讯问犯罪嫌疑人；

（3）未经侦查指挥人员同意向无关人员谈论案情；

（4）未经侦查指挥人员同意与涉案人员接触；

（5）未经侦查指挥人员同意与律师接触。

四、侦查终结操作规程

【定义】侦查终结是指检察机关对职务犯罪案件经过一系列侦查活动，根据已经查明的事实、证据和有关法律规定，足以对案件作出起诉、不起诉或撤销案件的结论，而决定结束侦查，对案件提出处理意见的一种诉讼活动。

▶ 1. 侦查终结操作流程

侦查终结操作流程图

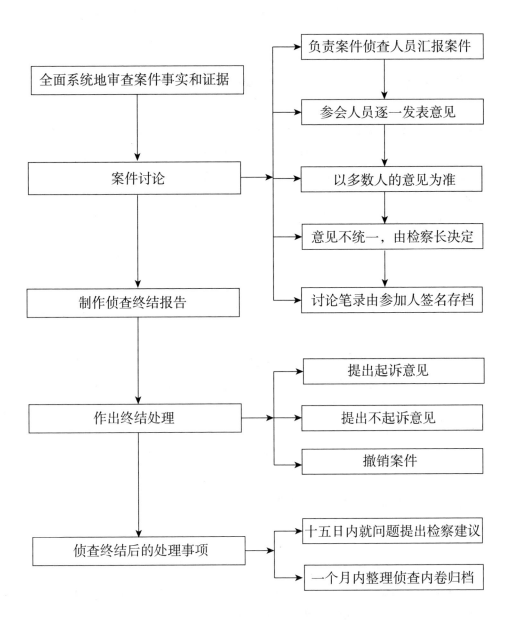

▶ **2. 侦查终结的条件**

▶▷ 2.1 案件侦查终结的一般条件

▶▷ 2.1.1 犯罪事实已经查清。犯罪嫌疑人有罪或无罪、罪轻或罪重以及犯何种罪，应当如何处理的事实和情节都已查清，具体指犯罪的时间、地点、目的、手段、过程、情节及犯罪嫌疑人的身份、年龄、职务、前科情况、认罪态度和有无从重、从轻包括减轻、免除处罚的情节等情况以及是否有漏罪、漏犯等情况都已查清。

▶▷ 2.1.2 证据确实充分。全案证据材料经审查，单个证据来源合法、真实、与案件事实存在关联，全案证据间能够相互印证，形成完整的证明体系，足以排除各种矛盾和疑点，能确认犯罪嫌疑人有罪或无罪。证据确实充分应符合以下条件：

（1）定罪量刑的事实都有证据证明；

（2）据以定案的证据均属法定程序查证属实；

（3）综合全案证据，对所认定的事实已能排除合理怀疑。

▶▷ 2.1.3 法律手续完备。法律手续指侦查活动所采用的各种侦查措施的法律程序和内部审批手续，比如采取技术侦查措施、扣押、冻结款物、报请逮捕等。

▶▷ 2.1.4 能够对案件作出准确结论。依据侦查获取的证据和材料，能够对犯罪嫌疑人作出有罪或无罪、罪轻或罪重、犯何种罪的认定，能够提出移送审查起诉或不起诉或者撤销案件的意见。

▶▷ 2.1.5 依法保障犯罪嫌疑人的辩护权。在案件侦查过程中，犯罪嫌疑人委托辩护律师的，检察人员可以听取辩护律师的意见。辩护律师要求当面提出意见的，检察人员应当听取意见，并制作笔录附卷。辩护律师提出书面意见的，应当附卷。对于特别重大贿赂犯罪案件，人民检察院在侦查终结前应当许可辩护律师会见犯罪嫌疑人。（具体操作规程见第八章《保障辩护人行使诉讼权利操作规程》）

▶▷ 2.1.6 侦查终结的时间条件：

（1）犯罪嫌疑人被采取取保候审、监视居住、拘留或者逮捕强制措施的，案件的侦查终结应当在相应的办案期限内作出；

（2）如不能在办案期限内侦查终结的，应依法对犯罪嫌疑人变更或者解除强制措施；

（3）对犯罪嫌疑人没有采取取保候审、监视居住、拘留或者逮捕措施的，应当在立案后两年以内提出侦查终结移送审查起诉、移送审查不起诉或者撤销案件的意见；

（4）对犯罪嫌疑人采取取保候审、监视居住、拘留或者逮捕措施的，应当在解除或者撤销强制措施后一年以内提出侦查终结移送审查起诉、移送审查不起诉或者撤销案件的意见。

▶▶ 2.2 特殊案件侦查终结的条件

▶▶▶ 2.2.1 对于共同犯罪案件，如果同案犯罪嫌疑人在逃，但现有证据能够证实在案犯罪嫌疑人犯罪事实清楚，证据确实、充分的，对在案犯罪嫌疑人应当侦查终结，作出移送审查起诉或者不起诉的决定。

▶▶▶ 2.2.2 对上一级检察院交办的案件，在侦查终结前应当将侦查经过、所查明的案件事实、收集到的证据情况以及拟处理意见向上一级检察院汇报，听取上一级检察院对侦查终结的意见或建议。

▶ 3. 侦查终结的审查

▶▶ 3.1 对拟侦查终结的案件，应当按照本章《侦查案卷整理及归档操作规程》的要求，由承办人员指导协办人员、书记员对全案证据材料进行整理。

▶▶ 3.2 对拟侦查终结的案件，承办人员应对案件单个证据和全案证据进行审查，排除非法证据，对有瑕疵的证据进行补正，对全案证据查漏补缺，确保全案事实清楚，证据确实、充分，达到侦查终结的条件。

▶▶ 3.3 对单个证据的审查。侦查终结前，承办人员对单个证据应当从其合法性、关联性、客观性三个方面进行审查，对不符合"三性"的证据予以排除，对有瑕疵的证据进行补正。

▶▶ 3.3.1 合法性审查。证据的合法性指证据应当是当事人按照法定程序提供，或由法定机关、法定人员依法定程序调查、收集而来。包括以下内容：

（1）证据是否符合法定形式或程序；

（2）证据是否符合法律或司法解释规定的要求；

（3）证据是否存在影响证明能力的违法情形。

▶▶ 3.3.2 关联性审查。证据的关联性指证据应当是与犯罪嫌疑人涉案事实有着密切的关联性，能证明相关犯罪事实或情节的材料。关联性审查的内容有：

（1）单个证据与待证案件犯罪事实之间的关联性及程度；

（2）单个证据与待证案件犯罪情节之间的关联性及程度；

（3）单个证据与涉案当事人之间的关联性及程度。

▶≫ 3.3.3 客观性审查：

（1）证据形成的原因和条件，是否符合一般的逻辑规则；

（2）证据查获的客观环境，如时间、空间、物理、化学等因素；

（3）证据是否为原件、原物，复制件、复制品是否与原物、原件相一致；

（4）提供证据的人或证人、当事人是否具有相应判断力；

（5）影响单个证据证明能力的因素。

▶≫ 3.4 对全案证据的审查。侦查终结前，承办人员应当对全案证据能否相互印证、形成完整的证据链条、确定无疑地对证实全案犯罪事实进行审查，如证据达不到确实充分的程序，应及时补充相关证据。

▶≫ 3.4.1 对全案证据的总体审查主要包括：

（1）侦查终结前，侦查人员应当对侦查阶段收集的证据和查证的事实进行全面审查；

（2）侦查人员应当审查证据是否充分确凿，来源是否合法，分析案件事实是否合情合理，情节是否可靠，能否推定出唯一结论等；

（3）在全面审查后，侦查人员认为符合侦查终结条件，才能决定对案件提请侦查终结。

▶≫ 3.4.2 对全案证据的具体审查主要包括：

（1）各个证据材料之间的相互印证性及冲突的可合理解释性；

（2）言词证据提供人与犯罪嫌疑人之间的利益关系其及程度；

（3）审查言词证据前后一致性及差异和形成的原因；

（4）审查证据是否确实充分。现有证据可证明的事实是否达致有罪的标准，情节是否达到需要追究刑事责任的程度。

▶ **4. 制作《侦查终结报告》**

▶≫ 4.1 对符合侦查终结条件，拟侦查终结的案件，由承办人员根据全案的事实和证据等情况制作《侦查终结报告》，该报告应包括下列内容：

（1）犯罪嫌疑人的基本情况。

（2）案件的来源和诉讼过程，包括强制措施及羁押场所。

（3）犯罪嫌疑人涉嫌的犯罪事实、证据及认罪表现等情节。

（4）需要说明的情况：包括对未认定为犯罪事实的相关情况，扣押、冻结款物及处理情况；犯罪嫌疑人认罪态度和有无从重、从轻包括减轻、免除处罚的情节等情况；有无建议与相关案件并案、分案处理的情况；拟移送哪一级人民检察院审查起诉的情况；犯罪嫌疑人聘请律师及律师介入情况等。

（5）根据事实和法律对全案作出结论并提出处理意见，包括犯罪嫌疑人是否构成犯罪，涉嫌构成何罪，有无从轻、从重处罚的情节，拟分案、并案处理的情况及拟移送审查起诉或不起诉或撤案等处理的情况及相应的法律依据。（《侦查终结报告》样本见附件）

▶ 4.2 侦查终结时，应当根据案件具体情况分别作出如下处理：

（1）提出起诉意见；对经过侦查，认为犯罪事实清楚，证据确实、充分，依法应当追究刑事责任的案件，应当写出侦查终结报告，制作起诉意见书，移送审查起诉。

（2）提出不起诉意见；对犯罪情节轻微，依照刑法规定不需要判处刑罚处罚或者免除刑罚的案件，应当写出侦查终结报告，制作不起诉意见书，移送审查不起诉。

（3）撤销案件；在侦查过程中或者侦查终结后，发现案件具有《刑事诉讼规则》第二百九十条规定情形的，应当制作拟撤销案件意见书，按照法定程序撤销案件。

▶ 5. 案件讨论

▶ 5.1 对拟侦查终结的案件，侦查部门应当组织进行集体讨论。讨论通常由分管副检察长或部门正职主持，侦查部门的全体人员原则上均应参与案件的讨论，必要时可组织或通知其他部门人员、专业人士和专家学者共同参与讨论。

▶ 5.2 集体讨论前，案件承办人员应当按照参加讨论的人数准备好书面汇报材料（通常为侦查终结报告），写明案件的事实和证据，对需要经过集体讨论才能确定的事项予以明确，比如，犯罪事实、情节的认定，案件的处理，违法所得的认定，扣押、冻结款物的处理等，并提出自己的意见。（注：凡是影响到案件侦查终结的问题，承办人员均可提出讨论）

▶ 5.3 讨论前，应由承办人或交由检察辅助人员提前三日通知参与案件讨论的成员，并告知准确的时间、地点等信息。

▶ 5.4 讨论时，先由承办人员汇报案件的基本情况、事实和证据，需经讨论决定的问题及承办人员意见；之后，参加讨论的人员应逐一且独立地就相关问题发表个人意见，个人意见应当具体明确，并说明该意见的理由和依据；主持会议的分管副检察长或部门正职最后发表意见。

▶▷ 5.5 与会人员发言结束后，由分管副检察长或部门正职对案件讨论情况进行总结，对相关事项及案件能否侦查终结作出决定。当就某一事项的集体意见存在重大分歧时，主持人可不作出决定，并将相关事项报请检察长决定。

▶▷ 5.6 相关事项需报请检察长决定的，由承办人员制作书面材料，层报检察长，由检察长作出决定。

▶▷ 5.7 承办人员应当对案件集体讨论的情况制作讨论笔录，对讨论情况进行记载，由参加人签名后存档。

▶▷ 5.8 承办人员应当根据集体讨论或者检察长的决定，对相关事项进行处理；同意侦查终结的，及时办理侦查终结的相关手续；不同意侦查终结的，应继续侦查，案件即将到期的，应当根据案件的不同情况分别报请延长侦查羁押期限、变更或者解除强制措施。

▶ 6.《侦查终结报告》的审批

▶▷ 6.1 对经过集体讨论同意侦查终结的案件，案件承办人员应当按照集体讨论的决定，对相关事项进行处理，对《侦查终结报告》进行相应修改。

▶▷ 6.2 承办人员将修改后的《侦查终结报告》，报请侦查部门正职审阅。

▶▷ 6.3 经侦查部门正职审阅后，报请分管副检察长批准。

▶ 7. 侦查终结后的处理事项

▶▷ 7.1 将案件移送审查起诉或不起诉，或者撤销案件，并对查封、扣押、冻结的涉案款物进行处理。（详见本章《移送审查起诉（不起诉）操作规程》及《撤销案件操作规程》）

▶▷ 7.2 对于大案要案，在侦查终结后三日内，应当将相关法律文书、手续报送上一级检察院备案。

▶▷ 7.3 在侦查终结后十五日内，应当就侦查中发现的发案单位在经营管理、财务制度、基本建设等方面存在的问题或者个别人或部门存在的违纪违规问题提出检察建议，承办人应当制作《检察建议书》，经部门正职、分管检察长审批后送达发案单位，督促发案单位进行整改，并有针对性地开展个案预防、重点预防或系统预防。

▶▷ 7.4 在侦查终结后一个月内，应当按照《人民检察院诉讼档案管理办法》、《检察机关诉讼档案案卷格式标准》等相关规定的内容，按要求整理好侦查内卷，并归档备查。

▶▷ 7.5 案件撤销以后，又发现新的事实或者证据，认为犯罪嫌疑人有犯罪事实需要追究刑事责任的，可以重新立案侦查。

五、移送审查起诉（不起诉）操作规程

【定义】移送审查起诉（不起诉）是指人民检察院对侦查终结的职务犯罪案件审查后，认为符合法律规定侦查终结的条件而作出将犯罪嫌疑人交付审查起诉（不起诉）的活动。

► 1. 移送审查起诉（不起诉）流程

移送审查起诉（不起诉）流程图

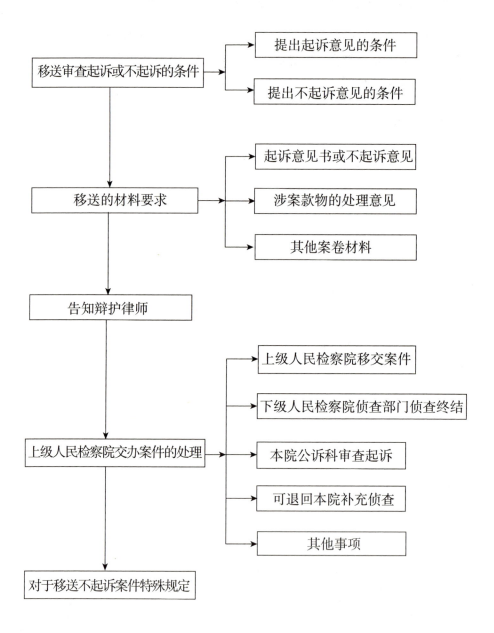

▶ 2. 移送审查起诉或不起诉的条件

▶▷ 2.1 移送审查起诉的案件，应当同时符合以下三个条件：

（1）"犯罪事实清楚"指犯罪嫌疑人、犯罪的手段和情节、犯罪的时间和地点、犯罪的主观过错形式以及犯罪的动机和目的、犯罪的危害结果等与犯罪嫌疑人定罪量刑有关的事实情况都已经查清。

（2）"证据确实、充分"指据以定罪的所有证据都已经查证属实；犯罪构成要件事实都有必要的证据予以证明；证据之间的矛盾得到合理排除；根据证据得出的结论是唯一的，排除了其他可能性。

（3）"依法应当追究刑事责任"指需要对犯罪嫌疑人判处刑罚、不能免除犯罪嫌疑人的刑罚。

▶▷ 2.2 移送审查不起诉的案件，须符合存疑不起诉、相对不起诉或者绝对不起诉的条件。

▶▷▷ 2.2.1 存疑不起诉也称证据不足不起诉，具有下列情形之一的，可以作出不起诉决定：

（1）据以定罪的证据存在疑问，无法查证属实的；

（2）犯罪构成要件事实缺乏必要的证据予以证明的；

（3）据以定罪的证据之间的矛盾不能合理排除的；

（4）根据证据得出的结论具有其他可能性的。

▶▷▷ 2.2.2 相对不起诉也称酌定不起诉，其适用应当同时具备以下两个条件：

（1）犯罪嫌疑人的行为已构成犯罪，应当负刑事责任；

（2）犯罪行为情节轻微，依照刑法规定不需要判处刑罚或者免除刑罚。

▶▷▷ 2.2.3 绝对不起诉也称法定不起诉，其适用的条件是具有以下情形之一：

（1）情节显著轻微、危害不大，不认为是犯罪的；

（2）犯罪已过追诉时效期限的；

（3）经特赦令免除刑罚的；

（4）属于依照刑法告诉才处理的犯罪的；

（5）犯罪嫌疑人死亡的；

（6）其他法律规定免予追究刑事责任的。

▶ 3. 向本院公诉部门移送审查起诉或不起诉的程序

▶▷ 3.1 撰写法律文书并审批

▶▷▷ 3.1.1 起诉意见书或不起诉意见书应当一案一份，一案一号。

▣≫ 3.1.2 对于共同犯罪案件，需要提请起诉的，按照主犯、从犯、胁从犯的顺序排列；对于不需要移送审查起诉的，应注明不移送审查起诉的犯罪嫌疑人的处理情况。

▣≫ 3.1.3 起诉意见书或不起诉意见书由首部、正文、尾部和附注等部分组成（具体详见本章附录二）。

▣≫ **3.2 准备移送材料**

▣≫ 3.2.1 起诉意见书或不起诉意见书。即认为需要对案件提起公诉的，需要移送起诉意见书；认为需要对案件作出不起诉决定的，要移送不起诉意见书。

▣≫ 3.2.2 查封、扣押、冻结犯罪嫌疑人财务及其孳息、文件清单以及对查封、扣押、冻结的涉案款物的处理意见。

▣≫ 3.2.3 其他案卷材料。包括侦查终结报告、案件的证据材料等。国家或集体财产遭受损失的，侦查部门在提出公诉意见的同时，可以提出附带民事诉讼的意见。

▣≫ 3.2.4 不属于本院管辖或上级人民检察院另行指定管辖的，应当将案件移送有管辖权的人民检察院。

▣≫ **3.3 移送后的处理**

▣≫ 3.3.1 告知辩护律师。侦查阶段，犯罪嫌疑人委托辩护律师的，检察人员可以听取辩护律师的意见；案件侦查终结移送审查起诉时，人民检察院应当及时告知犯罪嫌疑人及其辩护律师移送审查起诉的情况。具体听取辩护律师意见的程序参见第九章第一节的规定。

▣≫ 3.3.2 与公诉部门沟通协调、跟踪案件的进展，做好配合补证工作等。

▣ **4. 交下级人民检察院移送审查起诉或不起诉的程序**

▣≫ 4.1 上级人民检察院侦查终结交办下级人民检察院的程序

对上级人民检察院侦查终结的案件，依法应由下级人民检察院提起公诉或不起诉的，应当将交办院的检委会决定及侦查终结报告连同案卷材料一并移送下级人民检察院，由该下级人民检察院提交本院相应的侦查部门制作起诉意见书或不起诉意见书，移送本院公诉部门审查。

▣≫ 4.2 下级人民检察院移送审查起诉或不起诉的程序

下级人民检察院侦查部门制作起诉意见书或者不起诉意见书，移送本院公诉部门审查。

▶ 4.3 下级人民检察院公诉部门认为应当对案件补充侦查的，可以退回本院侦查部门补充侦查，上级人民检察院侦查部门应当协助。

▶ 4.4 下级人民检察院认为上级人民检察院的决定有错误的，可以向上级人民检察院提请复议，上级人民检察院维持原决定的，下级人民检察院应当执行。

六、补充侦查操作规程

【定义】补充侦查是指人民检察院侦查部门在案件侦查终结移送审查起诉（不起诉）后，法院作出生效判决前，根据本院公诉部门的要求，在原有的侦查工作的基础上，就案件的事实部分、情节继续进行侦查，补充提供法庭审判所必需的证据的诉讼活动。

▶ **1. 补充侦查操作流程**

补充侦查操作流程图

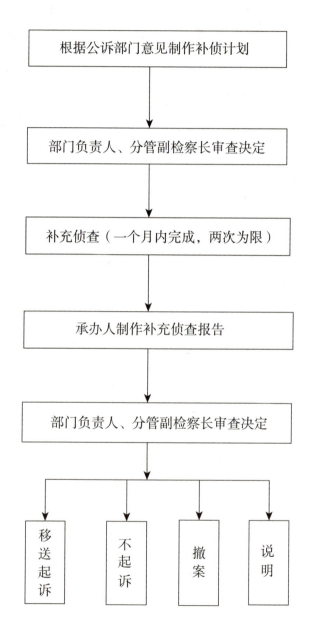

▶ 2. 补充侦查的分类

▶ 2.1 审查起诉阶段的补充侦查。公诉部门认为有犯罪事实不清、证据不足或遗漏罪行、遗漏同案犯罪嫌疑人等情形，连同案卷材料一并退回侦查部门补充侦查。

▶ 2.2 法庭审理阶段的补充侦查。在法庭审理过程中，公诉人发现事实不清、证据不足或者遗漏罪行、遗漏同案犯罪嫌疑人，要求补充侦查的。

▶ 3. 补充侦查的条件

补充侦查需要符合以下条件之一：

（1）事实不清。指控犯罪嫌疑人的犯罪事实不清，或有关情节之间不相吻合需要查证的。

（2）证据不足。证明犯罪嫌疑人摄像犯罪的证据不足，没有达到确实、充分的标准。

（3）罪行遗漏或同案犯罪嫌疑人。移送审查起诉的案件中遗漏了罪行或同案犯罪嫌疑人，需要补充侦查的。

▶ 4. 补充侦查的程序

▶ 4.1 启动。补充侦查程序的启动自侦查部门收到公诉部门的《补充侦查决定书》开始。审查起诉后，公诉部门自行收集证据的，侦查部门应当给予配合。

▶ 4.2 期限和次数。补充侦查程序一经启动，就开始计算补充侦查的期限和次数。补充侦查以二次为限，且应当在一个月内完成。

▶ 4.3 具体实施

▶ 4.3.1 制作计划。侦查部门应当及时采取侦查措施，根据公诉部门的《补充侦查提纲》制作补充侦查计划，经部门正职、分管检察长审查决定后，按照补充侦查的事项进行调查，确保补充侦查任务的完成。

▶ 4.3.2 根据补充侦查的要求，逐条逐项重新进行侦查取证。对于确实不能调查核实的，应当说明原因或作出必要的解释。

▶ 4.4 补充侦查终结

▶ 4.4.1 制作补充侦查终结报告，针对公诉部门提出的补充侦查事项，写明补充侦查的经过和结果。

▶ 4.4.2 根据不同的补充侦查结果，提出不同的处理意见，并报部门正职、分管检察长审查决定。

（1）对犯罪事实清楚，证据确实、充分，依法应当追究刑事责任的，移送审查起诉；

（2）对犯罪情节轻微，依照刑法规定不需要判处刑罚或者免除刑罚的，移送审查不起诉；

（3）对符合撤案条件的，提出撤案处理意见；

（4）对证据确实难以补充的案件，办案人员应当作出书面说明，经部门正职审核，检察长批准，移送公诉部门；

（5）在补充侦查过程中，发现新的同案犯罪嫌疑人或者新的罪行，需要追究刑事责任的，应当重新制作《起诉意见书》移送审查起诉部门审查。

七、执行"一案三卡"操作规程

【定义】"一案三卡"是指为了加强执法监督，规范执法行为，保证检察干警廉洁从检、依法办案，保障案件当事人的合法权益，要求侦查部门案件承办人在办理每一起职务犯罪案件时，都应当按照相关要求和程序填写"办案告知卡"、"廉洁自律卡"和"执法监督卡"，简称"一案三卡"。

▶ **1. "一案三卡"的适用**

▶▶ 1.1 每办理一起案件，都要由规定的人员按要求填写"办案告知卡"、"廉洁自律卡"和"执法监督卡"，简称"一案三卡"。

▶▶ 1.2 "一案三卡"的具体执行，由案件承办人具体负责实施。

▶▶ 1.3 "一案三卡"的适用对象，包括犯罪嫌疑人，近亲属及相关诉讼参与人。

▶▶ 1.4 "一案三卡"的时间要求，通常要求与办案同时实行。

▶▶ 1.5 "一案三卡"的制作要求，应事实清楚，内容齐全，并由办案对象签名、捺指印。

▶▶ 1.6 如"一案三卡"落实不到位，或实施过程中违规操作等不法情节，应及时核实有关情况，事证确凿的，应报请检察长处理。

▶ **2. 执行"办案告知卡"的程序**

▶▶ 2.1 制作。应当印制案件当事人、证人在法律诉讼中依法应享有的权利、义务和办案人员应遵守的办案纪律、监督电话、通讯地址、办案人员应当事先告知的情况，以及案件当事人和证人对办案人员执法的看法和意见。

▶▶ 2.2 填录时间、人员、方式及签名等。

▶▷ 2.3 审核。主要是审查核实填写内容是否齐全，重点审查办案人员有无违规的问题。

▶▷ 2.4 归档。每案办结后，办案告知卡存入案件副卷备查。

▶ 3. 执行"廉洁自律卡"的程序

▶▷ 3.1 制作。应当印制办案人员遵守和执行法律、法规和办案纪律情况，处理说情、送礼、请吃等情况。

▶▷ 3.2 填录时间、人员、方式。

▶▷ 3.3 审核。

▶▷ 3.4 归档。每案办结后，廉洁自律卡送部门正职审查认可、存入案件副卷备案。

▶ 4. 执行"执法监督卡"的程序

▶▷ 4.1 制作。印制被回访办案单位、办案部门，对办案干警在执法办案过程中遵守和执行法律、法规和办案纪律的意见。

▶▷ 4.2 填录时间、人员、方式。

▶▷ 4.3 审核。

▶▷ 4.4 归档。回访后，由相关人员签名或盖章，呈送有关院领导审阅后，由纪检部门存查。

第三节　撤销案件类操作规程

一、报请撤案操作规程

【定义】撤销案件是指侦查机关对立案侦查的案件，因发现具有某种法定情形，或经过侦查活动认定原来的立案根据错误，对案件予以撤销的一种诉讼行为。

▶ **1. 报请撤案操作流程**

报请撤案操作流程图

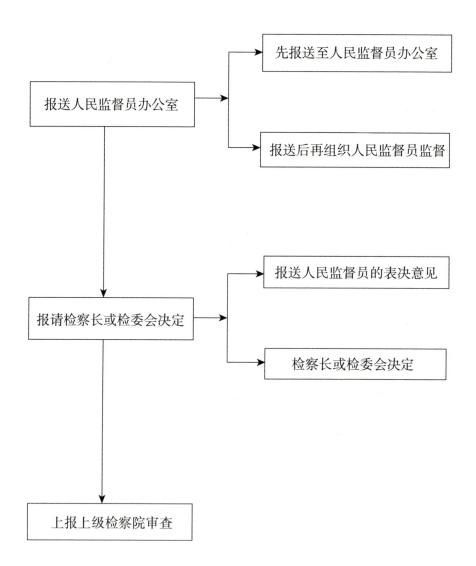

▶ 2. 撤销案件的情形

▶▷ 2.1 撤销案件应严格根据法律规定进行，具体包括情节显著轻微、危害不大，不认为是犯罪的；犯罪已过追诉时效期限的；经特赦令免除刑罚的；依照刑法告诉才处理的犯罪，没有告诉或撤回告诉的；犯罪嫌疑人、被告人死亡的；其他法律、法令规定免予追究刑事责任的。

▶▷ 2.2 没有犯罪事实的，或者依照刑法规定不负刑事责任或者不是犯罪的。

▶▷ 2.3 虽有犯罪事实，但不是犯罪嫌疑人所为的。

▶▷ 2.4 对于共同犯罪的案件，如有符合以上情形的犯罪嫌疑人，也应当撤销对该犯罪嫌疑人的立案。

▶ 3. 撤销案件的程序

▶▷ 3.1 制作法律文书并审批

（1）侦查终结报告。同撤销案件的侦查终结报告，与移送审查起诉的侦查终结报告在形式上基本相同，但应写明立案后，侦查机关查获了哪些证明犯罪嫌疑人有罪的证据，哪些无罪的证据，并分析论证案件的拟处理意见。

（2）拟撤销案件意见书。拟撤销案件意见书系案件侦查部门制作，内容上应着重写明对案件侦查结果的分析，归纳出撤销案件的理由，并引用相关法律规定作为依据。

▶▷ 3.2 移送人民监督员办公室。对拟撤销的案件，侦查部门应当制作《拟撤销案件意见书》，连同有关案件材料报送本院人民监督员办公室，由其组织人民监督员对拟撤销的案件进行监督评议。对本部门侦查终结拟撤销案件的处理，经部门讨论决定后，由承办人制作《拟撤销案件意见书》，报本部门正职审核，分管副检察长和检察长批准。

▶▷ 3.3 人民监督员表决意见报检察长或者检委会决定。

▶▷ 3.3.1 经人民监督员履行监督程序、提出表决意见后的拟撤销案件，侦查部门应当报请检察长或检察委员会决定。

▶▷ 3.3.2 报送案件时，应当将人民监督员的表决意见一并报送。

▶▷ 3.3.3 按照规定报请检察长决定的，检察长如果不同意人民监督员的表决意见，应当提请检察委员会讨论决定。检察长同意人民监督员表决意见的，由检察长决定。

▶▷ 3.4 报送上级人民检察院审查：

▶▷ 3.4.1 检察长或检察委员会同意撤销案件意见的，侦查部门应当将拟撤销案件意见书、人民监督员的表决意见，连同本案的案卷材料，在法定期限届满七日之前报上级人民检察院审查。

▰≫ 3.4.2 重大、复杂案件，在法定期限届满十日之前报上级人民检察院审查，由其提出具体意见。

▰≫ 3.4.3 对于共同犯罪案件，应当将处理同案犯罪嫌疑人的有关法律文书及案件事实、证据材料复印件等，一并报送上级人民检察院。

▰≫ 3.5 执行上级人民检察院决定：

▰≫ 3.5.1 上级人民检察院同意撤销案件的，下级人民检察院应当作出撤销案件决定，并制作撤销案件决定书。《撤销案件决定书》应当分别送达犯罪嫌疑人所在的单位和犯罪嫌疑人；犯罪嫌疑人死亡的，应当送达犯罪嫌疑人原所在单位；如果犯罪嫌疑人在押，应当制作决定释放通知书，通知公安机关释放。

▰≫ 3.5.2 上级人民检察院不同意撤销案件的，下级人民检察院应当执行上级人民检察院的决定，在法定期限内移送审查起诉或不起诉。

二、撤案审批操作规程

【定义】撤案审批是指侦查机关在报请上级人民检察院撤销案件过程中，上级人民检察院相关侦查部门、领导、检委会就是否同意撤销案件对报请撤案材料进行审核、签批的程序。

▶ **1. 撤案审批操作流程**

撤案审批操作流程图

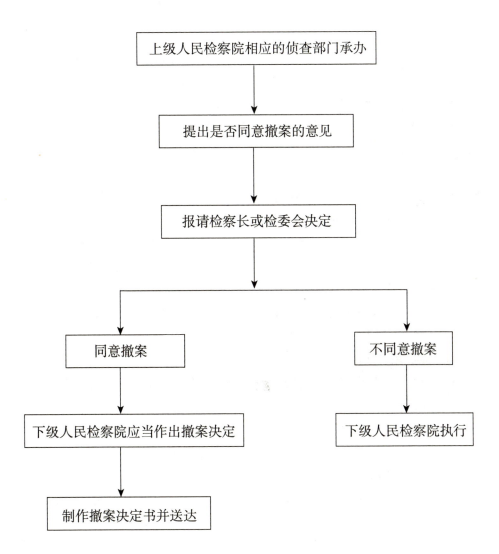

▶ 2. 审查的主体

对于下级人民检察院报请审批的拟撤销案件，由上级人民检察院侦查部门审查。

▶ 3. 审查期限

▶ 3.1 上级人民检察院审查下级人民检察院报送的拟撤销案件，应当于收到案件后七日以内批复。

▶ 3.2 重大、复杂案件，应当于收到案件后十日以内批复下级人民检察院。

▶ 3.3 情况紧急或者因其他特殊原因不能按时送达的，可以先行通知下级人民检察院执行。

▶ 4. 审查程序

▶ 4.1 上级人民检察院侦查部门应当对案件事实、证据和适用法律进行全面审查，必要时可以讯问犯罪嫌疑人。

▶ 4.2 上级人民检察院侦查部门经审查后，应当提出是否同意撤销案件的意见，连同人民监督员的表决意见，经部门正职审核后，报请检察长在或者检察委员会决定。

▶ 4.3 人民检察院决定撤销案件的，应当告知控告人、举报人，听取其意见并记明笔录。

▶ 5. 决定的作出

▶ 5.1 上级人民检察院同意撤销案件的，下级人民检察院应当作出撤销案件决定，并制作撤销案件决定书。

▶ 5.2 上级人民检察院不同意撤销案件的，下级人民检察院应当执行上级人民检察院的决定，在法定期限内作出起诉或不起诉决定。

▶ 6. 决定的执行

▶ 6.1 承办案件的人民检察院收到上级人民检察院同意撤销案件的批复后，应当制作撤销案件决定书，分别送达犯罪嫌疑人所在单位和犯罪嫌疑人。犯罪嫌疑人死亡的，应当送达犯罪嫌疑人原所在单位。

▶ 6.2 如果犯罪嫌疑人在押，应当制作决定释放通知书，送达公安机关执行。

▶ 7. 注意事项

▶ 7.1 拟撤销的案件，犯罪嫌疑人在押的，不得因报上级人民检察院审批而超期羁押。报请上级人民检察院审查期间，犯罪嫌疑人羁押期限届满的，应当依法释放犯罪嫌疑人或者变更强制措施。

▶ 7.2 人民检察院直接受理立案侦查的案件，对犯罪嫌疑人没有采取取保候审、监视居住、拘留或者逮捕措施的，侦查部门应当在立案后两年以内提出移送审查起诉、移送审查不起诉或者撤销案件的意见；对犯罪嫌疑人采取取保候审、监视居住、拘留或者逮捕措施的，侦查部门应当在解除或者撤销强制措施后一年以内提出移送审查起诉、移送审查不起诉或者撤销案件的意见。

▶ 7.3 人民检察院直接受理立案侦查的案件，撤销案件以后，又发现新的事实或者证据，认为有犯罪事实需要追究刑事责任的，可以重新立案侦查。

第四节 处理涉案财物类操作规程

【定义】涉案财物是指人民检察院在依法行使检察职权过程中扣押、冻结的违法所得、与犯罪有关的款物、作案工具和非法持有的违禁品等。犯罪嫌疑人、被告人实施违法犯罪行为所取得的财物及其孳息属于违法所得。

一、处理查封、扣押、冻结的涉案财物操作规程

【定义】处理查封、扣押、冻结的涉案财物是指侦查部门在侦查、侦查终结、决定撤销案件以及向其他机关移送案件时对查封、扣押、冻结的涉案款物依法进行审查，作出准予出售、变现或者退还、返还、移送等处理决定的执法行为。

▶ **1. 返还涉案财物操作流程**

返还涉案财物操作流程图

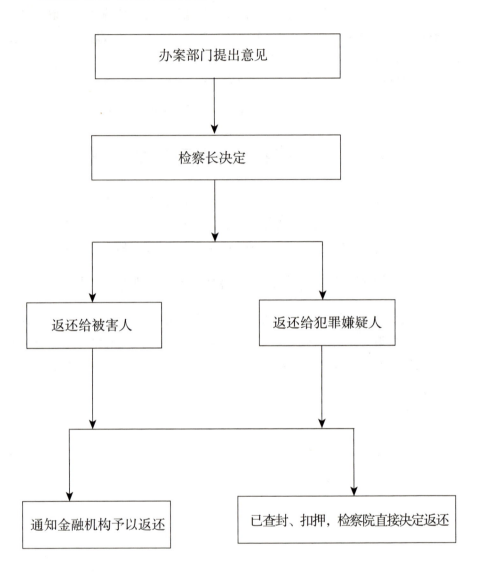

▶ 2. 侦查过程中对涉案财物的处理

▶▷ 2.1 对经审查与案件无关的涉案财物的处理。对查封、扣押的财物、文件、邮件、电报或者冻结的存款、汇款、债券、股票、基金份额等财产，案件承办人员应当及时进行审查，经查明确实与案件无关的，应当在三日内提出解除查封、扣押、冻结，退还给被查封、扣押、冻结人的意见，报检察长审批后，会同负责保管涉案款物的管理部门办理相关的处理手续。

▶▷ 2.1.1 对扣押的邮件、电报，经审查不需要继续扣押的，办案人员应当制作《解除扣押邮件、电报通知书》，报请审批后，送执行扣押的邮电部门或者网络服务机构解除扣押。需要退还扣押的邮件、电报的，还需要填写《退还、返还查封/扣押/调取财务、文件决定书》，报请审批后，制作《退还、返还查封/扣押/调取财务、文件清单》，将相关法律文书与退还的邮件、电报一并送达领取人。

（1）《解除扣押邮件、电报通知书》上原扣押邮件、电报通知书的制作年月日和文号、被扣押人的姓名、工作单位、住址要准确无误地填写，与原扣押通知书一致。

（2）《退还、返还查封/扣押/调取财务、文件清单》所列的名称、特征，应与调取证据清单、扣押财物、文件清单相符。承办人和领取人查点核对后当场签字或者盖章。本文书一式四份，一份统一保存备查，一份附卷，一份交被查封/扣押/调取财物、文件保管人，一份交领取人。四份清单使用同一编号。

▶▷ 2.1.2 对查封、扣押的邮件、电报以外的其他财物、文件，经审查确实与案件无关的，办案人员应当制作《解除查封决定书》或者《解除扣押决定书》，并报请审批；同时，还需要填写《退还、返还查封/扣押/调取物品、文件决定书》，报请审批后，制作《退还、返还查封/扣押/调取物品、文件清单》，将相关法律文书和退还的财物、文件一并送达被扣押人。

▶▷ 2.1.3 对冻结的存款、汇款、债券、股票、基金份额等财产，经查明确实与案件无关的，办案人员应当制作《解除冻结犯罪嫌疑人金融财产通知书》或者《解除冻结金融财产通知书》，报请审批后，送执行冻结的有关金融机构、邮电部门解除冻结。

（1）《解除冻结犯罪嫌疑人金融财产通知书》以犯罪嫌疑人为单位制作，为对已冻结的犯罪嫌疑人存款/汇款/股票/债券/基金份额等金融财产解除冻结时使用。本文书与《协助冻结犯罪嫌疑人金融财产通知书》对应使用。两文书的被冻结单位名称、户名、冻结金额应当一致。

（2）《解除冻结金融财产通知书》为对已冻结的有关单位的存款/汇款/股票/债券/基金份额等金融财产时使用。本文书与《协助冻结金融财产通知书》对应使用。两文书的被冻结单位名称、户名、冻结金额应当一致。

▶▶ 2.2 权利人申请出售金融财产的处理：

▶▶ 2.2.1 扣押、冻结市场价格波动较大的股票、债权、基金、权证、期货、仓单、黄金等，办案人员应当制作《扣押/冻结债券/股票/基金份额等财产告知书》书面告知当事人或者其近亲属有权按照规定申请出售。《扣押/冻结债券/股票/基金份额等财产告知书》中"下列财产"处应当将被扣押/冻结的债券/股票/基金份额/本票/汇票/支票的数额逐项列出，并使用汉字大写填写数额。

▶▶ 2.2.2 在案件侦查终结前，权利人申请出售被扣押、冻结的股票、债券、基金、权证、期货、仓单、黄金等金融财产的，承办人员应当从是否损害国家利益、被害人利益，是否影响诉讼正常进行等方面进行审查，提出是否准予出售的意见，依规定程序报请检察长批准或者检察委员会决定后，制作《许可出售扣押/冻结债券/股票/基金份额等财产决定书》或者《不许可出售扣押/冻结债券/股票/基金份额等财产决定书》，报请审批后，送达申请人或相关部门执行。

（1）作出许可出售决定的，应当制作《许可出售扣押/冻结债券/股票/基金份额等财产决定书》，送达申请人和协助出售被冻结证券的金融机构或者邮电部门，在案件终结前可以依法出售相关财产，所得价款由检察机关指定专门的银行账户保管。

（2）作出不许可出售决定的，应当制作《不许可出售扣押/冻结债券/股票/基金份额等财产决定书》，并送达申请人。

▶▶ 2.3 对即将到期的汇票、本票、支票等金融财产的处理：

在案件侦查终结前，扣押、冻结的汇票、本票、支票的有效期即将届满的，权利人提出变现的申请后，承办人员一般应当提出准予变现的审查意见，经检察长批准或者检察委员会决定后，制作《许可出售扣押/冻结债券/股票/基金份额等财产决定书》，送达申请人和协助出售被冻结证券的金融机构或者邮电部门，依法变现，所得价款由检察机关指定专门的银行账户保管。

▶ 3. 侦查终结移送审查起诉（不起诉）对涉案财物的处理

对职务犯罪案件侦查终结移送审查起诉（不起诉）时，应当在侦查终结报告、移送审查起诉（不起诉）意见书中提出对查封、扣押、冻结的涉案财物的处理意见，并列明财物去向存入案卷。

（1）在侦查终结报告中，承办人员应当在"需要说明的问题"部分对案件查封、扣押、冻结的涉案财物情况、认定的犯罪数额和违法所得情况、侦查过程中对涉案财物的处理情况、对涉案财物的处理意见等事项作出说明。

（2）承办人员应当制作《侦查终结财物、文件处理清单》，对侦查办案过程中收集、调取、查封、扣押的物品、文件的处理情况进行记载，汇总检查。

（3）对需要随案移送的物品、文件，承办人员制作《随案移送物品、文件清单》，作为《起诉（不起诉）意见书》的附件，一并移送公诉部门。

▶ 4. 撤案时对涉案财物的处理

▶ 4.1 人民检察院作出撤销案件决定的，侦查部门应当在三十日以内对犯罪嫌疑人的违法所得作出处理，并制作查封、扣押、冻结财物的处理报告，详细列明每一项财物的来源、去向并附有关法律文书复印件，报检察长审核后存入案卷，并在撤销案件决定书中写明对查封、扣押、冻结的涉案财物的处理结果。情况特殊的，经检察长决定，可以延长三十日。

▶ 4.2 撤销案件时，对犯罪嫌疑人的违法所得应当区分不同情形，作出相应处理：

▶ 4.2.1 因犯罪嫌疑人死亡而撤销案件，依照刑法规定应当追缴其违法所得及其他涉案财产的，按照犯罪嫌疑人逃匿、死亡案件违法所得的没收程序办理。

▶ 4.2.2 因其他原因撤销案件，对于查封、扣押、冻结的犯罪嫌疑人违法所得及其他涉案财产需要没收的，应当提出检察建议，移送有关主管机关处理。

▶ 4.2.3 对于冻结的犯罪嫌疑人存款、汇款、债券、股票、基金份额等财产需要返还被害人的，可以通知金融机构返还被害人；对于查封、扣押的犯罪嫌疑人的违法所得及其他涉案财产需要返还被害人的，直接决定返还被害人。

（1）对冻结的犯罪嫌疑人存款、汇款、债券、股票、基金份额等财产需要返还被害人的，承办人员制作《解除冻结犯罪嫌疑人金融财产通知书》或者《解除冻结金融财产通知书》，报请审批后，送执行冻结的有关金融机构、邮电部门解除冻结，返还被害人。

（2）对查封、扣押的犯罪嫌疑人的违法所得及其他涉案财产需要返还被害人的，承办人员制作《退还、返还查封/扣押/调取财务、文件清单》，直接决定返还被害人。

▰» 4.2.4 对查封、扣押、冻结的犯罪嫌疑人的涉案财产需要返还犯罪嫌疑人的，应当解除查封、扣押或者书面通知有关金融机构解除冻结，返还犯罪嫌疑人或者其合法继承人。

（1）对查封、扣押的犯罪嫌疑人的涉案财产需要返还犯罪嫌疑人的，承办人员应当制作《解除查封决定书》或者《解除扣押决定书》，并填写《退还、返还查封/扣押/调取财务、文件决定书》，将相关涉案财产返还犯罪嫌疑人或者其合法继承人。

（2）对冻结的犯罪嫌疑人的涉案财产需要返还犯罪嫌疑人的，承办人员应当制作《解除冻结犯罪嫌疑人金融财产通知书》或者《解除冻结金融财产通知书》，送执行冻结的有关金融机构、邮电部门解除冻结，返还犯罪嫌疑人或者其合法继承人。

▶ **5. 对涉案款物中的违禁品、危险品或者不宜长期保存的物品，承办人员拍照或者录像后及时按照有关规定处理**

（1）对珍贵文物、珍贵动物及其制品、珍稀植物及其制品，按照国家有关规定移送主管机关；

（2）对毒品、淫秽物品等违禁品，及时移送有关主管机关，或者根据办案需要严格封存，不得使用或者扩散；

（3）对爆炸性、易燃性、放射性、毒害性、腐蚀性等危险品，及时移送有关部门或者根据办案需要委托有关主管机关妥善保管；

（4）对易损毁、灭失、变质以及其他不宜长期保存的物品，可以经检察长批准后及时委托有关部门拍卖、变卖。

▶ **6. 向其他机关移送案件时对涉案财物的处理**

▰» 6.1 在侦查过程中，因为改变管辖或者因撤案需要没收犯罪嫌疑人的违法所得及其他涉案财产而向其他机关移送案件的，应当将查封、扣押、冻结的涉案财物随案移送；同时对于查封、扣押的涉案财物中的违禁品、危险品，根据办案需要，应当移送有关部门的，也应当办理移送手续。

▰» 6.2 具体程序为：承办人员提出涉案财物移送的处理意见，报请检察长决定后，制作《移送查封/扣押、冻结财物、文件决定书》和《移送查封/扣押、冻结财物、文件清单》，会同涉案财物的保管部门以及受理单位共同办理涉案财物移送的手续。

▶ **7. 具体细节**

▶ 7.1 查封、扣押、冻结的财物，除依法应当返还被害人或者经查明确实与案件无关的以外，不得在诉讼程序终结之前处理。法律和有关规定另有规定的除外。

▶ 7.2 查封、扣押、冻结、保管、处理涉案财物的相关法律文书送达或者制作完成后，应当在五日内将法律文书复印件送本院案件管理部门和纪检监察部门。

▶ 7.3 扣押、冻结、保管、处理涉案财物，应当书面告知当事人或者其近亲属有权按照有关规定进行投诉。

▶ 7.4 处理查封、扣押、冻结的涉案财物，应当将相关法律文书送达当事人或者其近亲属，由当事人或者其近亲属在法律文书或者处理清单上签名或者盖章。当事人或者其近亲属不签名的，应当在处理清单上注明。处理查封、扣押、冻结的单位涉案财物，应当由单位有关负责人签名并加盖公章，单位负责人不签名的，应当在处理清单上注明。

▶ 7.5 查封、扣押、冻结的涉案财物应当依法上缴国库或者返还有关单位和个人的，如果有孳息，应当一并上缴或者返还。

▶ 7.6 对于应当返还被害人的查封、扣押、冻结财物，无人认领的，应当公告通知。公告满一年无人认领的，依法上缴国库。无人认领的涉案财物在上缴国库后有人认领，经查证属实的，人民检察院应当向政府财政部门申请退库或者返还。原物已经拍卖、变卖的，应当退回价款。

▶ 7.7 负有查封、扣押、冻结、保管、处理涉案财物权限、职责的人员岗位变动时，其所在部门应当会同本院案件管理、纪检监察、财务装备等部门对查封、扣押、冻结的有关财物进行检查并办理工作交接手续。

▶ **8. 需要说明的事项**

本操作规程仅对侦查部门在案件侦查过程中对涉案财物的处理行为做出了规范，并未涉及公诉部门在对职务犯罪案件决定不起诉以及案件判决后对涉案财物的处理行为。对于公诉部门依职权对职务犯罪案件的涉案财物进行处理时，需要侦查部门配合的，侦查部门应当积极提供协助。

二、提请没收犯罪嫌疑人逃匿、死亡案件违法所得操作规程

【定义】提请没收犯罪嫌疑人逃匿、死亡案件违法所得，是指对于贪污贿赂犯罪案件，犯罪嫌疑人逃匿，在通缉一年后不能到案，或者犯罪嫌疑人死亡，依照刑法规定应当追缴其违法所得及其他涉案财产的，职务犯罪侦查部门应启动违法所得没收程序进行调查，写出没收违法所得意见书，连同案件材料一并移送有管辖权的人民检察院侦查部门，并由有管辖权的人民检察院侦查部门移送本院公诉部门办理的程序。

▶ **1. 提请没收犯罪嫌疑人逃匿、死亡案件违法所得流程**

提请没收犯罪嫌疑人逃匿、死亡案件违法所得流程图

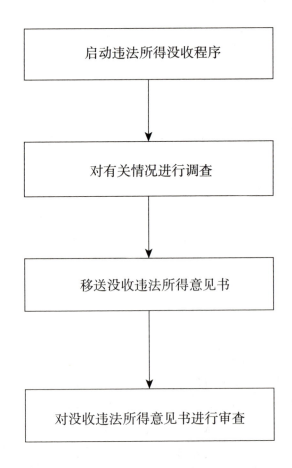

▶ 2. 违法所得没收程序适用范围

▶▷ 2.1 违法所得没收程序,主要适用两种类型:

(1)犯罪嫌疑人逃匿后,在通缉一年后不能到案,应当启动违法所得没收程序进行调查;

(2)犯罪嫌疑人死亡而撤销案件后启动违法所得没收程序。

▶▷ 2.2 违法所得没收程序,适用条件包括:

(1)重大职务犯罪案件;

(2)犯罪嫌疑人、被告人逃匿超过一年不到案或死亡;

(3)没收犯罪嫌疑人、被告人违法所得及其他涉案财产,应当与涉嫌的犯罪事实有直接关系。

▶ 3. 对有关情况进行调查

▶▷ 3.1 调查内容

▶▷▷ 3.1.1 调查犯罪嫌疑人涉嫌的犯罪事实,包括犯罪的主要情况,是否是犯罪嫌疑人所为,涉嫌的罪名是否属于贪污贿赂犯罪等。

▶▷▷ 3.1.2 调查犯罪嫌疑人逃匿、被通缉或者死亡的情况,包括犯罪嫌疑人如何逃匿,逃匿后检察机关有没有及时进行通缉,通缉是否满一年,犯罪嫌疑人因何原因死亡等。

▶▷▷ 3.1.3 调查犯罪嫌疑人的违法所得及其他涉案财产的情况,对违法所得及其他涉案财产的调查应当全面、细致,便于公诉部门对是否应当没收作出判断。

▶▷ 3.2 调查方法

▶▷▷ 3.2.1 侦查部门在调查过程中,可以对犯罪嫌疑人的违法所得及其他财产予以查封、扣押、查询、冻结,防止赃款、赃物被转移,挽回和减少损失。

▶▷▷ 3.2.2 通过犯罪嫌疑人、被告人的家属、亲友以及关系密切的人追缴涉案的违法所得财物。

▶ 4. 没收违法所得适用程序

▶▷ 4.1 侦查办案人员认为需要对犯罪嫌疑人、被告人违法所得及其他涉案财产予以没收的,应及时向公诉部门提出申请,移送没收违法所得意见书及证明违法所得的相关案件材料。

▶▷ 4.2 侦查部门写出没收违法所得意见书,报请部门正职、分管副检察长审批后,连同案卷材料一并移送至有管辖权的人民检察院,经该院案件管理部门移送公诉部门审查处理。

▶ 4.3 侦查部门移送公诉部门前，应当查明需要没收违法所得的有关信息和证据，移送之后，如公诉部门要求查明有关情况，应及时进行核实或作出相应的说明。

▶ 5. 操作禁忌

▶ 5.1 侦查机关对已采取查封、扣押、冻结等侦查措施的，不得解除查封、扣押、冻结等措施，静待有管辖权的人民法院作出裁决后依规定处理。

▶ 5.2 在人民法院作出裁决之前，犯罪嫌疑人、被告人投案自首或自动归案的，应及时通知公诉部门和审理的人民法院，终止违法所得没收程序。

▶ 5.3 在调查过程中，只应对犯罪嫌疑人、被告人涉案的违法所得采取强制措施，不得针对其家属、近亲属或第三人的财产，并不得任意处理已被查封、扣押、冻结的违法所得。

▶ 5.4 切忌就赃追赃，要将对赃款及与赃款购买的物品一并追缴，并将缉捕与查明违法所得结合起来，以获取破案、追赃的双重效果。

附录一：《侦查终结报告》格式

××××人民检察院
侦查终结报告

××检××侦终〔××××〕×号

犯罪嫌疑人×××（犯罪嫌疑人姓名，性别，出生年月日，身份证号码，出生地，民族，文化程度，职业或工作单位及职务，职级，作案时在何单位任何职务），政治面貌（如是人大代表、政协委员，一并写明具体级、届代表、委员及代表、委员号），现住址，犯罪嫌疑人工作简历及前科情况。案件有多名犯罪嫌疑人的，应按涉嫌犯罪情节轻重逐一写明。

犯罪嫌疑人×××涉嫌××犯罪一案……（写明案由和案件来源，案件来源具体为自首、单位或公民举报、上级交办、有关部门移送、本院其他部门移送以及办案中发现等。具体写明强制措施的决定和执行机关、执行时间、种类、变更情况及延长、重新计算侦查羁押期限的情况等）

犯罪嫌疑人×××涉嫌××犯罪一案，现已侦查终结。

经依法侦查查明：……（详细叙写检察机关侦查认定的犯罪事实，包括犯罪时间、地点、经过、手段、目的、动机、危害后果等与定罪量刑有关的事实要素。应当根据具体案件情况，围绕《中华人民共和国刑法》规定的该罪构成要件，特别是犯罪特征具体叙写）（对于只有一个犯罪嫌疑人的案件，犯罪嫌疑人实施多次犯罪的犯罪事实应先作概括描述，然后逐一列举；同时触犯数个罪名的犯罪嫌疑人的犯罪事实应该按照主次顺序分类列举。对于共同犯罪的案件，写明犯罪嫌疑人的共同犯罪事实及各自在共同犯罪中的地位和作用后，按照犯罪嫌疑人的主次顺序，分别叙明各个犯罪嫌疑人的单独犯罪事实）

认定上述事实的证据如下：

……（针对上述每一笔或者相关联的系列犯罪事实，分列相关证据）

上述犯罪事实清楚、证据确实、充分，足以认定（对于建议撤销的案件，不写此段）。

犯罪嫌疑人×××（具体写明是否是立功、自首等影响量型的从重、从轻、减轻等法定情节或者酌定情节）。

综上所述，犯罪嫌疑人×××……（根据《中华人民共和国刑法》规定的犯罪构成要件简要描述某一个罪名的罪状、如属数罪，应当分别描述）其行为已触犯《中华人民共和国刑法》第×条之规定，涉嫌××犯罪。依照《中华人民共和国刑事诉讼法》第×条和《人民检察院刑事诉讼规则》第×条的规定，建议移送审查起诉（不起诉）。

（对于建议撤销的案件，应当参照《拟撤销案件决定书》的格式叙写案件事实、撤案理由及法律依据等）

需要说明的问题：

律师对于本案的意见……（对于律师意见进行简要介绍以及说明是否予以采纳的理由等）（对扣押款物、办案中发现的个人或单位违法违纪问题、发现的案件线索以及其他与本案有关应当在案件侦查终结时一并处理的问题提出

处理建议或进行说明）

当否，请领导批示。

承办人：×××

××年×月×日

附录二：《起诉意见书》格式

××××人民检察院
起诉意见书

××检××移诉〔××××〕×号

犯罪嫌疑人×××……〔犯罪嫌疑人姓名，性别，出生年月日，身份证号码，出生地，民族，文化程度，职业或工作单位及职务（作案时在何单位任何种职务），政治面貌（如是人大代表、政协委员，一并写明具体级、届代表、委员及代表、委员号），现住址，犯罪嫌疑人简历及前科情况；案件有多名犯罪犯罪嫌疑人的，应逐一写明。〕

犯罪嫌疑人×××（姓名）涉嫌××（罪名）一案……（写明案由和案件来源，具体为单位或者公民举报、上级交办、有关部门移送、本院其他部门移交以及办案中发现等。简要写明案件侦查过程中的各个法律程序开始的时间，如初查、立案、侦查终结的时间。具体写明采取的强制措施种类、采取的时间、强制措施变更情况及延长侦查羁押期限的情况等）

犯罪嫌疑人×××（姓名）涉嫌××（罪名）一案，现已侦查终结。

经依法侦查查明：……（概括叙写检察机关侦查认定的犯罪事实，包括犯罪时间、地点、经过、手段、目的、动机、危害后果等与定罪有关的事实要素。应当根据具体案件情况；围绕《中华人民共和国刑法》规定的该罪构成要件，特别是犯罪特征，简明扼要叙写。）

（对于只有一个犯罪嫌疑人的案件，犯罪嫌疑人实施多次犯罪的犯罪事实应逐一列举；同时触犯数个罪名的犯罪嫌疑人的犯罪事实应该按照主次顺序分类列举。对于共同犯罪的案件，写明犯罪嫌疑人的共同犯罪事实及各自在共同犯罪中的地位和作用后，按照犯罪嫌疑人的主次顺序，分别叙明各个犯罪嫌疑人的单独犯罪事实）

认定上述事实的证据如下：

……（针对上述犯罪事实，以符合犯罪构成的事实为单位，分列相关证据并标明各证据所证明的对象和证明力）

上述犯罪事实清楚，证据确实、充分，足以认定。

犯罪嫌疑人×××（姓名）……（具体写明是否有立功、自首等影响量刑的从重、从轻、减轻等犯罪情节）

综上所述，犯罪嫌疑人×××（姓名）……（根据犯罪构成简要说明罪状）其行为已触犯《中华人民共和国刑法》第×条的规定，涉嫌××犯罪。依照《中华人民共和国刑事诉讼法》第×条、《人民检察院刑事诉讼规则》第×条的规定，移送审查起诉。扣押的款物随案移送。

此致
审查起诉部门

侦查部门（印）

××年×月×日

附：

1. 随案移送案件材料、证据；

2. 犯罪嫌疑人现在处所；

3. 扣押物品、文件清单×份附后。

（附注根据需要填写）

第九章 保障诉讼参与人诉讼权利操作规程

第一节 保障犯罪嫌疑人诉讼权利类操作规程

一、告知传唤原因及处所操作规程

▶ **1. 告知传唤原因及处所流程**

告知传唤原因及处所流程图

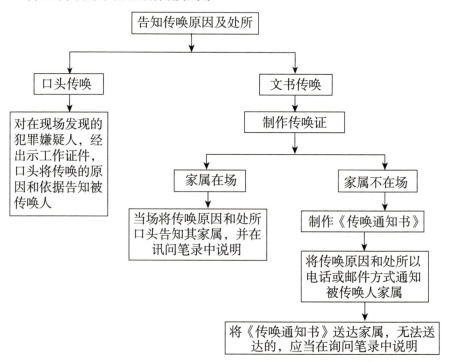

▶ 2. 告知传唤的程序要求

▶ 2.1 传唤应由侦查部门的侦查人员依程序报请批准后执行。

▶ 2.2 传唤的对象，以犯罪嫌疑人或虽未立案，但可能涉嫌犯罪嫌疑人罪，需要立案侦查或与已办案件有关的涉案人员。

▶ 2.3 传唤时，应在文书中告知有关传唤的法律依据、传唤的原因、传唤的时间和不接受传唤的后果等事项。

▶ 2.4 传唤应采取书面形式，但在现场发现的犯罪嫌疑人，经出示工作证件，可以口头传唤。

▶ 3. 传唤操作流程

▶ 3.1 传唤犯罪嫌疑人之前，应仔细制作好《传唤证》，《传唤证》以人次为单位制作，制作时应将传唤案由、时间、地点等内容填写清楚，以便告知，并报分管领导审批后加盖院印。

▶ 3.2 传唤犯罪嫌疑人，应先出示《传唤证》和侦查人员工作证件，并告知其仔细阅读《传唤证》的内容，确认无误后，责令犯罪嫌疑人在《传唤证》上签名、捺指印，拒绝签名或捺指印的，应当在文书上注明。

▶ 3.3 对在现场发现的犯罪嫌疑人，经出示工作证件，可以口头传唤，并将传唤的案由、时间、地点以及依据的法律规定告知被传唤人。在讯问笔录中，应当注明犯罪嫌疑人到案经过，到案时间和传唤结案时间。

▶ 3.4 传唤犯罪嫌疑人时，其家属在场的，应当当场将传唤的原因和处所口头告知其家属，并在讯问笔录中注明。其家属不在场的，侦查人员应当及时将传唤的原因和处所以电话或邮件等方式通知被传唤人家属，并制作《传唤通知书》送达家属。无法通知的，应当在讯问笔录中注明。

▶ 3.5 告知原因及处所应当依法表明身份，告知用语应当合法、规范，称谓严肃。

二、告知有权委托辩护人、申请法律援助操作规程

▶ **1.** 告知有权委托辩护人、申请法律援助流程

告知有权委托辩护人、申请法律援助流程图

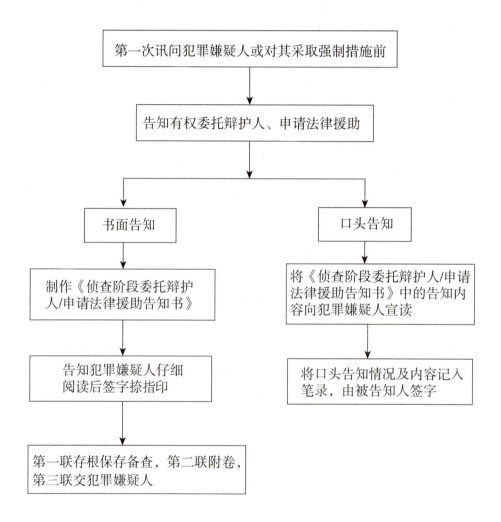

▶ **2. 告知有权委托辩护、申请法律援助操作要求**

▶ 2.1 人民检察院侦查部门在第一次开始讯问犯罪嫌疑人或者对其采取强制措施的时候，应当告知犯罪嫌疑人有权委托辩护人，并告知其如果经济困难或者其他原因没有聘请辩护人的，可以申请法律援助。对于属于《刑事诉讼法》第三十四条规定情形的，应当告知犯罪嫌疑人有权获得法律援助。

▶ 2.2 在履行告知事项时，一般应明确告知犯罪嫌疑人：在侦查期间，犯罪嫌疑人只能委托律师作为辩护人。

▶ 2.3 人民检察院收到在押或者被指定居所监视居住的犯罪嫌疑人提出的法律援助申请，应当在三日以内将其申请材料转交法律援助机构，并通知犯罪嫌疑人的监护人、近亲属或者其委托的其他人员协助提供有关证件、证明等相关材料。

▶ 2.4 对于犯罪嫌疑人是盲、聋、哑人或者是尚未完全丧失辨认或者控制自己行为能力的精神病人，或者可能被判处无期徒刑、死刑，没有委托辩护人的，应当告知犯罪嫌疑人有权获得法律援助，并及时书面通知法律援助机构指派律师为其提供辩护。

▶ **3. 告知有权委托辩护、申请法律援助操作程序**

▶ 3.1 案件承办人履行告知事项前，应当制作《侦查阶段委托辩护人/申请法律援助告知书》，报请领导审批，并加盖院章。

▶ 3.2 书面告知时，应告知犯罪嫌疑人仔细阅读《侦查阶段委托辩护人/申请法律援助告知书》，并签字捺手印；口头告知时，应向犯罪嫌疑人宣读告知内容和注意事项，并将告知情况及内容记入笔录。

▶ 3.3 书面告知的，将告《侦查阶段委托辩护人/申请法律援助告知书》第三联交犯罪嫌疑人，第一联存根备查，第二联附卷。

三、许可辩护律师同在押、被监视居住的犯罪嫌疑人会见、通信操作规程

▶ **1. 许可辩护律师同在押、被监视居住的犯罪嫌疑人会见、通信流程**

许可辩护律师同在押、被监视居住的犯罪嫌疑人会见、通信流程图

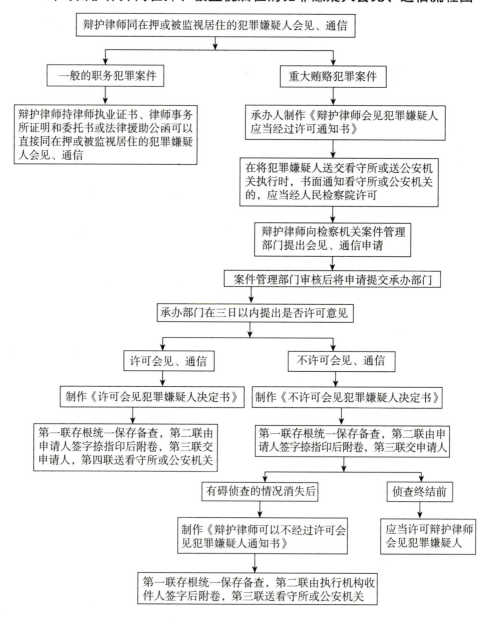

▶ **2. 许可辩护律师同在押、被监视居住的犯罪嫌疑人会见、通信操作要求**

▶ 2.1 辩护律师可以同在押的犯罪嫌疑人会见和通信。对于一般的职务犯罪案件，辩护律师可以直接同在押或者被监视居住的犯罪嫌疑人会见和通信；对于特别重大贿赂犯罪案件，在侦查期间辩护律师同在押或者被监视居住的犯罪嫌疑人会见和通信，应当经人民检察院许可，并事先通知看守所或公安机关。

▶ 2.2 对于特别重大贿赂犯罪案件，人民检察院在侦查终结前应当许可辩护律师会见犯罪嫌疑人。对于特别重大贿赂犯罪案件，犯罪嫌疑人被羁押或者被监视居住的，人民检察院侦查部门应当制作《辩护律师会见犯罪嫌疑人应当经过许可通知书》，并报分管领导审核盖印。

▶ 2.3 人民检察院办理特别重大贿赂犯罪案件，在有碍侦查的情况消失后，应当制作《辩护律师可以不经过许可会见犯罪嫌疑人通知书》通知看守所或者执行监视居住的公安机关，辩护律师可以不经许可会见犯罪嫌疑人。

▶ **3. 许可辩护律师同在押、被监视居住的犯罪嫌疑人会见、通信操作程序**

▶ 3.1 在将犯罪嫌疑人送交看守所或者送公安机关执行时书面通知看守所或公安机关，告知看守所或公安机关在侦查期间辩护律师会见犯罪嫌疑人的，应当经人民检察院许可。

▶ 3.2 对于特别重大贿赂犯罪案件，辩护律师在侦查期间提出会见在押或者被监视居住的犯罪嫌疑人的，人民检察院侦查部门应当提出是否许可的意见，在三日以内报检察长决定并答复辩护律师。

▶ 3.3 侦查部门应当制作《许可会见犯罪嫌疑人决定书》交申请人以及看守所或者执行监视居住的公安机关；如不允许会见，侦查部门应当制作《不许可会见犯罪嫌疑人决定书》交申请人。

▶ 3.4 如许可律师以外的辩护人同在押或者被监视居住的犯罪嫌疑人通信的，可以要求看守所或者公安机关将书信送交人民检察院进行检查。

四、接待辩护律师了解涉嫌罪名和案件有关情况操作规程

▶ **1.** 接待辩护律师了解涉嫌罪名和案件有关情况流程

接待辩护律师了解涉嫌罪名和案件有关情况流程图

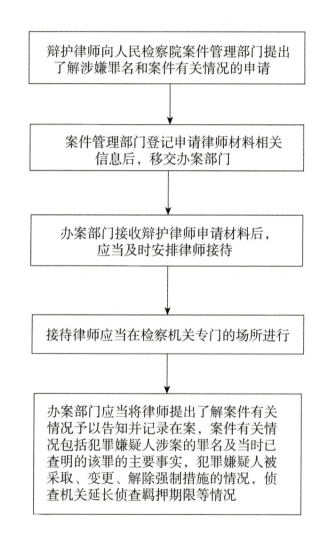

辩护律师向人民检察院案件管理部门提出了解涉嫌罪名和案件有关情况的申请

案件管理部门登记申请律师材料相关信息后，移交办案部门

办案部门接收辩护律师申请材料后，应当及时安排律师接待

接待律师应当在检察机关专门的场所进行

办案部门应当将律师提出了解案件有关情况予以告知并记录在案，案件有关情况包括犯罪嫌疑人涉案的罪名及当时已查明的该罪的主要事实，犯罪嫌疑人被采取、变更、解除强制措施的情况，侦查机关延长侦查羁押期限等情况

▶ **2. 接待辩护律师了解涉嫌罪名和案件有关情况具体细节**

▶ 2.1 人民检察院案件管理部门统一负责辩护律师的接待、查询、联系工作。

▶ 2.2 辩护律师需要向人民检察院侦查部门了解涉嫌罪名和案件有关情况，应向人民检察院案件管理部门提出申请。人民检察院案件管理部门对办理业务的辩护律师，应当查验其律师执业证书、律师事务所证明和授权委托书或者法律援助公函。查验合格后，案件管理部门应当及时登记辩护人的相关信息，并将有关情况和材料及时通知、移交相关办案部门。办案部门接待律师应当在检察机关专门的场所进行。

▶ 2.3 办案部门收到辩护律师的申请以及案件管理部门的审查材料后，应当将犯罪嫌疑人涉嫌的罪名以及当时已查明的该罪的主要事实，犯罪嫌疑人被采取、变更、解除强制措施，侦查机关延长侦查羁押期限等案件有关情况，告知接受委托或者指派的辩护律师，并记录在案。

五、告知报请逮捕操作规程

▶ **1. 告知报请逮捕流程**

告知报请逮捕流程图

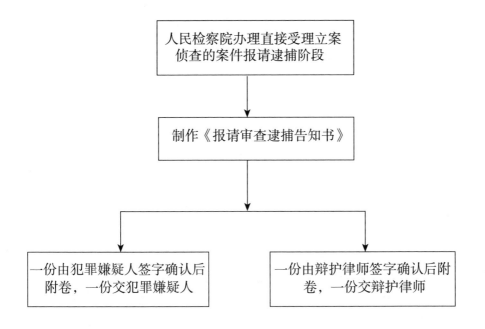

人民检察院办理直接受理立案
侦查的案件报请逮捕阶段

↓

制作《报请审查逮捕告知书》

↓

一份由犯罪嫌疑人签字确认后
附卷，一份交犯罪嫌疑人　　　　　一份由辩护律师签字确认后附
卷，一份交辩护律师

► 2. 告知逮捕注意事项

►▷ 2.1 人民检察院办理直接受理立案侦查的案件报请审查逮捕时，应当将报请审查逮捕的情况告知犯罪嫌疑人。

►▷ 2.2 侦查部门需制作《报请审查逮捕告知书》一式两份，并报请分管领导同意加盖院章。

►▷ 2.3 将报请情况书面告知犯罪嫌疑人及其辩护律师。将《报请审查逮捕告知书》一份交犯罪嫌疑人及其辩护律师；一份由犯罪嫌疑人及其辩护律师签字确认后附卷。

►▷ 2.4 书面送达时需将报请审查逮捕情况告知犯罪嫌疑人以及辩护律师。

六、许可辩护律师收集与案件有关材料操作规程

▶ **1. 许可辩护律师收集与案件有关材料流程**

许可辩护律师收集与案件有关材料流程图

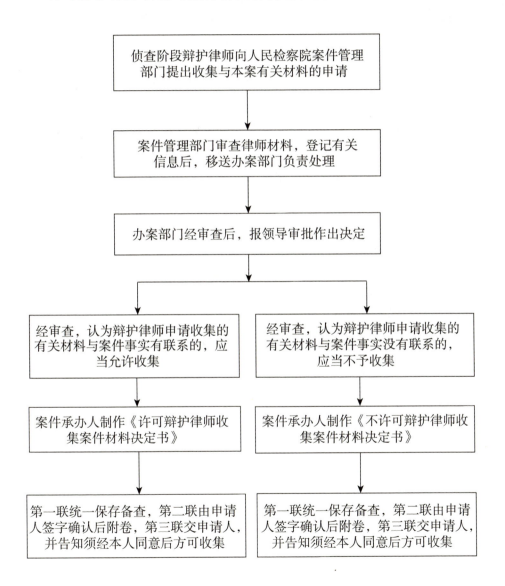

▶ **2. 许可辩护律师收集与案件有关材料操作流程**

▶▶ 2.1 受委托的辩护律师根据案情的需要，可以申请人民检察院收集案件有关材料。

▶▶ 2.2 人民检察院案件管理部门收到律师提出收集案件有关材料的申请，应先审查登记辩护律师的相关证件以及资料，审查合格后移交给办案部门。

▶▶ 2.3 办案部门收到申请材料，应先经审查后报分管领导审批。

▶▶ 2.4 经审查，认为辩护律师申请收集案件有关材料与案件事实有联系的，应当允许收集。办案部门需制作《许可辩护律师收集案件材料决定书》，加盖院印交辩护律师，并告知收集材料须经被害人或其近亲属、被害人提供的证人同意。

▶▶ 2.5 经审查，认为辩护律师申请收集案件有关材料与案件事实没有联系的，应当决定不予收集。办案部门需制作《不许可辩护律师收集案件材料决定书》，加盖院印交辩护律师并说明理由。

▶ **3. 操作禁忌**

▶▶ 3.1 许可辩护律师收集与案件有关的材料，限于具有律师身份的人，且系中国律师。

▶▶ 3.2 发现辩护人有帮助犯罪嫌疑人、被告人隐匿、毁灭、伪造证据或者串供，或者威胁、引诱证人作伪证以及其他干扰司法机关诉讼活动的行为，可能涉嫌犯罪的，全部涉嫌的犯罪属于人民检察院管辖的，应当报请上级人民检察院立案侦查或者由上级人民检察院指定其他人民检察院立案侦查。不得自行立案侦查。

七、处理变更、解除强制措施申请操作规程

▶ **1. 处理变更、解除强制措施申请流程**

处理变更、解除强制措施申请流程图

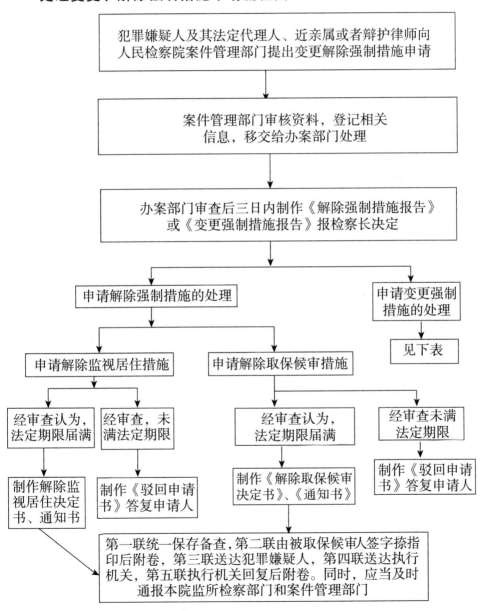

▶ **2. 处理变更、解除强制措施具体细节**

▶▶ 2.1 犯罪嫌疑人及其法定代理人、近亲属或者辩护律师认为人民检察院采取强制措施法定期限届满，可以向人民检察院提出要求解除强制措施的申请。

▶▶ 2.2 人民检察院案件管理部门接到申请后，应当及时登记相关信息，并将有关情况和材料及时通知、移交相关办案部门。

▶▶ 2.3 提出解除强制措施申请的，由侦查部门审查后，制作《解除强制措施报告》报请检察长决定。

▶▶ 2.3.1 侦查部门应当在收到申请后三日以内作出决定。

▶▶ 2.3.2 经审查，认为法定期限届满的，应当决定解除强制措施，并制作相应解除强制措施决定书、通知书告知犯罪嫌疑人、保证人以及通知公安机关执行；认为未满法定期限的，书面答复申请人。

▶▶ 2.3.3 对于被羁押的犯罪嫌疑人解除强制措施的，侦查部门应当及时通报本院刑事执行检察部门和案件管理部门。

▶▶ 2.4 提出变更强制措施申请的，由侦查部门审查后，制作《变更强制措施报告》报请检察长决定。

▶▶ 2.4.1 犯罪嫌疑人及其法定代理人、近亲属或者辩护人提出变更强制措施申请的，应当说明理由，有证据和其他材料的，应当附上相关材料，没有说明理由以及附相关材料的，侦查部门不予审查。

▶▶ 2.4.2 人民检察院侦查部门应当在收到申请后三日内作出决定。

▶▶ 2.4.3 经审查同意变更强制措施的，侦查部门应当制作相应的强制措施决定书、通知书，告知犯罪嫌疑人、保证人以及通知公安机关执行；不同意变更强制措施的，应当书面告知申请人，并说明不同意的理由。

▶▶ 2.4.4 对于被羁押的犯罪嫌疑人变更强制措施的，侦查部门应当及时通报本院刑事执行检察部门和案件管理部门。

▶▶ 2.5 取保候审变更为监视居住，或者取保候审、监视居住变更为拘留、逮捕的，在变更的同时原强制措施自动解除，人民检察院侦查部门不再办理解除法律手续。

八、告知移送审查起诉操作规程

▶ **1.** 告知移送审查起诉流程

告知移送审查起诉流程图

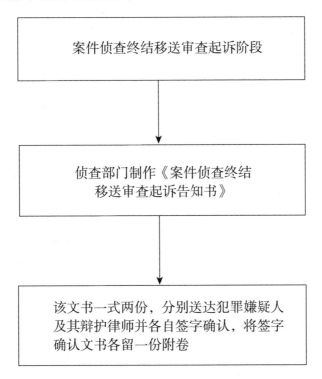

▶ **2.** 案件侦查终结移送审查起诉时，侦查部门承办人应当制作《案件侦查终结移送审查起诉告知书》一式两份，报分管领导审批同意后加盖院章

▶ **3.** 将《案件侦查终结移送审查起诉告知书》一份交犯罪嫌疑人及其辩护律师；一份由犯罪嫌疑人及其辩护律师签字确认后附卷

▶ **4.** 书面送达时需将移送审查起诉基本情况告知犯罪嫌疑人以及辩护律师

第二节 保障被害人、证人、鉴定人诉讼权利类操作规程

一、保障被害人诉讼权利操作规程

▶ 1. 保障被害人诉讼权利流程

保障被害人诉讼权利流程图

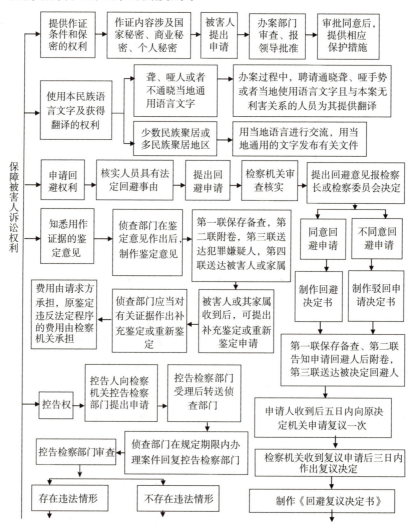

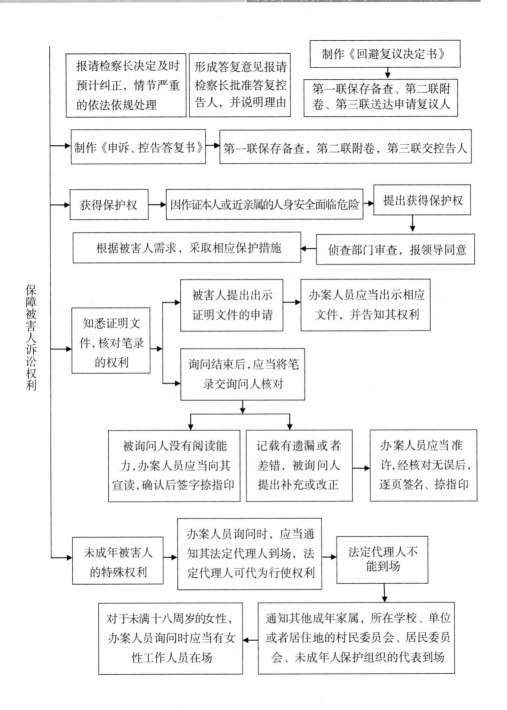

▶ 2. 保障被害人要求提供作证条件和保密的权利

▶ 2.1 如果被害人的作证内容涉及国家秘密、商业秘密、个人隐私，被害人有权要求保密。

▶ 2.2 检察机关应当保证被害人有客观充分地提供证据的条件，并为其保守秘密。

▶ 2.2.1 被害人提出要求提供作证条件和保密的申请后，检察机关侦查部门应当对被害人提出的要求进行初步审查，然后报请领导批准后为被害人提供作证条件和保密。

▶ 2.2.2 侦查部门可以为被害人作证时提供相应的保密场所以及渠道。

▶ 3. 保障被害人使用本民族语言文字及获得翻译的权利

▶ 3.1 对于聋、哑人或者不通晓当地通用的语言文字的被害人，检察机关应当为其聘请通晓聋、哑手势或者当地通用语言文字且与本案无利害关系的人员为其提供翻译。

▶ 3.2 在少数民族聚居或者多民族杂居的地区，应当用当地的语言进行交流，用当地通用的文字发布有关文件。

▶ 4. 保障被害人申请回避的权利

▶ 4.1 被害人或其法定代理人认为检察人员具有法定回避事由的，有权要求他们回避。

▶ 4.2 被害人或其法定代理人提出回避申请后，检察人员所在人民检察院有关工作部门对回避申请进行审查，调查核实有关情况，提出回避意见报检察长或检察委员会决定。

▶ 4.3 检察长作出是否同意检察人员回避的决定；对检察长的回避，由检察委员会作出决定并报上级人民检察院备案。检察委员会讨论检察长回避问题时，由副检察长主持会议，检察长不得参加。

▶ 4.4 对于应当回避的检察人员，本人没有自行回避，被害人或其法定代理人也没有要求其回避的，检察长或者检察委员会应当决定其回避。

▶ 4.5 对侦查人员的回避作出决定前，侦查人员不能停止对案件的侦查。

▶ 4.6 对于同意被害人或其法定代理人提出回避的申请的，检察机关应当制作《回避决定书》，加盖检察长印或院印告知申请人后，由申请人、宣告人签字确认后附卷，同时送达被决定回避人。

▶ 4.7 对于不同意被害人或其法定代理人提出回避的申请的，检察机关应当制作《驳回申请决定书》，加盖检察长印或院印送达被申请人并附卷。

▶▷ 4.8 人民检察院作出驳回申请的决定后，应当告知被害人或其法定代理人如不服本决定，被害人及其法定代理人有权在收到驳回申请回避的决定书后五日以内向原决定机关申请复议一次。

▶▷ 4.9 人民检察院收到复议申请后应当在三日之内作出复议决定，并制作《回避复议决定书》，加盖院印送达申请复议人并附卷。

▶ 5. 保障被害人知悉用作证据的鉴定意见及申请补充鉴定或者重新鉴定的权利

▶▷ 5.1 检察机关在案件办理过程中存在用作证据的鉴定意见，应当告知被害人或者法定代理人、近亲属。

▶▷ 5.2 侦查部门在鉴定意见作出后，应当制作《鉴定意见通知书》并加盖院印送达被害人或者法定代理人、近亲属，同时，由被害人或者法定代理人、近亲属签字确认后附卷。

▶▷ 5.3 对于用作证据的鉴定意见，被害人或者法定代理人、近亲属有权申请补充鉴定或者重新鉴定。

▶▷ 5.3.1 侦查部门收到补充鉴定或者重新鉴定申请后，应当对有关证据作出补充鉴定或者重新鉴定。

▶▷ 5.3.2 补充鉴定或者重新鉴定的费用由请求方承担，但原鉴定违反法定程序的，费用由人民检察院承担。

▶▷ 5.3.3 人民检察院决定重新鉴定的，应当另行指派或者聘请鉴定人。

▶ 6. 保障被害人控告权

▶▷ 6.1 对于办案人员有侵犯被害人诉讼权利和人身侮辱的行为，或者采用羁押、暴力、威胁、引诱、欺骗等非法方法收集证据的行为，被害人或者法定代理人有权提出控告。

▶▷ 6.2 控告检察部门受理后应当及时审查办理，相关侦查部门应当予以配合。人民检察院侦查部门应当在收到本院控告检察部门转送的控告事项之日起六十日以内办结；情况复杂，逾期不能办结的，报经分管检察长批准后，可适当延长办理期限，并通知控告检察部门，延长期限不得超过三十日。法律、法规另有规定的，从其规定。

▶▷ 6.3 人民检察院侦查部门应当在规定期限内办理案件，并向控告检察部门书面回复办理结果。书面回复应当具有说理性，包括以下内容：控告事项、办案的过程、认定的事实和依据、处理情况和法律依据、执法办案风险评估情况等。

▶▶ 6.4 检察机关认为本院侦查部门办理案件中存在的违法情形属实，应当报请检察长决定予以纠正，并将纠正情况告知控告人。同时，制作《申诉、控告答复书》送达控告人，由控告人签字确认后附卷。

▶▶ 6.5 检察机关认为本院侦查部门办理案件中不存在控告反映的违法行为的，应当报请检察长批准后，形成答复意见答复控告人。同时，制作《申诉、控告答复书》送达控告人，由控告人签字确认后附卷，并说明理由。

▶ 7. 保障被害人获得保护的权利

▶▶ 7.1 被害人因在诉讼中作证，本人或者近亲属的人身安全面临危险，被害人有权请求检察机关予以保护。

▶▶ 7.2 侦查部门收到被害人要求获得保护的申请后，需要进行初步审查，报请领导同意后，对被害人提出的要求，采取相应的措施对被害人或者近亲属的人身安全进行保护。

▶ 8. 保障被害人知悉证明文件、核对笔录和亲笔书写陈述的权利

▶▶ 8.1 被害人要求对其进行询问的检察机关办案人员出示证明文件的，办案人员应当出示相应的证明文件，并告知其相应的权利。

▶▶ 8.2 办案人员询问结束后，应当将询问笔录交被询问人核对。

▶▶ 8.2.1 如果被询问人没有阅读能力，办案人员应当向其宣读，宣读后经被询问人确认，在笔录上签字捺指印。

▶▶ 8.2.2 如果记载有遗漏或者差错，被询问人提出补充或改正的要求，办案人员应当准许，经核对无误后，应当在询问笔录上逐页签名、捺指印。

▶ 9. 保障未成年被害人的特殊权利

▶▶ 9.1 被害人若未满十八周岁，检察机关办案人员询问时应当通知其法定代理人到场，法定代理人可以代为行使其诉讼权利。

▶▶ 9.2 未成年被害人法定代理人无法通知不能到场的，可以通知其他成年亲属，所在学校、单位或者居住地的村民委员会、居民委员会、未成年人保护组织的代表到场。

▶▶ 9.3 被害人是未满十八周岁的女性，检察机关办案人员询问时应当有女工作人员在场。

二、保障证人诉讼权利操作规程

▶ **1. 保障证人诉讼权利流程**

保障证人诉讼权利流程图

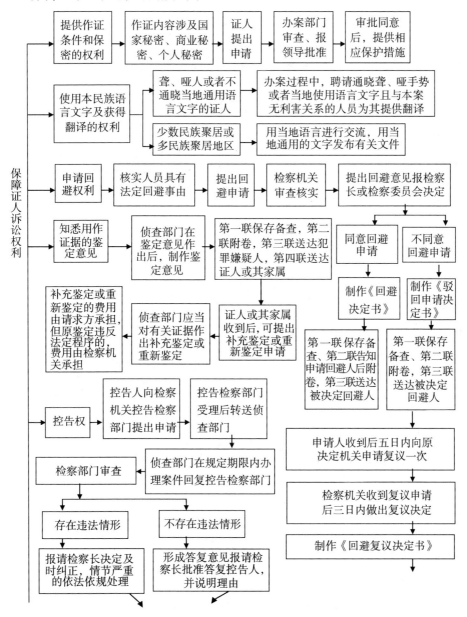

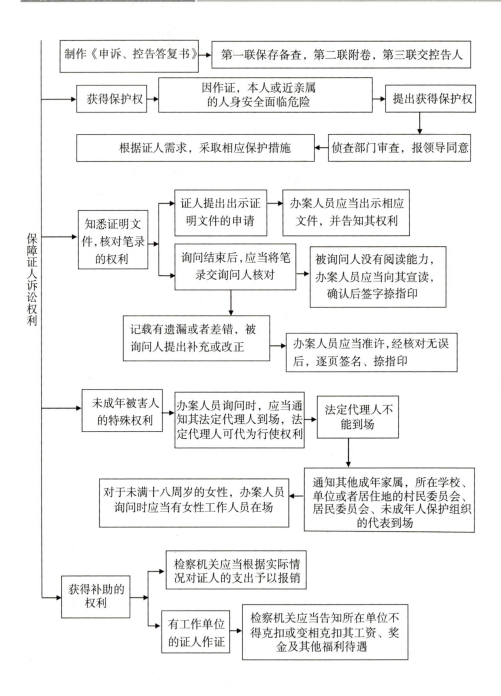

▶ 2. 保障证人用本民族的语言文字进行诉讼的权利

▶ 2.1 对于聋、哑人或者不通晓当地通用的语言文字的证人，检察机关应当为其聘请通晓聋、哑手势或者当地通用语言文字且与本案无利害关系的人员为其提供翻译。

▶ 2.2 在少数民族聚居或者多民族杂居的地区，应当用当地的语言进行交流，用当地通用的文字发布有关文件。

▶ 3. 保障证人申请回避的权利

▶ 3.1 证人认为检察人员具有法定回避事由的，有权要求他们回避。

▶ 3.2 证人提出回避申请后，检察人员所在人民检察院有关工作部门对回避申请进行审查，调查核实有关情况，提出回避意见报检察长或检察委员会决定。

▶ 3.3 检察长作出是否同意检察人员回避的决定；对检察长的回避，由检察委员会作出决定并报上级人民检察院备案。检察委员会讨论检察长回避问题时，由副检察长主持会议，检察长不得参加。

▶ 3.4 对于应当回避的检察人员，本人没有自行回避，证人也没有要求其回避的，检察长或者检察委员会应当决定其回避。

▶ 3.5 对侦查人员的回避作出决定前，侦查人员不能停止对案件的侦查。

▶ 3.6 对于证人提出回避的申请的，检察机关应当制作《回避决定书》，加盖检察长印或院印告知申请人后，由申请人、宣告人签字确认后附卷，同时送达被决定回避人。

▶ 3.7 对于不同意证人提出回避的申请的，检察机关应当制作《驳回申请决定书》，加盖检察长印或院印送达被申请人并附卷。

▶ 3.8 人民检察院作出驳回申请的决定后，应当告知证人如不服本决定，证人有权在收到驳回申请回避的决定书后五日以内向原决定机关申请复议一次。

▶ 3.9 人民检察院收到复议申请后应当在三日之内作出复议决定，并制作《回避复议决定书》，加盖院印送达申请复议人并附卷。

▶ 4. 保障未成年人证人的特殊权利

▶ 4.1 证人若未满十八周岁，检察机关办案人员询问时应当通知其法定代理人到场，法定代理人可以代为行使其诉讼权利。

▶ 4.2 未成年证人法定代理人无法通知不能到场，可以通知其他成年亲属，所在学校、单位或者居住地的村民委员会、居民委员会、未成年人保护组织的代表到场。

▶▶ 4.3 证人是未满十八周岁的女性，检察机关办案人员询问时应当有女性工作人员在场。

▶ **5. 保障证人知悉证明文件、核对笔录和书写亲笔证词的权利**

▶▶ 5.1 证人要求对其进行询问的检察机关办案人员出示证明文件的，办案人员应当出示相应的证明文件，并告知其相应的权利。

▶▶ 5.2 办案人员询问结束后，应当将询问笔录交被询问人核对。如果被询问人没有阅读能力，办案人员应当向其宣读，宣读后经被询问人确认，在笔录上签字捺指印。

三、保障鉴定人诉讼权利操作规程

▶ **1. 保障鉴定人诉讼权利流程**

保障鉴定人诉讼权利流程图

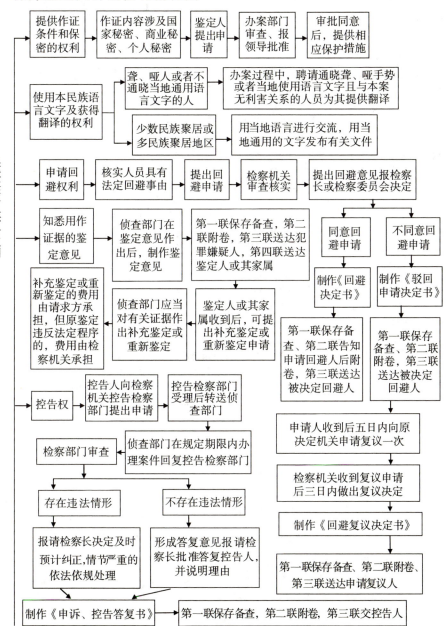

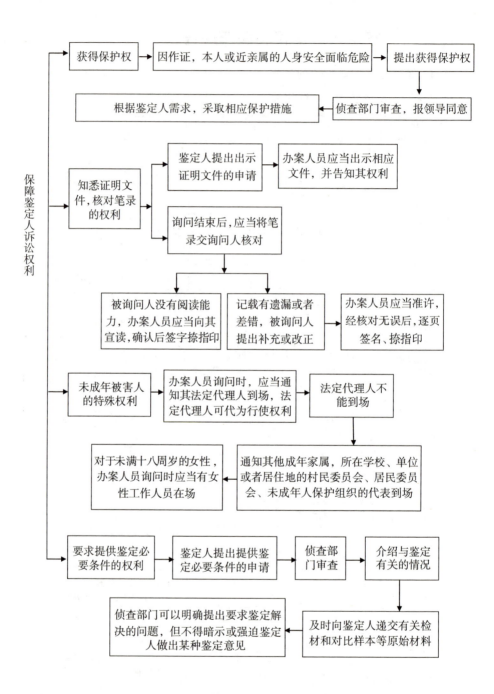

保障鉴定人诉讼权利

获得保护权 → 因作证，本人或近亲属的人身安全面临危险 → 提出获得保护权

根据鉴定人需求，采取相应保护措施 ← 侦查部门审查，报领导同意

知悉证明文件，核对笔录的权利 → 鉴定人提出出示证明文件的申请 → 办案人员应当出示相应文件，并告知其权利

询问结束后，应当将笔录交询问人核对

被询问人没有阅读能力，办案人员应当向其宣读，确认后签字捺指印

记载有遗漏或者差错，被询问人提出补充或改正 → 办案人员应当准许，经核对无误后，逐页签名、捺指印

未成年被害人的特殊权利 → 办案人员询问时，应当通知其法定代理人到场，法定代理人可代为行使权利 → 法定代理人不能到场

对于未满十八周岁的女性，办案人员询问时应当有女性工作人员在场 ← 通知其他成年家属，所在学校、单位或者居住地的村民委员会、居民委员会、未成年人保护组织的代表到场

要求提供鉴定必要条件的权利 → 鉴定人提出提供鉴定必要条件的申请 → 侦查部门审查 → 介绍与鉴定有关的情况

侦查部门可以明确提出要求鉴定解决的问题，但不得暗示或强迫鉴定人做出某种鉴定意见 ← 及时向鉴定人递交有关检材和对比样本等原始材料

▶ **2. 保障鉴定人控告权**

▶▶ 2.1 对于办案人员有侵犯鉴定人诉讼权利和人身侮辱的行为，或者采用羁押、暴力、威胁、引诱、欺骗等非法方法收集证据的行为，鉴定人有权提出控告。

▶▶ 2.2 控告检察部门受理后应当及时审查办理，相关侦查部门应当予以配合。人民检察院侦查机关应当在收到本院控告检察部门转送的控告事项之日起六十日以内办结；情况复杂，逾期不能办结的，报经分管检察长批准后，可适当延长办理期限，并通知控告检察部门，延长期限不得超过三十日。法律、法规另有规定的，从其规定。

▶▶ 2.3 人民检察院侦查机关应当在规定期限内办理案件，并向控告检察部门书面回复办理结果。书面回复应当具有说理性，包括以下内容：控告事项、办案的过程、认定的事实和依据、处理情况和法律依据、执法办案风险评估情况等。

▶▶ 2.4 检察机关认为本院侦查部门办理案件中存在的违法情形属实，应当报请检察长决定予以纠正，并将纠正情况告知控告人。同时，制作《申诉、控告答复书》送达控告人，由控告人签字确认后附卷。

▶▶ 2.5 检察机关认为本院侦查部门办理案件中不存在控告反映的违法行为的，应当报请检察长批准后，形成答复意见答复控告人。同时，制作《申诉、控告答复书》送达控告人，由控告人签字确认后附卷，并说明理由。

▶ **3. 保障鉴定人获得保护权**

▶▶ 3.1 鉴定人因在诉讼中作证，本人或者近亲属的人身安全面临危险，鉴定人有权请求检察机关予以保护。

▶▶ 3.2 侦查部门收到鉴定人要求获得保护的申请后，需要进行初步审查，报请领导同意后，对鉴定人提出的要求，采取相应的措施对鉴定人或者近亲属的人身安全进行保护。

▶ **4. 保障鉴定人知悉证明文件、核对笔录的权利**

▶▶ 4.1 鉴定人要求对其进行询问的检察机关办案人员出示证明文件的，办案人员应当出示相应的证明文件，并告知其相应的权利。

▶▶ 4.2 办案人员询问结束后，应当将询问笔录交被询问人核对。

▶▶ 4.2.1 如果被询问人没有阅读能力，办案人员应当向其宣读，宣读后经被询问人确认，在笔录上签字捺指印。

▶▶ 4.2.2 如果记载有遗漏或者差错，被询问人提出补充或改正的要求，办案人员应当准许，经核对无误后，应当在询问笔录上逐页签名、捺指印。

▶ **5. 保障鉴定人要求提供鉴定必要条件的权利**

▶ 5.1 人民检察院应当为鉴定人进行鉴定提供必要条件，及时向鉴定人送交有关检材和对比样本等原始材料，介绍与鉴定有关的情况。

▶ 5.2 侦查部门需明确提出要求鉴定解决的问题，不得暗示或者强迫鉴定人作出某种鉴定意见。

第十章　侦查指挥操作规程

第一节　侦查一体化操作规程

【定义】职务犯罪侦查一体化是指在人民检察院职务犯罪大要案侦查指挥中心（以下简称侦查指挥中心）统一组织指挥下，各级检察机关职务犯罪侦查部门组成有机整体，对侦查力量、情报信息、技术装备实行统一调度使用，对重大复杂案件、重要侦查活动实行统一组织指挥，形成纵向指挥有力、横向协作紧密、运转高效有序的办案机制。

一、侦查一体化指挥操作规程

【定义】职务犯罪侦查一体化指挥是指检察机关在现行法律框架内，建立以上级人民检察院为龙头，以基层人民检察院为支点，以侦查指挥中心为组织形式，以提办、交办、督办和参办案为办案方式，统一组织开展职务犯罪侦查活动的工作机制。

▶ **1. 侦查一体化指挥工作流程**

侦查一体化指挥工作流程图

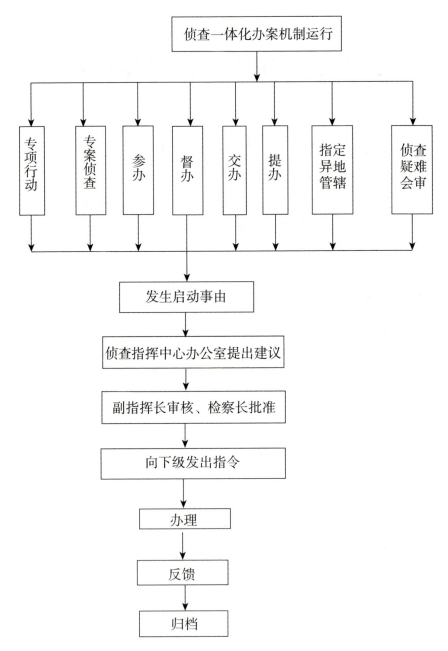

▶ 2. 侦查一体化指挥工作的目的

实施侦查一体化,在现行法律、检察体制的框架下建立侦查一体化机制,实现各种侦查资源共享,形成上下一体、左右协作、信息畅通的侦查协作网络,建立以省人民检察院为主导、市级人民检察院为主体、县(市、区)人民检察院为基础的侦查指挥办案格局,增强职务犯罪侦查合力。

▶ 3. 侦查一体化指挥工作的组织机构

▶▶ 3.1 省级、市级两级人民检察院分别设立职务犯罪大案要案侦查指挥中心。侦查指挥中心是在检察长的领导下,代表本级人民检察院对辖区内职务犯罪大案要案的查办工作进行统一组织、指挥和协调,实施侦查一体化的指挥和决策的职能机构。

▶▶ 3.2 侦查指挥中心指挥长由本级人民检察院检察长担任,分管职务犯罪侦查工作的副检察长(以下简称分管副检察长)和职务犯罪侦查部门正职担任副指挥长,主管侦查指挥中心办公室工作的负责人为侦查指挥中心成员。

▶▶ 3.3 省级人民检察院、市级人民检察院和有条件的基层人民检察院要建立侦查指挥室,逐步实现全省检察机关联网形成功能完备的远程指挥系统。

▶▶ 3.4 省级、市级人民检察院侦查指挥中心应当加强侦查装备建设,合理配置本辖区内的侦查装备,要对本辖区内的侦查技术装备进行登记造册,建立技术装备分布档案。上级人民检察院可以调用下级人民检察院的侦查装备,下级人民检察院经申请批准可以借用上级人民检察院和其他人民检察院的侦查装备。

▶ 4. 侦查一体化指挥工作的程序

▶▶ 4.1 上级人民检察院侦查指挥中心在组织指挥中,原则上应逐级指挥;特殊情况下,可越级指挥。下级人民检察院对上级人民检察院的指挥命令应当执行,并应及时将执行情况报告上级人民检察院侦查指挥中心。确有特殊原因不能按要求完成的,应及时书面报告。下级人民检察院对上级人民检察院侦查指挥中心的指挥有异议的,可以在三日内申请复议,但不得停止或拒绝执行。

▶▶ 4.2 上级人民检察院侦查指挥中心实施侦查一体化办理的案件,统一组织扣押、查封、冻结,统一追缴和处理违法犯罪所得。实行统一组织指挥、谁立案谁负责实施的原则,再立案的,由再立案单位负责。启动一体化机制办理的案件,违法、犯罪所得的处理应当征得上级人民检察院侦查指挥中心同意;案件的违法犯罪所得追缴处理,在上级人民检察院侦查指挥中心统一组织指挥下进行，由该案件的立案人民检察院或承办人民检察院负责执行。

▶▶ 4.3 实施侦查一体化办案，对案件质量和办案安全实行"谁承办谁负责"的责任制度。

▶▶ 4.3.1 因上级人民检察院侦查指挥中心指挥本身过错造成案件质量和办案安全问题的，由上级人民检察院承担责任。因执行不当产生的后果由执行的人民检察院承担责任。

▶▶ 4.3.2 下级人民检察院侦查指挥中心对办理的事项应分类建立台账，并于每季度末报上级人民检察院侦查指挥中心备案，上级人民检察院侦查指挥中心应及时审查，发现违法的，于十日内发出纠正违法通知书。

▶▶ 4.4 负责组织侦查的人民检察院侦查指挥中心根据侦查一体化办案需要，可以从本级侦查人才库、辖区内各级人民检察院抽调侦查骨干调用若干下级人民检察院职务犯罪侦查部门干警。

侦查指挥中心抽调下级人民检察院干警办案应当考虑下级人民检察院职务犯罪侦查部门办案的实际情况，原则上不得越级直接抽调。

▶▶ 4.5 上级人民检察院侦查指挥中心统一组织指挥侦查的案件，实行专案专奖，既要奖励参办单位，也要奖励参与办案的人员。对办案人员进行奖励时，原则上按干警管理权限进行。

凡较长时间抽调侦查人员到上级人民检察院办案或异地办案，上级人民检察院年终考核时，应按全省或全市职务犯罪侦查干警年人均办案计分标准给该人民检察院实施加分。

▶▶ 4.6 人民检察院侦查指挥中心统一组织指挥的专项行动、专案侦查，应当有专案经费保障。省级、市级人民检察院应当在业务经费中设立交办、追逃、侦查协作专项资金，用于统一行动开支和适当补助下级人民检察院。

二、专项行动操作规程

【定义】专项行动是指上级人民检察院侦查指挥中心组织辖区内的侦查力量，针对案件易发、多发的行业、系统、部位或者职务犯罪中的共性问题，在一定时期内专门开展的集中统一侦查行动。

▶ **1. 专项行动工作流程**

专项行动工作流程图

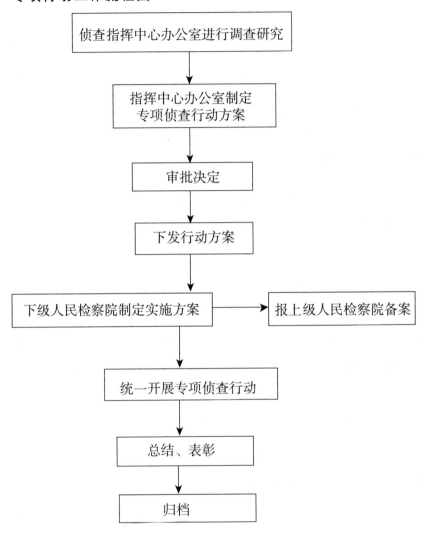

▶ **2. 专项行动的方式**

（1）根据行业性、系统性职务犯罪的特点和规律，在特定行业、系统组织开展专项侦查行动；

（2）就举报集中、举报量较大、社会反映强烈的某一类案件线索和犯罪多发、易发的部位，组织开展专项侦查行动；

（3）对个案侦查中深挖的窝案、串案，及时组织进行统一的侦查行动；

（4）统一组织开展追逃专项行动；

（5）其他需要组织专项侦查行动的。

▶ **3. 专项行动的实施**

▶ 3.1 专项行动由上级人民检察院侦查指挥中心统一组织指挥，侦查指挥中心办公室具体负责方案的制定，经检察长批准或检察委员会决定后下发下级检察机关同步开展。

▶ 3.2 上级人民检察院在部署开展专项侦查行动前，应深入调查某类犯罪、某些行业领域犯罪易发多发的主要特点、作案环节及其作案方式，或深入分析在逃职务犯罪嫌疑人的基本情况及潜逃去向；制定针对性强的专项侦查行动实施方案。

▶ 3.3 下级人民检察院应根据上级人民检察院侦查指挥中心的专项行动方案，结合本地情况因地制宜制定具体的实施办法，认真组织实施，并于五日内将实施办法报上级侦查指挥中心办公室备案，相关下级人民检察院按照职责分工开展侦查工作。

▶ 3.4 在专项侦查行动中获取的案件线索，均需及时报组织指挥的人民检察院侦查指挥中心办公室统一管理、分流。

▶ 3.5 专项行动结束后，上下级检察机关及时对专项侦查行动的开展状况、效果、主要经验与做法、存在的主要问题与教训进行认真总结；及时传递、反馈专项侦查行动的开展情况；对专项侦查行动中措施有力、效果明显的有关单位和个人通报表彰；归档。

三、专案侦查操作规程

【定义】专案侦查是指人民检察院侦查指挥中心将辖区内重大、复杂案件列为专案，调集一定规模侦查力量，形成相对固定的侦查组织（专案组），实行专案侦查活动。

▶ **1. 专案侦查工作流程**

专案侦查工作流程图

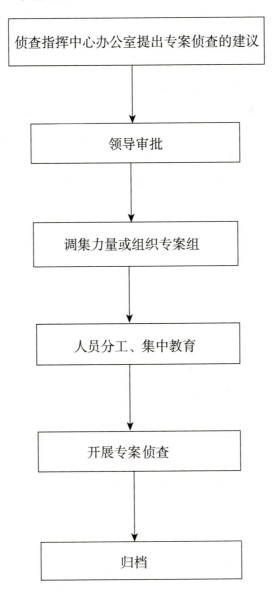

侦查指挥中心办公室提出专案侦查的建议

↓

领导审批

↓

调集力量或组织专案组

↓

人员分工、集中教育

↓

开展专案侦查

↓

归档

▶ 2. 专案侦查的适用条件

符合以下条件的案件，省级人民检察院侦查指挥中心可以组织专案侦查：

（1）贪污受贿超过一百万元或挪用公款超过一千万元的案件；渎职造成直接经济损失三百万元以上的或危害面广、人多的案件或涉黑"保护伞"案件。

（2）厅级或厅级以上干部犯罪要案；贪污受贿金额达到五十万元或挪用公款五百万元以上或渎职造成直接经济损失一百万元以上的县、处级干部犯罪要案。

（3）案情特别复杂，涉案人员多，深挖价值大，在辖区内反映特别强烈的案件；群众反映强烈的国家机关工作人员利用职权实施的重、特大侵权犯罪案件；死亡十人以上重大责任事故所涉渎职犯罪案件；引发或可能引发重大群体性事件所涉渎职犯罪案件。

▶ 3. 专案侦查的适用程序

▶ 3.1 实施专案侦查，应成立专案组织指挥机构，明确承办人民检察院具体负责案件的侦查工作，共同对案件质量和安全工作负责，并负责有关办案费用开支。

▶ 3.2 侦查指挥中心办公室提出列为专案侦查的重大复杂案件名单及理由并报经检察长批准或决定；从本级侦查人才库、辖区内各级人民检察院抽调侦查人员成立专门的办案组织即专案组或调集若干下级人民检察院的侦查力量；进行人员分工，明确责任，成立专案组的可以分为外部取证组、突审组、资料组和后勤保障组，未成立专案组的也要明确专案参与人员的不同岗位责任；对办案人员统一进行保密和安全等办案纪律教育；统一进行具体的侦查活动；专案侦查结束后及时将专案侦查情况进行归档。

▶ 3.3 专案侦查中新发现的案件线索，由组织专案侦查的人民检察院侦查指挥中心统一管理、分流。

四、参办案件操作规程

【定义】参办是指人民检察院侦查指挥中心应下级人民检察院的请求或者认为确有必要时，派员参与下级人民检察院正在办理的重大复杂案件的侦查工作。

▶ **1. 参办案件工作流程**

参办案件工作流程图

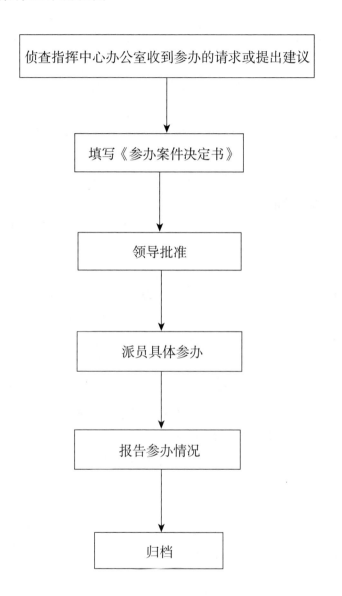

侦查指挥中心办公室收到参办的请求或提出建议

填写《参办案件决定书》

领导批准

派员具体参办

报告参办情况

归档

▶ 2. 参办案件的适用条件

有下列情形之一的，上级人民检察院侦查指挥中心可以派员参办：

（1）办案遇到阻力和干扰，需要上级人民检察院排除的；

（2）案件疑难、复杂，下级人民检察院难以独立查办，需要上级人民检察院支持的；

（3）案情复杂、侦查难度大，下级人民检察院办案力量不足，或缺乏专业技术人员的；

（4）上级人民检察院交办的案件或者与上级人民检察院管辖的案件有密切关联的；

（5）上级人民检察院侦查指挥中心认为应当参办的其他情形。

▶ 3. 参办案件的适用程序

▶ 3.1 下级人民检察院请求上级人民检察院派员参办的，应当书面报告并报送相关材料，提出参办具体案件的请求与理由，上级人民检察院侦查指挥中心办公室应当及时审查并提出意见，报副指挥长或指挥长决定。决定参办的，应当制作案件参办决定书，并根据办案需要及时派员参办。上级人民检察院侦查指挥中心参办案件，可以根据侦查工作需要，决定阶段性参办或全程参办以及参办的方式。并将解决的情况与效果报告指挥长并归档。决定不参办，应及时通知提出请求的人民检察院。

▶ 3.2 上级人民检察院派员参办的案件，案件管辖权仍属于承办该案的下级人民检察院，相关法律手续由下级人民检察院依法办理。下级人民检察院作出立案或者不立案、采取或者变更强制措施，扣押、追缴涉案款物，侦查终结等重大决定前，应当征求上级人民检察院侦查指挥中心的意见。

五、督办案件操作规程

【定义】督办是指上级人民检察院侦查指挥中心对下级人民检察院办理的重大、复杂案件、线索发函或直接派员进行督促办理。

▶ 1. 督办案件工作流程

督办案件工作流程图

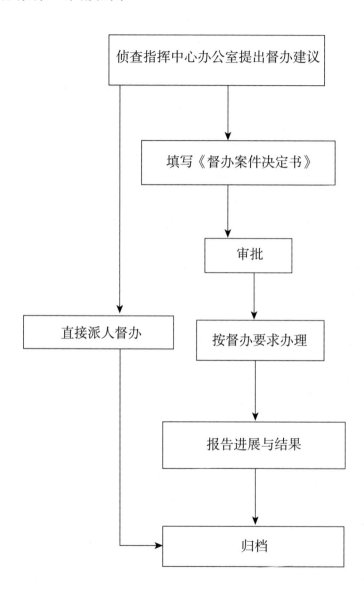

▶ **2. 督办案件的适用范围**

▶ 2.1 省人民检察院侦查指挥中心督办案件范围：

（1）县、处级以上领导干部职务犯罪案件。

（2）涉及省级以上人大代表、政协委员的有影响的职务犯罪案件。

（3）贪污受贿一百万元以上、挪用公款五百万元以上及其他涉案金额五百万元以上影响重大的职务犯罪案件；渎职造成直接经济损失二百万元以上影响重大的案件、危害群众引起强烈社会反响的案件、涉黑"保护伞"案件、国家机关工作人员利用职权实施的重大以上的侵权案件或死亡十人以上责任事故所涉渎职犯罪案件以及引发群体性事件所涉渎职犯罪案件。

（4）最高人民检察院、省级以上党委、人大等领导机关交办以及有关领导要求督办或者上报结果的案件。

（5）省人民检察院侦查指挥中心认为需要督办的其他重大、复杂或者社会影响大的案件。

▶ 2.2 市级人民检察院侦查指挥中心督办案件范围：

（1）省人民检察院侦查指挥中心交办、督办的由基层人民检察院承办的案件。

（2）涉及市级以上人大代表、政协委员的有影响的职务犯罪案件。

（3）市级党委、人大等领导机关交办及有关领导要求督办或者上报结果的案件。

（4）县（市、区）科、局、乡、镇主要负责人和公安司法工作人员职务犯罪案件。

（5）贪污贿赂十万元以上、挪用公款一百万元以上以及其他涉案金额一百万元以上的有影响的职务犯罪案件；渎职造成直接经济损失一百万元以上影响重大的案件、危害群众造成恶劣影响的案件以及国家机关工作人员利用职权实施的重大以上的侵权案件。

（6）市级人民检察院侦查指挥中心认为需要督办的其他重大、复杂或者社会影响大的案件。

▶ **3. 督办案件的形式**

督办的形式有两种：一是发函督办；二是派员督办。

▶ **4. 督办案件的适用程序**

▶ 4.1 督办由侦查指挥中心办公室提出督办案件的名单及理由的意见，报副指挥长或指挥长审定，并由办公室建立督办台账，填写督办案件通知书。

▶ 4.2 下级人民检察院收到上级人民检察院督办案件通知书后，应由专人登记编号，建立督办案件台账；下级人民检察院对督办案件应按要求及时办理，并书面报告案件的进展情况和处理结果；逾期未能办结的，应当说明原因并报告阶段性进展。

▶ 4.3 上级人民检察院侦查指挥中心应当安排专人进行督办，在督办案件中应当提出督办意见；必要时，上级人民检察院侦查指挥中心可以按照规定程序对督办案件提办、参办或者指定异地管辖。

六、交办案件操作规程

【定义】交办是指人民检察院侦查指挥中心将应由本院管辖、办理的案件、线索交由下级人民检察院办理。

▶ **1. 交办案件工作流程**

交办案件工作流程图

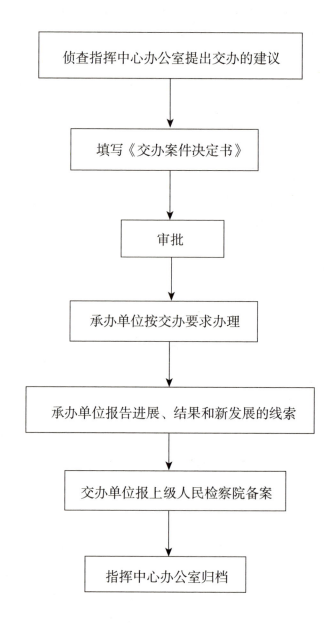

▶️ **2. 交办案件的原则**

▶▶ 2.1 人民检察院侦查指挥中心不得随意将应由本院管辖、办理的案件、线索交下级人民检察院办理，确有必要交办的，在确定交办案件、线索承办单位时应当按照以下原则办理：

(1) 属地管辖原则；

(2) 回避原则；

(3) 执法规范、办案效果好的单位优先交办原则；

(4) 有利侦查原则；

(5) 市级人民检察院管辖的县、处级实职要案，原则上不得交基层人民检察院办理，确有必要交办的，应书面报省人民检察院侦查指挥中心批准。

▶▶ 2.2 下级人民检察院对上级人民检察院侦查指挥中心交办的案件、线索，一般情况下不得再交办，确需再交办的，应当报上级人民检察院侦查指挥中心同意。

▶️ **3. 交办案件的程序**

▶▶ 3.1 交办由侦查指挥中心办公室提出意见，报副指挥长或指挥长批准。重大复杂的案件、线索应当由指挥中心办公室主任提请局务会议集体研究后，由副指挥长报指挥长批准。

▶▶ 3.2 办公室应建立交办台账，案件交办需填写《交办案件决定书》，并加盖院印章；线索交办需填写交办函，并加盖指挥中心办公室印章。

▶▶ 3.3 下级人民检察院在收到交办决定书（函）及有关材料后应确定专人办理，并应将初查、立案、采取和变更强制措施等侦查工作的重大进展情况以及办理结果及时上报；对立案、采取和变更强制措施、扣押、处理赃款赃物、侦查终结等重大事项，均要事先报告上级人民检察院侦查指挥中心同意。

▶▶ 3.4 对于交办的案件，需经过案管部门统一收送案。具体操作程序为：先由上级人民检察院案管部门统一送案送卷，再由承办案件的下级人民检察院案管部门将案件分配给本院职务犯罪侦查部门，由侦查部门内勤确定或变更承办人，受案侦查。

▶▶ 3.5 侦查指挥中心办公室应当加强对交办案件、线索的管理，确定专人负责跟踪督导。下级人民检察院未及时报告应报事项的，上级人民检察院侦查指挥中心应去电或发函督促；必要时可以按照规定程序参办、提办或者指定异地管辖。

▶▶ 3.6 省级人民检察院侦查指挥中心办公室对省人民检察院同意的市级人民检察院交基层人民检察院办理的县、处级实职要案，应确定专人负责跟踪督导，下级人民检察院应将初查、立案、采取和变更强制措施等侦查工作的重大进展情况以及办理结果及时上报。

七、提办案件操作规程

【定义】提办是指上级人民检察院侦查指挥中心将下级人民检察院正在办理的案件、线索提到本院直接侦查或初查。

▶ **1. 提办案件工作流程**

提办案件工作流程图

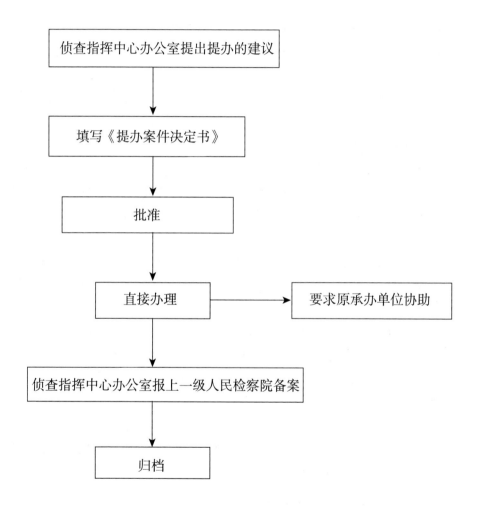

▶ **2. 提办案件的适用范围**

有下列情况之一的，上级人民检察院侦查指挥中心可以提办：

（1）下级人民检察院办案中遇到复杂情况、查处阻力大，查办确有难度的；

（2）下级人民检察院查处不力或者久拖不决的；

（3）下级人民检察院正在侦查的案件与本院管辖、办理的案件有密切关联的；

（4）案件或线索反映问题严重，可能隐藏有跨地区或涉及上级人民检察院管辖的案件等重大犯罪嫌疑的；

（5）上级人民检察院侦查指挥中心认为需要提办的其他案件或线索。

▶ **3. 提办案件的程序**

▶ 3.1 人民检察院侦查指挥中心提办，一般只提办下级人民检察院正在办理的案件、线索；特殊情况下，可以越级提办，但应当同时将提办案件决定及理由通知原办案单位的上级人民检察院。

▶ 3.2 上级人民检察院侦查指挥中心决定提办案件或线索，由侦查指挥中心办公室提出意见，报副指挥长或指挥长审定后向下级人民检察院发出提办案件决定书并加盖院印章。

▶ 3.3 下级人民检察院主动要求上级人民检察院提办的，应当将书面报告及相关材料报送上级人民检察院侦查指挥中心办公室审查，书面报告应附案件基本情况、不能直接办理的理由。上级人民检察院侦查指挥中心应将审查决定回复下级人民检察院。

▶ 3.4 下级人民检察院收到提办案件决定书后，应当在五日内向上级人民检察院侦查指挥中心移送案件或线索及相关材料，并按照上级人民检察院侦查指挥中心的要求，做好协助工作。

八、指定异地管辖操作规程

【定义】指定异地管辖是指上级人民检察院侦查指挥中心对管辖不明有争议或者情况特殊需要改变管辖的案件、线索，指定本辖区内的其他下级人民检察院管辖。

▶ **1.** 指定异地管辖工作流程

指定异地管辖工作流程图

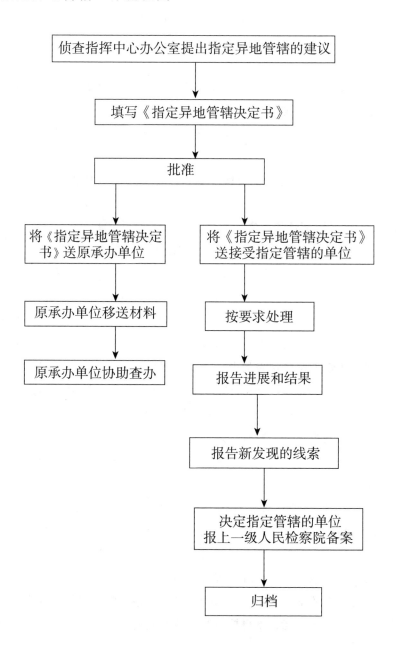

▶ 2. 指定异地管辖的适用条件

有下列情况之一的，人民检察院侦查指挥中心可以指定异地管辖：

（1）案件、线索管辖不明或有管辖争议的；

（2）有管辖权的下级人民检察院查办有困难或者查办明显不力的案件、线索；

（3）对办案中发现的或者与正在办理的案件相关联的案件、线索，下级人民检察院请求指定异地管辖的；

（4）下级人民检察院在初查或者立案侦查过程中，出现复杂情况不宜或者难以继续查办，需要改变管辖的；

（5）上级人民检察院侦查指挥中心认为需要指定异地管辖的其他案件或者线索。

▶ 3. 指定异地管辖的程序

▶▶ 3.1 上级人民检察院侦查指挥中心应按级别管辖原则指定下级人民检察院查办案件或线索；特殊情况下，可以改变级别管辖指定下级人民检察院查处案件或线索。

▶▶ 3.2 上级人民检察院侦查指挥中心指定异地管辖，一般情况下，指定下级人民检察院办理；特殊情况下可以越级指定下级人民检察院办理，但应同时通知受理案件、线索人民检察院的上级人民检察院。

▶▶ 3.3 指定异地管辖的案件或者线索由人民检察院侦查指挥中心办公室提出意见，报请副指挥长或指挥长审定。指定异地管辖应于三日内向被指定人民检察院下达指定管辖决定书，同时抄送有管辖权的人民检察院。原办理案件的人民检察院应当及时将案件的有关材料移送指定的人民检察院，并协助做好案件的查办工作。

▶▶ 3.4 上级人民检察院侦查指挥中心应当指派专人负责指定异地管辖案件、线索的跟踪督导。接受指定管辖的人民检察院应当按照上级人民检察院的要求优先办理；对立案、采取和变更强制措施、扣押、处理涉案款物、侦查终结等重要事项及时报上级人民检察院侦查指挥中心。对于侦查中发现的指定范围以外不属于本院管辖的案件线索，应当于三日内上报决定指定管辖的人民检察院侦查指挥中心，未经同意，不得擅自初查或者立案侦查。

九、侦查疑难会审操作规程

【定义】侦查疑难会审是指上级人民检察院侦查指挥中心对下级人民检察院正在初查、侦查的疑难案件，组织有侦查经验的侦查人员或者专门技术人员进行讨论研究，针对疑难问题或困难，提出解决对策的过程。

▶ **1. 侦查疑难会审工作流程**

侦查疑难会审工作流程图

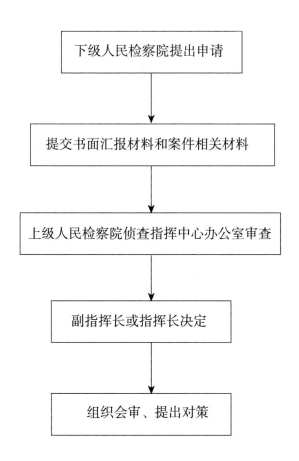

▶ 2. 侦查疑难会审的程序

▶ 2.1 侦查疑难会审由承办案件的下级人民检察院提出申请，上级人民检察院侦查指挥中心办公室审查后报副指挥长或指挥长决定。

▶ 2.2 下级人民检察院提请侦查疑难会审，应逐级进行。提请会审的人民检察院事前要做好充分准备，汇报前应提交书面汇报材料和案件相关材料。

第二节　特殊情况下侦查指挥类操作规程

一、远程视频指挥办案操作规程

【定义】远程视频指挥办案是指检察机关在办理职务犯罪案件过程中，充分利用网络科技，由侦查指挥人员实时观看侦查人员审讯、搜查、抓捕过程的视频并分析案情、集体研究、作出决策的侦查活动。

▶ **1. 远程视频指挥办案工作流程**

远程视频指挥办案工作流程图

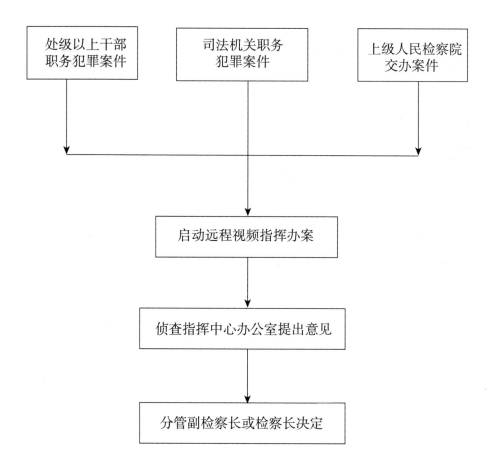

▶ **2. 远程视频指挥办案的程序**

▶ 2.1 远程视频指挥办案的启动，需由侦查指挥中心办公室提出意见，报分管副检察长或检察长决定。

▶ 2.2 对处级以上干部、司法机关人员职务犯罪案件、上级人民检察院交办案件，由分管副检察长及职务犯罪侦查部门正职进行网上视频现场指挥，作出决策。

▶ **3. 远程视频指挥办案的注意事项**

检察机关应充分利用现有的检察三级网，通过讯问全程同步录音录像系统、侦查指挥系统、检察专线网，实行网上远程指挥。省、市级人民检察院侦查指挥中心应与基层检察院侦查指挥室及院内讯问室和看守所检察专用讯问室联网，对下级人民检察院的侦查活动进行指导。

二、跨境追赃操作规程

【定义】跨境追赃是指检察机关在办理职务犯罪案件过程中，通过向外逃犯罪嫌疑人所在国或犯罪嫌疑人赃款赃物所在国提出司法协助的方式，对犯罪嫌疑人转移到境外的赃款赃物进行追缴的侦查活动。

▶ **1. 跨境追赃工作流程**

跨境追赃工作流程图

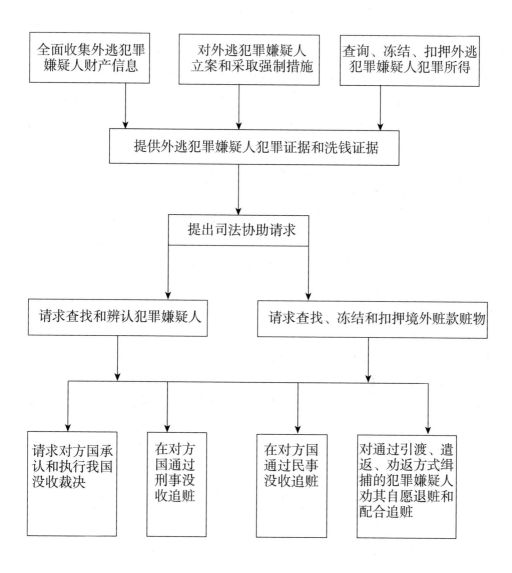

▶ 2. 跨境追赃的方式

跨境追赃的方式包括：

（1）请求对方国承认和执行我国没收裁决。

（2）在对方国通过刑事没收制度进行追赃，前提条件是要对有关财产持有人在该国提起刑事诉讼并经司法审判予以定罪，因此比较适合针对那些携款外逃的逃犯，且采用洗钱等非法手段把犯罪所得也转移到该国的情形。

（3）在对方国通过民事没收制度进行追赃。对于有证据能够证明某个财产系犯罪嫌疑人犯罪所得的情况下，可以通过对方国执法机关采取扣押、冻结等保全措施，然后经过一定期限后通过司法程序作出民事没收的裁决。特别适宜于犯罪嫌疑人或被告人逃跑、失踪、死亡等特殊情况。

▶ 3. 跨境追赃的程序

▶ 3.1 全面收集外逃犯罪嫌疑人财产信息。包括工资收入（主要用于证明其巨额财产绝大多数是其采用非法手段取得的赃款）、银行存款及交易记录（主要用于证实其非法转移财产或洗钱）、银行卡信息、证券、保险账户、房产等信息。

▶ 3.2 在办理相关法律手续时，除立案和采取强制措施以外，还应当准确适用查询、冻结、扣押等法律措施，特别是犯罪所得，以防止犯罪嫌疑人向境外转移、隐匿赃款。

▶ 3.3 在提供其犯罪证据时，除提供腐败犯罪证据以外，还应该注意收集和调取犯罪嫌疑人涉嫌洗钱的犯罪证据。

▶ 3.4 在提出司法协助过程中，不但要提出请求查找和辨认犯罪嫌疑人，还应当提出查找、冻结和扣押赃款赃物的请求，并提供犯罪嫌疑人由境内转移赃款使用的银行账户、转账记录等信息以及证明该资产是犯罪嫌疑人犯罪所得的证据。

▶ 3.5 对通过引渡、遣返、劝返等方式已缉捕的犯罪嫌疑人，应当做通其思想工作，使其自愿配合检察机关退赃和追赃。

三、"三类单位"案件管理工作操作规程

【定义】"三类单位"案件是指省直党的机关、人大机关、行政机关、政协机关、审判机关、检察机关、民主党派机关、省属企业、人民团体、事业单位，中央驻省单位（包括中央国家机关、事业、企业单位），省辖范围内国家、省属重点工程项目单位内所涉及的职务犯罪案件。

▶ 1. "三类单位"案件管理工作流程

"三类单位"案件管理工作流程图

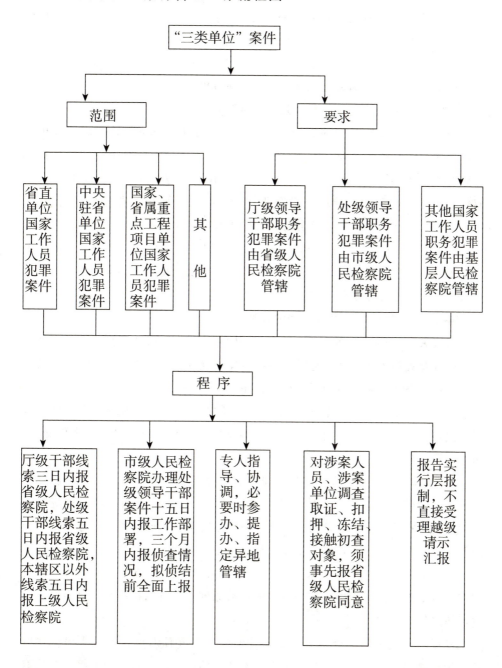

▶ **2. "三类单位"案件的范围**

▶▶ 2.1 "三类单位"是指：

（1）省直党的机关、人大机关、行政机关、政协机关、审判机关、检察机关、民主党派机关、省属企业、人民团体、事业单位；

（2）中央驻省单位（包括中央国家机关、事业、企业单位）；

（3）省辖范围内国家、省属重点工程项目单位。

▶▶ 2.2 "三类单位"案件中所涉处级人员"是指：

（1）"三类单位"中的处级干部或相当于处级干部人员，省辖范围内大型、特大型国有独资企业、国有控股企业（含国有独资金融企业和国有控股金融企业）的中层以上领导人员和中型国有独资企业、国有控股企业（含国有独资金融企业和国有控股金融企业）的领导班子成员，省辖范围内国家、省属重点工程项目部的主要负责人和工程技术负责人；

（2）"三类单位"案件中涉案人员系省级以上人大代表、政协委员的，由国家统一引进的高科技人才和国家学科带头人，以及在国家、全省有影响的知名人士，适用本操作规程。

▶ **3. "三类单位"案件管理的程序**

省级人民检察院职务犯罪部门认为其他涉案人员需要按照"三类单位"案件中涉及处级人员案件处理的，参照本操作规程办理。"三类单位"中处级以上人员职务犯罪案件应当履行如下程序：

（1）"三类单位"案件中的厅级（含副厅级）领导干部职务犯罪案件由省级人民检察院管辖，必要时，省级人民检察院可以将厅级领导干部案件交市、州级人民检察院办理。

"三类单位"案件中的处级人员职务犯罪案件由市级人民检察院管辖，但市级人民检察院初查、立案侦查"三类单位"案件中的处级人员案件应当经省级人民检察院批准；必要时，省级人民检察院可以采取自办、交办、指定异地管辖等方式办理。其他国家工作人员职务犯罪案件由基层人民检察院管辖。

（2）市级人民检察院和基层人民检察院接到举报或者在办理案件中，发现有厅级干部案件线索的，应当将线索材料原件在三日内报省级人民检察院反贪污贿赂局。

发现"三类单位"处级人员案件线索，应当五日内报告省级人民检察院反贪污贿赂局；情况特殊应当马上采取紧急措施的，应先行口头汇报，并采取紧急措施，再按程序上报。报告内容包括线索材料原件和《检察机关反贪污贿赂部门"三类单位"案件线索报告表》。

发现本辖区管辖以外的线索应当于五日内报告上级人民检察院处理，严禁瞒案不报或者擅自处置。

（3）市级人民检察院在办理"三类单位"处级人员以上职务犯罪案件中要自觉接受省级人民检察院的指挥和指导，及时报告查办进展情况。一般应在十五日内上报工作部署，三个月内上报初查或立案侦查情况，案件拟侦查终结前上报案件的全面查处情况和拟处理意见。案件起诉、判决后，要及时上报起诉和判决情况。

（4）对市级人民检察院办理的"三类单位"处级以上职务犯罪案件、线索，省级人民检察院反贪污贿赂局将确定专人负责指导、协调工作，必要时可以按照侦查一体化规定程序参办、提办或者另行指定异地管辖。

（5）向"三类单位"案件发案单位通报情况经省级人民检察院反贪污贿赂局安排办理。

（6）在查办"三类单位"案件中需要找副厅级以上干部调查取证和需要在"三类单位"案件涉案单位调取、扣押账册等事项的，应当事先报告省级人民检察院反贪污贿赂局；需要冻结账户的，应当事先报告省级人民检察院反贪污贿赂局同意。

（7）在案件初查阶段一般不接触初查对象，确因办案需要接触的，应当事先报告省级人民检察院反贪污贿赂局同意。

（8）报告案件或线索实行层报制，由市级人民检察院统一负责向省级人民检察院反贪污贿赂局汇报，省级人民检察院反贪污贿赂局不直接受理基层人民检察院的越级请示汇报。

（9）"三类单位"案件报告请示处理工作归口省级人民检察院侦查指挥中心反贪局办公室管理，由指挥中心反贪局办公室首先提出审查意见，然后向主管副局长汇报，层报局长、分管副检察长、检察长。

▶ **4. 要案通报操作规程分散于本分册的各个章节具体办案环节的操作规程中**

第三节　侦查指挥基础建设类操作规程

一、侦查信息资料收集管理操作规程

▶ **1. 侦查信息资料收集管理工作流程**

侦查信息资料收集管理工作流程图

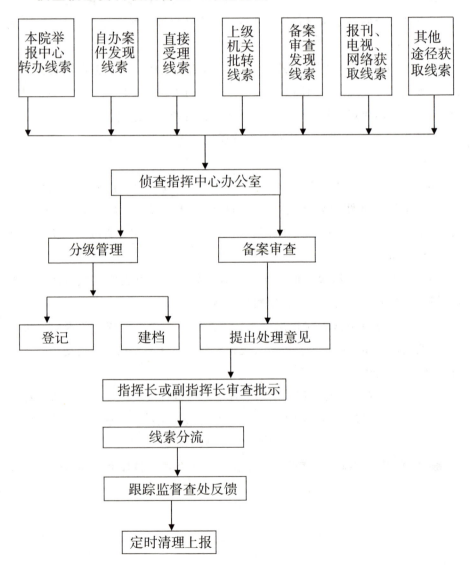

▶ 2. 侦查信息资料收集管理的范围

侦查指挥中心办公室统一管理职务犯罪案件线索，对收集到的线索进行储存、筛选、评估、审批、分流。归口管理案件线索的范围包括：

（1）本院举报中心转办的线索；

（2）自办案件中发现的线索；

（3）直接受理的线索；

（4）上级机关批转的线索；

（5）备案审查中发现的线索；

（6）从报刊、电视、网络等渠道获取的线索；

（7）其他途径获取的线索。

▶ 3. 侦查信息资料收集管理的程序

▷ 3.1 侦查指挥中心办公室设立案件线索管理员，建立案件线索登记本，配备专用电脑和保密专柜。

▷ 3.2 侦查指挥中心办公室统一归口管理上述案件线索时，最高人民检察院规定有其他程序的，同时履行其他程序。

▷ 3.3 对应当报送上级人民检察院备案管理的职务犯罪线索，下级人民检察院应当于受理或自行发现后十日内逐案填写《检察机关职务犯罪案件线索备案表》，连同线索材料复印件和办理意见一并逐级上报；情况紧急的应当在备案之前及时报告。上级人民检察院对备案的线索材料和办理意见，应当及时审查，如有不同意见，应当及时通知下级人民检察院。

▷ 3.4 人民检察院侦查指挥中心应建立和执行严格的线索管理制度，确保线索来源清楚、流向明确、流转手续完备。案件线索专管员对收集到的案件线索信息，应逐件登记、建档，实行分级、分类、加密管理，并审查提出处理意见，报指挥长或副指挥长审查批示后登记分流。交本院侦查部门初查的，由主管副局长签收复印件，原件存保密柜；属于交办的，由下级人民检察院侦查指挥中心办公室或侦查部门正职签收；属于转办的，由线索管理员负责转办原件；属于暂存备查的，存原件于保密柜。

▷ 3.5 线索分流后，实行跟踪监督制和查处情况反馈制。对转办的线索要及时分流，对要求答复或报结果的要按时上报。人民检察院每半年要对转办的线索情况进行一次清理，并将清理情况及时上报。

▶ **4. 侦查信息资料收集管理的注意事项**

▶ 4.1 职务犯罪案件线索实行分级管理与备案审查制度。省级人民检察院管辖的厅局级干部犯罪案件线索，应当报最高人民检察院备案；市级人民检察院管辖的县处级干部犯罪线索，应当报省人民检察院备案；其中涉嫌犯罪数额特别巨大或者犯罪情节特别严重的，层报最高人民检察院备案；基层人民检察院管辖的科级干部犯罪线索，应当报市级人民检察院备案。

▶ 4.2 全国、省级人大代表、政协委员涉嫌职务犯罪的和涉及国家、省属重点工程、中央驻省（直辖市、自治区）机构以及省直属单位的职务犯罪的线索应当报省人民检察院侦查指挥中心办公室备案。

▶ 4.3 市级人大代表、政协委员涉嫌职务犯罪的和涉及市属以上重点工程、市直属单位的职务犯罪的线索应当报市级人民检察院侦查指挥中心办公室备案。

二、侦查信息平台建设与管理操作规程

【定义】侦查信息平台是指省、市、县（区）三级院要按照以省级人民检察院为龙头，市级人民检察院为主体，县（区）人民检察院为基础的格局，建成包括办案服务信息平台、侦查指挥信息平台、决策咨询信息平台和网上办公、办案平台在内的侦查信息平台，并依托检察专线网建成覆盖全省间上下左右联通的侦查信息化网络，实现侦查信息平台资源的共享，实现侦查指挥和侦查协作的快速和高效，充分运用信息化手段开展侦查工作，努力实现信息引导侦查，全面提高侦查能力和执法办案水平。

▶ 1. 侦查信息平台建设与管理工作流程

侦查信息平台建设与管理工作流程图

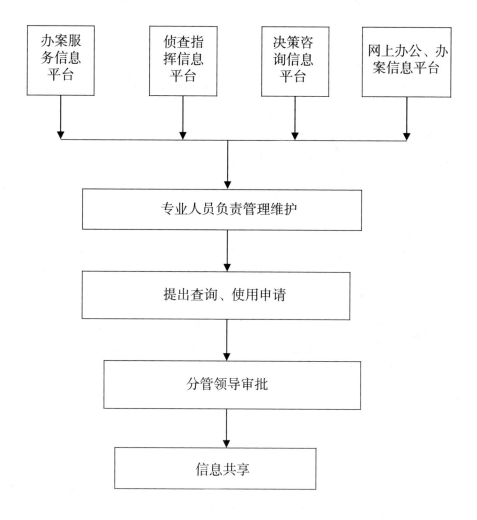

▶ 2. 侦查信息平台建设与管理的范围

▶▶ 2.1 办案服务信息平台范围

人口户籍信息、工商企业注册信息、车辆户籍管理信息；移动电信、联通等通信信息平台的查询；移动、电信、联通手机定位；人大代表、政协委员信息；房产信息；党政机关负责人及市直、市管单位从事公务人员信息，市直及市管公积金、社保信息；宾馆住宿信息、固定电话黄页信息；医疗保险信息、卫生健康信息、组织机构代码、税务登记信息、国有企业信息、国有事业单位信息、社团基本信息、银行网点信息、银行监管信息、证券监管信息、保险公司投保信息、土地管理信息、招投标管理信息、政府采购信息、国有资产管理信息、审计资料信息、海关资料信息、重点工程信息、矿产资源信息、林业资源信息、公共投资信息、互联网信息、交通管理信息、环境监管信息；诉讼案件参与人员信息、劳改劳教人员信息、旅行社组团信息、婚姻登记信息；居民供水信息、居民供电信息、居民供气信息。

▶▶ 2.2 侦查指挥信息平台范围

线索管理、线索交办、案件交办、案件督办、案件提办、案件参办、侦查疑难会审、指定异地管辖、专项行动、专案侦查、侦查协作、追逃、在逃犯罪嫌疑人归案、人才库管理、技侦办理、异地羁押、反贪工作部署、办案工作管理等（含业务工作和队伍建设管理和考评），侦查指挥系统（含最高人民检察院、省级人民检察院、市级人民检察院、县级人民检察院四级侦查指挥中心系统、同步录音录像系统、看守所远程讯问系统、移动指挥系统）。

▶▶ 2.3 决策咨询信息平台

职务犯罪嫌疑人资料信息库、行贿犯罪嫌疑人资料信息库、行贿人资料信息库、行贿单位资料信息库、重大点典型案件资料信息库（包括立案、侦查、起诉、判决），侦查谋略信息库（主要是收集检察机关查办的各行各业的贪污贿赂犯罪案件的侦查经验、谋略、方法、技巧、教训、各类贪污贿赂犯罪的手法以及办案应当熟悉的相关行业的专门知识等材料），经济管理信息库、社会热点焦点信息库、法律法规信息库、行政执法执纪信息库、情报信息（含信息联络员、情报信息员）。

▶▶ 2.4 网上办公、办案信息平台

结合网上办公、办案要求，建立省级人民检察院、市级人民检察院与基层人民检察院之间、三级人民检察院反贪局与各内设机构之间、反贪局内部之间

的网上办公、办案平台。

（1）借助检察专线网和局域网平台，把举报线索评估、初查立案、采取强制措施包括审查逮捕上提一级、侦查终结直至移送审查起诉等各个办案环节，都纳入网络管理，尽快实现法律文书网上审批、办案过程网上监控、执法要求网上预警。

（2）大力推广电子笔录、电子卷宗、多媒体示证等做法，实现数字化办公、办案。建立侦查信息平台，应当重视与有关国家机关、企事业单位、社会团体信息数据库的对接，特别是与行政执法、纪检、组织人事、新闻媒体等部门信息数据库的对接。

▶ **3. 侦查信息平台建设与管理的要求**

侦查信息平台应当配备专业人员具体负责，查询、使用要严格执行审批程序，逐步依托检察机关侦查指挥系统实现信息共享。

三、侦查装备管理操作规程

【定义】检察机关侦查装备建设应以提高职务犯罪侦查能力为目标，提高侦查科技含量为重点，紧紧围绕查办职务犯罪办案工作需要，全面加强侦查指挥、侦查取证、追赃追逃、交通通讯、安全防范等装备建设，为办案工作提供物质保障和科技支撑。

▶ 1. 侦查装备管理工作流程

侦查装备管理工作流程图

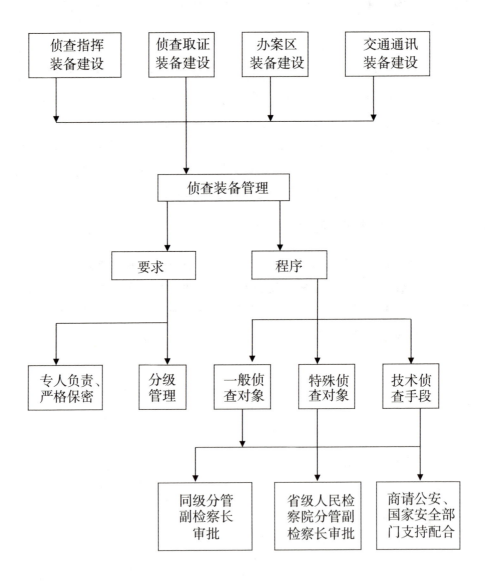

▶ 2. 侦查装备管理的范围和原则

▶▶ 2.1 省级、市级人民检察院侦查指挥中心应当加强侦查装备建设，合理配置本辖区内的侦查装备，要对本辖区内的侦查技术装备进行登记造册，建立技术装备分布档案。上级人民检察院可以调用下级人民检察院的侦查装备，下级人民检察院经申请批准可以借用上级人民检察院和其他检察院的侦查装备。

▶▶ 2.2 侦查装备建设应以省级人民检察院为主导，市级人民检察院为主体，县（区）级人民检察院为基础，以及不重复建设的原则开展工作。高科技、高投入的侦查装备，以省、市两级人民检察院为重点，统一配备、最大限度地实现资源共享，增强职务犯罪侦查合力；县级人民检察院侧重配备小型、便捷、实用和投入较小的侦查装备。

（1）侦查指挥装备建设。各级检察机关要依托检察专线和局域网，形成最高人民检察院、省级人民检察院、市级人民检察院、县级人民检察院互联互通的侦查指挥系统，保障案件远程指挥、案情通报、案件讨论、协查联络、证据传达的及时高效、安全保密，实现检察机关职务犯罪侦查指挥远程化、数字化、现代化。省级人民检察院及有条件的市级人民检察院要结合办案实际配备侦查指挥车，实现侦查办案工作的移动指挥。

（2）侦查取证装备建设。各级检察机关要配备适应侦查取证的基础装备，特别是要适应职务犯罪隐蔽化、智能化、跨地域化以及证据电子化等发展趋势，配备手机定位、车辆跟踪、搜查窥镜、电子取证、心理测试仪等高科技侦查取证装备。提高职务犯罪侦查工作的科技含量。

（3）办案区装备建设。各级检察机关要配备办案区监控、讯问同步录音录像设备和各类办案案件防范设备，为强化对办案工作的监督制约、加强办案安全防范、保障依法规范文明办案。

（4）交通通讯装备建设。进一步加强交通、通信装备建设，根据办案需要配备各种办案用车及通讯器材，提高职务犯罪侦查工作的快速反应能力，保障通讯联络通畅保密。

▶▶ 2.3 侦查装备管理实行专人负责、严格保密。

▶ 3. 侦查装备管理的程序

各级检察院要建立健全侦查装备管理使用制度，严格规范侦查装备的日常管理、使用权限、使用范围、使用阶段和审批程序，加强对侦查人员的教育、管理和监督，严禁违法使用、越权使用、滥用技术侦查手段。如需要使用技术侦查手段的，要依法商请公安、国家安全机关支持、配合。对办案中确实需要使用侦查技术的，应当严格履行审批手续。原则上按照权限进行分级管理，对一般侦查对象需要使用侦查技术的，应当报同级分管副检察长或检察长审批，特殊对象报省级人民检察院分管检察长或检察长审批。

四、侦查人才库管理操作规程

【定义】侦查人才库管理是指省级人民检察院、市级人民检察院侦查指挥中心为了侦查一体化办案需要，分级建立和管理二级、三级侦查人才库，按照指挥、审讯、追逃、财会、税务、金融、证券、外语、计算机等专业特长分门别类管理，统一调用，并提供经费保障的队伍管理活动。

▶ **1. 侦查人才库管理工作流程**

侦查人才库管理工作流程图

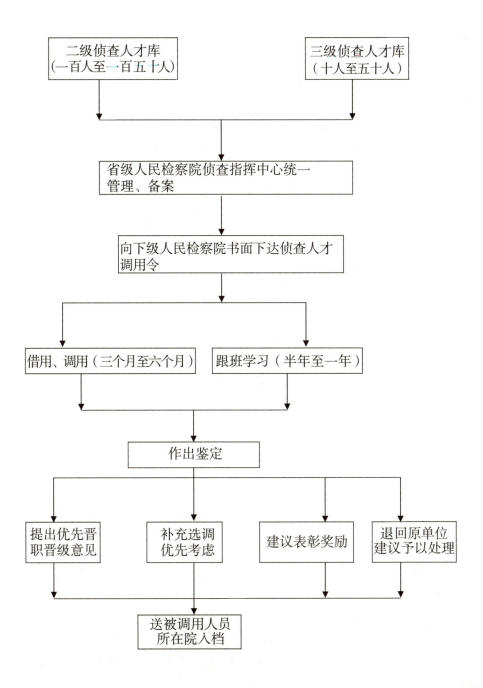

▶ 2. 侦查人才库管理的结构

▶ 2.1 省级人民检察院、市级人民检察院侦查指挥中心，应当按照人民检察院侦查人才库暂行办法分级建立和管理二级、三级侦查人才库。

▶ 2.2 二级侦查人才库应当有一百人至一百五十人，三级侦查人才库应当有十人至五十人。侦查人才库应当结构合理，应有指挥、审讯、追逃、财会、税务、金融、证券、外语、计算机等特长的专门人才。

▶ 2.3 侦查人才库人员从本辖区内人民检察院人员中产生。以侦查部门推荐、政工部门审核、侦查指挥中心审定的方式确定。

▶ 2.4 侦查指挥中心在确定本级侦查人才库的选入人员后，应当以书面形式通知选入人员所在单位的政工部门和业务部门。

▶ 3. 侦查人才库管理的操作程序

▶ 3.1 对选入侦查人才库的人员应当建立个人素质档案和业绩档案，侦查人才库的人员，应当保持相对稳定，不得随意调离侦查部门。确因工作需要调离侦查部门的，应当及时向上级人民检察院侦查指挥中心报告。

▶ 3.2 各级人民检察院侦查指挥中心可以根据侦查工作需要，调用本级或者下级侦查人才库人员。必要时，也可以调用本级或者下级人民检察院未选入侦查人才库人员。调用侦查人才由调用的人民检察院侦查指挥中心决定。被调用侦查人才的人民检察院应当服从。

上级人民检察院侦查指挥中心借用干部和调动侦查人员，除临时使用外，应当以书面形式下达侦查人才调用令。

▶ 3.3 上级人民检察院侦查指挥中心借用干部和调动侦查人员，一般应在三个月以内，最长不得超过六个月。

上级人民检察院侦查指挥中心与下级人民检察院商调侦查骨干跟班学习、锻炼的，其期限一般应为半年以上、一年以内。

▶ 3.4 被调用人员在调用期间，行使调用人民检察院侦查人员的职权，发给有效工作证件，调用结束后收回工作证件。

▶ 3.5 调用人民检察院侦查指挥中心在调用结束时，应对被调用人员的工作表现作出鉴定，送被调用人员所在人民检察院业务部门和政工部门入档。对调用期间业绩优秀、表现特别突出的，侦查骨干跟班学习、锻炼期限在半年以上表现突出的，调用人民检察院可以在鉴定中向被调用人员所在单位提出优先晋职晋级、提拔使用的建议意见，并在上级人民检察院补充选调工作人员时，予以优先考虑。

▣▷ 3.6 被调用人员符合表彰奖励条件的，调用人民检察院可以决定或者建议其所在人民检察院对被调用人员进行表彰奖励；被调用人员工作不称职或违法违纪的，调用人民检察院将其退回所在单位，并建议其所在单位按有关规定对其予以处理。

▣▷ 3.7 被调用人员在调用期间，原单位应当保留其职务、工资和福利待遇，不得因上级人民检察院调用而免去其原职务或者影响其晋职晋级、提拔使用。

被调用人员在调用期间的生活补贴、公务性开支（办公经费、办案经费、差旅费等）由调用人民检察院解决。

▣▷ 3.8 侦查人才库人员因不服从命令、不能完成侦查任务和违纪等原因不胜任工作的，取消其侦查人才库人员资格。

▣▷ 3.9 下级人民检察院侦查指挥中心应当将本级人民检察院侦查人才库选入人员名单报上级人民检察院侦查指挥中心办公室备案，并定期报送更新、变动情况。

上级人民检察院侦查指挥中心对本级人民检察院侦查人才库人员的更新、变动情况，应及时以书面形式通知其所在单位的业务部门和政工部门。

第十一章　侦查协作操作规程

【定义】侦查协作是指检察机关在依法查办贪污贿赂、渎职侵权等职务犯罪案件侦查活动中，对需要核实案情、调查取证、采取强制措施等事宜所进行的协调、配合和合作。侦查协作应当遵循依法配合、快速有效、保守秘密、各负其责的原则。

第一节　检察机关内部侦查协作类操作规程

一、申请提前介入侦查操作规程

【定义】申请提前介入侦查是指侦查部门对于重大复杂案件，在移送、报请审查逮捕前或者侦查终结前，报经检察长批准，通知侦查监督部门或者公诉部门派员提前介入侦查，对案件证据进行审查，并就证据收集和法律适用等问题提出意见，促进侦查活动顺利进行、提高诉讼效率的一种内部协助行为。

► **1. 申请提前介入侦查工作流程**

  申请提前介入侦查工作流程图

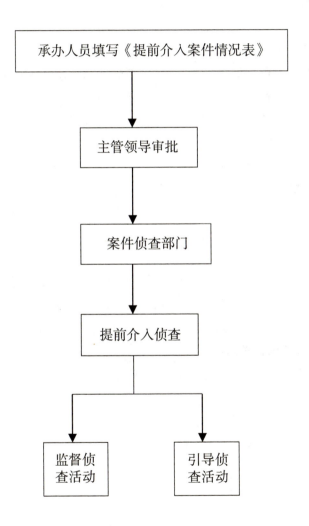

▶ 2. 主体

▶ 2.1 职务犯罪案件的办理部门负责提出提前介入侦查的申请。

▶ 2.2 申请提前介入侦查的对象是侦查监督部门、公诉部门。

▶ 3. 可以申请提前介入的案件范围

可以申请提前介入的重大复杂案件范围包括：

（1）重大、复杂、疑难案件，比如在具体证据的证明力、法律条文的适用、罪与非罪、罪轻与罪重、取证方向、案件定性等方面有争议的案件；以及在是否符合逮捕或者起诉条件等方面有争议的案件。

（2）社会影响较大、舆论广泛关注、可能引发群体性事件的热点敏感案件。

（3）其他有必要申请提前介入侦查的案件。

▶ 4. 申请提前介入的程序

▶ 4.1 对于需要申请提前介入的案件，在报请或者移送审查逮捕前，由侦查部门的案件承办人员提出申请侦查监督部门提前介入的意见，层报检察长批准后，送达侦查监督部门。

▶ 4.2 对于需要申请提前介入的案件，案件尚未侦查终结而犯罪嫌疑人已经逮捕或者犯罪嫌疑人不需要逮捕的，由侦查部门的案件承办人员提出申请公诉部门提前介入的意见，层报检察长批准后，送达公诉部门。

▶ 5. 提前介入侦查的实施

▶ 5.1 案件承办人员要积极配合提前介入人员开展工作，做好准备工作并及时提供相关材料：

（1）整理案件证据材料，进行清理和分类；

（2）准备案件的基本情况介绍，明确案件的争议问题（即需要提前介入人员解决的问题）以及侦查部门对此的意见。

▶ 5.2 提前介入人员可采取以下方式开展工作：

（1）审查卷宗材料；

（2）听取侦查部门案件汇报；

（3）参加侦查部门案情讨论；

（4）参与讯问犯罪嫌疑人；

（5）参与询问重要证人；

（6）其他必要方式等。

▶▷ 5.3 案件承办人员要根据提前介入人员的要求，及时介绍情况、提供资料，安排提前介入人员参与讯问犯罪嫌疑人或者询问证人，做好配合工作。

▶▷ 5.4 案件承办人员要及时了解提前介入人员就案件中证据证明力的分析，对证据的补充和完善提出的建议以及对其他争议问题的意见；存在不同意见的，应当及时沟通。

▶▷ 5.5 对提前介入人员就侦查活动中的违法行为提出的意见，案件承办人员应当接受，对于能够补正或者作出合理解释的，应当及时补正或者作出解释。

▶ **6. 具体细节**

▶▷ 6.1 提前介入人员的个人意见对侦查活动起引导作用，有别于提前介入部门的正式决定。

▶▷ 6.2 经提前介入的案件，侦查部门在提请批捕、移送审查起诉的材料中应予以反映。

▶▷ 6.3 对于提前介入的案件，如果侦查部门"不提请逮捕"或"不移送审查起诉"，在作其他处理后，承办人员应将情况及时反馈给提前介入的部门。

▶▷ 6.4 对于提前介入人员建议侦查部门补充证据的案件，侦查部门应在移送审查起诉前补充侦查完毕后将情况反馈给提前介入的部门。

二、申请用警操作规程

【定义1】申请用警是指职务犯罪侦查部门在办案工作中，根据办案需要，申请由司法警察执行相应警务工作的活动。

【定义2】用警种类是指执行传唤、执行拘传、协助执行拘留、协助执行逮捕、协助追捕逃犯、参与搜查、执行看管、执行押解等需要使用派警令的警务活动。

▶ **1. 申请用警工作流程**

申请用警工作流程图

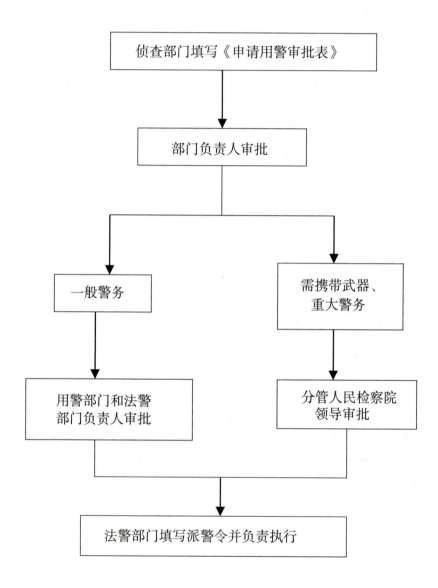

▶ 2. 主体

▶ 2.1 申请用警的主体为职务犯罪侦查部门。

▶ 2.2 申请用警的对象为司法警察部门。

▶ 3. 可以申请用警的事项

职务犯罪侦查部门在办案过程中遇有以下情况可以申请用警：

（1）需要保护人民检察院直接立案侦查案件的犯罪现场；

（2）执行传唤、拘传；

（3）协助执行监视居住、拘留、逮捕，协助追捕在逃或者脱逃的犯罪嫌疑人；

（4）参与搜查；

（5）提押、看管犯罪嫌疑人、被告人和罪犯；

（6）参与处置突发事件；

（7）送达有关法律文书；

（8）法律、法规规定的其他职责。

▶ 4. 用警申请的程序

▶ 4.1 需申请用警的，由侦查部门案件承办人员根据需要用警的种类填写《申请用警审批表》，写明用警的部门、时间、执行警务内容，出警人数、地点、要求及用警部门联系人及电话等内容，报侦查部门正职审批后，送交法警部门正职审批。需要携带武器的，应当提前一日申请。

▶ 4.2 对"重大事项"用警，比如出警时间三日以上或跨辖区用警等，需由主管警务部门的检察长审批，且需要提前两日申请。

▶ 4.3 承办人员凭法警部门正职签批的《申请用警审批表》交法警部门填写派警令。

▶ 4.4 情况紧急时，侦查部门可直接向法警部门提出口头申请派警，事后按要求再补办审批手续。

▶ 4.5 侦查部门向司法警察部门移交追逃、追赃任务时，案件承办人员应填写《移送协助追逃、追赃线索材料通知书》，并将案件的相关线索材料移交司法警察部门。

▶ 5. 具体细节

▶ 5.1 承办人员应及时了解派警情况，如与申请用警的要求有出入，应及时对工作进行调整。

▶▶ 5.2 承办人员与司法警察在办案中应紧密协作配合，承办人员要及时向司法警察通报与出警任务有关的情况，并提供必要的资料。

▶▶ 5.3 承办人员和司法警察应当加强保密意识，严格遵守保密纪律，严守案件秘密。承办人员不得向司法警察泄露与出警任务无关的案情。

▶▶ 5.4 承办人员要注意督促司法警察做好警务执行过程中的安全防范工作，防止发生办案对象自伤、自残、脱逃、行凶等办案安全责任事故，并保护好承办人员的自身安全。

▶▶ 5.5 承办人员应注意要求司法警察按规定在相关法律文书上署名。

▶ **6. 操作禁忌**

▶▶ 6.1 承办人员和参与办案的司法警察应各司其职，不得代为履行对方职责。

▶▶ 6.2 承办人员和参与办案的司法警察应当加强自身和彼此执法行为监督，规范执法行为，不得发生超时、超期羁押、刑讯逼供、诱供等违法、违纪、违规行为。

第二节　检察机关之间侦查协作类操作规程

【定义】检察机关之间侦查协作是指办理职务犯罪案件的人民检察院，遇有与侦查协作相关的事宜，确有必要请求有关人民检察院予以协助的，可以请求侦查协作；负有协作义务的人民检察院应当依法对请求协作事项作出处理。

检察机关之间侦查协作流程图

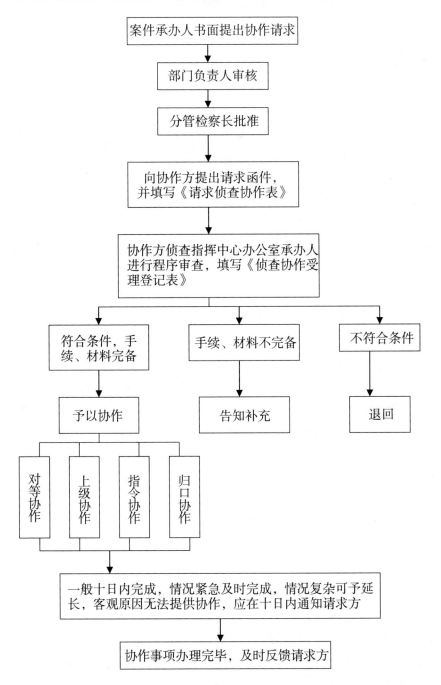

一、商请侦查协作操作规程

【定义】商请侦查协作是指办理职务犯罪案件的人民检察院，遇有与侦查相关的事宜，确有必要请求有关人民检察院予以协助的，可以请求侦查协作。

▶ **1. 主体**

▶▶ 1.1 商请侦查协作的主体为办理职务犯罪案件的人民检察院或者其所在的省、市级人民检察院（简称请求方）。

▶▶ 1.2 商请侦查协作的对象为负有协作义务的人民检察院（简称协作方）。

▶ **2. 可以商请侦查协作的情形及方式、条件**

▶▶ 2.1 办理案件的人民检察院可以就以下事项商请有关人民检察院提供侦查协作：

（1）核实案情、调查取证，如询问证人、讯问犯罪嫌疑人，调取证据等；

（2）采取拘传等强制性措施或协助执行拘留、逮捕；

（3）执行搜查、扣押、追缴涉案款物；

（4）其他有必要商请侦查协作的情形。

▶▶ 2.2 请求方派员到异地协助公安机关执行拘留、逮捕的，原则上应由请求方人民检察院与当地公安机关取得联系后，通过公安协作渠道办理。必要时协作方人民检察院也要予以配合。请求方到异地执行搜查、扣押、追缴涉案款物等，应当请当地人民检察院协作，协作方人民检察院应当予以配合。

▶▶ 2.3 侦查协作可以视侦查需要采取以下方式进行：

▶▶▶ 2.3.1 对于内容单一、操作简单的请求协助事项，如调取手机、电话号码通话记录、银行交易流水号等，可以不派员，直接通过省、市两级人民检察院的侦查指挥中心向请求方所在的省、市级人民检察院侦查指挥中心提出侦查协作请求。（注：实践中使用较少）

▶▶▶ 2.3.2 对于内容较多、操作复杂、要求较高的请求协助事项，如执行搜查、扣押、追逃、追赃或执行拘传、协助执行拘留、逮捕等，一般由请求方派员到协作方，请协助方予以协助、支持。

▶▶ 2.4 无论是否派员，请求方提出侦查协作请求，应当具备以下条件：

（1）有正式的请求协作函件（比如《关于请求侦查协作的函》），写明具体的协作事项，包括协查目的、协查要求、协查对象、协查内容，请求方联系人、联系方式等；派员的，还需写明所派人员姓名、证件号码等事项。

（2）请求协助事项所涉及的法律手续完备，如请求协助采取技术侦查措施的，则应准备相关案件的立案决定书及采取技术侦查措施审批表等材料，如需协助采取强制措施的，应准备法律规定采取强制措施必需的法律文书和手续材料等。

▶ **3. 请求方和协作方的确定**

对于确需商请侦查协作的案件，按照如下规则确定请求方和协作方：

▶▷ 3.1 侦查协作一般由办理案件的人民检察院直接向协作事项所在地的同级人民检察院提出请求。

▶▷ 3.2 下列侦查协作事项，应当通过请求方所在的省级以上人民检察院向协作方所在的省级以上人民检察院提出请求：

（1）涉及省级国家机关、事业单位的；

（2）涉及厅（局）级以上领导干部、省级以上人大代表、政协委员的；

（3）涉及中央驻省（直辖市、自治区）机构、驻省（直辖市、自治区）企业一级单位以及国家、省属重点工程的搜查、扣押、查封、冻结以及对上述机构、单位主要负责人采取传唤、拘传、刑事拘留、逮捕等侦查措施的。

▶▷ 3.3 下列侦查协作事项，应当通过请求方所在的市级以上人民检察院向协作方所在的市级以上人民检察院提出请求：

（1）涉及市级国家机关、事业单位的；

（2）涉及县、处级实职的领导干部、市级人大代表、政协委员的。

▶ **4. 商请侦查协作的具体程序**

▶▷ 4.1 直接向协作方提出侦查协助请求的程序

▶▷ 4.1.1 由案件承办人员制作请求协作函件［内容见 2.4 第（1）项］，书面提出协作请求，部门正职审核，报分管检察长批准，并加盖院印章。

▶▷ 4.1.2 派员到协作方所在地请求侦查协作的，由所派办案人员携带本人的工作证、执法证，请求协作函件原件及案件相关材料复印件，直接到协作方人民检察院请求协助。

比如：办案人员到本辖区以外进行搜查的，应当携带搜查证、工作证以及载有主要案情、搜查目的、要求的请求协作函件，与搜查地的人民检察院联系，请求其协助搜查。

▶▷ 4.1.3 不派员直接向协作方提出侦查协作请求的，由承办人员将请求协作函件原件及案件的相关材料复印件通过机要通道寄至协作方，同时通过电话与协作方联系确认相关事项，并及时跟踪进展。

比如：必要时，可以向证据所在地的人民检察院发函调取证据，调取证据的函件应当注明取证对象的具体内容和确切地址；需要查封、扣押的财物和文件不在本辖区的，办案人员应当持相关法律文书及简要案情等说明材料，商请被查封、扣押财物和文件所在地的人民检察院协助执行。

▶ 4.2 通过省级、市级以上人民检察院提出侦查协助请求的程序

▶▶ 4.2.1 由案件承办人员制作请求上级人民检察院向请求方提出侦查协作请求的报告，部门正职审核，报分管检察长批准，并加盖院印章，与案件的相关材料复印件一并逐级报上级人民检察院侦查部门。（实践中，一般由下级人民检察院侦查部门逐级向上级人民检察院侦查部门侦查指挥中心提出报告，再由上级人民检察院侦查部门指挥中心制作请求协作函件，向相应的协作方侦查指挥中心发出）

▶▶ 4.2.2 派员到协作方所在地请求侦查协作的，由所派人员携带本人的工作证、执法证，上级人民检察院制作的请求协作函件原件及案件相关材料复印件，直接到协作方人民检察院请求协助。

▶▶ 4.2.3 不派员直接向协作方提出侦查协作请求的，由上级人民检察院侦查部门将请求协作函件原件及案件相关材料复印件通过机要通道寄至协作方，同时通过电话与协作方联系确认相关事项；案件承办人员也应及时与协作方的具体承办人联系，主动跟踪进展。

▶▶ 4.3 请求方办理案件遇有紧急事项需要请求协作，无法及时办理有关请求协作手续的，可以由办案人员持工作证件、执法证件及请求协作事项的相关法律文书及材料商请协作方紧急协作，但是有关请求协作手续应当及时予以补办。

▶ **5. 具体细节**

▶▶ 5.1 案件尚处于初查阶段或者需要深挖其他犯罪的，在制作请求协作函件时，写清相关事项的同时应尽量注意保守案件秘密。

▶▶ 5.2 需要报请上级人民检察院侦查部门提出侦查协作请求的，案件承办人员应注意提前与上级人民检察院承办人员联系，按要求准备相关材料。

二、提供侦查协作操作规程

【定义】提供侦查协作是指协作方人民检察院收到请求方的侦查协作请

求，依据法律和有关规定进行程序审查后，对符合条件的协作事项给予协作的活动。

▶ **1. 提供侦查协作的主体**

▶ 1.1 一般情况下，基层人民检察院请求协作的，由相应的基层人民检察院协助进行。

▶ 1.2 市级人民检察院请求协作的，由相应的市级人民检察院协助进行。

▶ 1.3 省级人民检察院请求协作的，由省级人民检察院协助进行。

▶ 1.4 由相应的同级人民检察院协作有困难或协作不力或不宜协作时，可以提请该院的上级人民检察院侦查指挥中心协作，上级人民检察院侦查指挥中心应当受理。

▶ 1.5 上级人民检察院侦查指挥中心对请求协作事项，可以指令其他下级人民检察院协助进行。

▶ 1.6 上级人民检察院侦查指挥中心对按归口协作原则归本人民检察院协作的任务，必要时可指令下级人民检察院协助完成。

▶ 1.7 最高人民检察院、上级人民检察院交办的协作事项，下级人民检察院应当按要求执行。

▶ 1.8 下列协查事项归口省人民检察院侦查指挥中心负责安排：

（1）涉及省级国家机关、事业单位的；

（2）涉及厅（局）级以上领导干部、省级以上人大代表、政协委员的；

（3）涉及中央驻湘机构、驻湘企业一级单位以及国家、省属重点工程的搜查、扣押、查封、冻结以及对上述机构、单位主要负责人采取传唤、拘传、刑事拘留、逮捕等侦查措施的。

▶ 1.9 下列协作事项归口市级人民检察院侦查指挥中心负责安排：

（1）涉及市级国家机关、事业单位的；

（2）涉及县、处级实职的领导干部、市级人大代表、政协委员的。

▶ **2. 提供侦查协作的程序**

▶ 2.1 协作方人民检察院收到侦查协作请求后，侦查指挥中心办公室承办人应依据法律和有关规定及时进行程序审查，填写《侦查协作受理登记表》，按规定程序报批，并分别作出以下处理：

▶ 2.1.1 符合侦查协作条件，法律手续及有关材料完备的，应当明确具体承办人员及时予以协作，并将相关情况反馈给请求方。

▶▷ 2.1.2 法律手续及有关材料不完备的，应当告知请求方予以补充。

▶▷ 2.1.3 对不符合侦查协作条件的，应当说明理由，不予协作，并将材料退回请求方。不符合侦查协作条件，一般指请求协助事项不符合法律规定的条件和程序，比如：相关案件未立案，请求对相关人员采取限制人身、财产权利的措施，或者采取技术侦查措施。

▶▷ 2.2 对请求方办理案件遇有紧急事项商请侦查协作的，在查验请求方办案人员的工作证件、执法证件及请求协作事项的相关法律文书及材料后，一般应予以紧急协作，并要求请求方及时补办请求协作的相关手续。

▶▷ 2.3 承办人员提供侦查协作一般应当在收到侦查协作请求后十日内完成。情况紧急的，应当及时完成并反馈结果；情况复杂的，可以适当予以延长。由于客观原因无法提供协作的，应当在十日内通知请求协作的人民检察院。

▶▷ 2.4 请求侦查协作事项办理完毕后，协作方应当将情况和材料及时向请求方反馈。协作事项属上级人民检察院交办的，协作方和请求方均应向各自的上级人民检察院报告。

▶▷ 2.5 侦查协作中的争议，由有关各方协商解决。协商不成的，报各自上级人民检察院或者共同的上级人民检察院协调。经上级人民检察院协调确定的意见，有关人民检察院应当执行，不得拖延。

▶ 3. 责任承担

▶▷ 3.1 协作方依照协作请求履行协作事宜，其引起的法律后果由请求方承担。

▶▷ 3.2 协作方实施超越协作请求范围的行为所产生的法律后果，由协作方承担。

▶▷ 3.3 对不履行侦查协作职责或者阻碍侦查协作进行，给办案工作造成严重影响或者其他严重后果的，会引起以下法律后果的承担：

　　（1）对有关单位予以通报批评，并责令改正；

　　（2）对直接负责的主管人员和其他直接责任人员，应当依照有关规定给予党纪政纪处分；

　　（3）玩忽职守、滥用职权、泄露秘密、通风报信构成犯罪的，依法追究其刑事责任。

▶ 4. 具体细节

▶▷ 4.1 侦查协作工作应纳入考核侦查部门办案成绩的重要内容和指标，各级人民检察院侦查部门应当确立专门机构或者指派专人具体负责侦查协作。上级人民检察院要加强对侦查协作工作的指导、协调和检查。

▶▷ 4.2 最高人民检察院、省级人民检察院对提供侦查协作业务繁重、经费开支较大的地方人民检察院予以适当补助。

▶ 5. 操作禁忌

人民检察院依照规定履行协作职责不得收取费用。侦查协作经费列入办案业务经费预算统筹开支。

三、侦查信息平台查询操作规程

【定义】侦查信息平台查询是指符合条件的申请查询主体在摸排线索、初查或侦查职务犯罪案件过程中，通过一定的程序，利用侦查信息平台的查询功能获取相关信息的活动。

▶ 1. 主体

▶▷ 1.1 侦查信息平台仅对少数单位主体提供查询服务，主要的查询主体包括：

（1）市级人民检察院、省级人民检察院侦查部门；

（2）省级人民检察院其他办案部门；

（3）省外检察机关对口侦查协作单位；

（4）其他特殊情况经领导批准同意的。

▶▷ 1.2 侦查信息平台由省级人民检察院大要案侦查指挥中心办公室统一管理，并安排专门人员负责执行查询工作。

▶ 2. 申请进行侦查信息平台查询的程序

▶▷ 2.1 申请查询应当提供以下手续：

（1）已经立案的需提供立案决定书；初查线索需要查询的需提供提请初查报告和审批表；

（2）协作函或协查函，函上应明确具体的协作事项、协查目的，并有部门或单位印章；

（3）提请查询人员（一般为两人）的工作证、执法证。

▶▷ 2.2 市级人民检察院、省级人民检察院侦查部门、省级人民检察院其他办案部门在办案过程中，需要申请查询的，由案件承办人员准备好上述材料，交省级人民检察院大要案侦查指挥中心办公室负责执行查询的工作人员。其中的协作函报部门正职审批后，加盖部门印章。

▶▷ 2.3 基层人民检察院侦查部门需要申请查询的，由案件承办人员准备好上述材料，通过市级人民检察院侦查部门提出申请。

▶▶ 2.4 省级检察机关对口侦查协作单位需要申请查询的，由案件承办人员准备好上述材料，交省级人民检察院大要案侦查指挥中心办公室负责执行查询的工作人员。其中的协作函经提请侦查协作单位负责人审批后，加盖单位印章。

▶ 3. 侦查信息平台查询申请的审批与办理程序

▶▶ 3.1 省级人民检察院大要案侦查指挥中心办公室负责执行查询的工作人员接到查询申请后，应在相关台账上予以登记，并对材料进行审查，视情况分别作出处理：

▶▶ 3.1.1 材料齐全符合查询条件的，提出同意查询的意见，依规定程序报领导审批。

▶▶ 3.1.2 材料不全或不符合要求的，向办案人员提出要求予以补充后再提交申请。

▶▶ 3.1.3 对不符合查询条件的，向办案人员说明理由并退回材料。

▶▶ 3.2 查询申请一般由侦查指挥中心办公室主任审核，省局主管局领导审批；查询省级以上人大代表、政协委员和厅级以上干部各类信息资料的，需层报省局局长或分管检察长审批。

▶▶ 3.3 对报领导审批同意后的查询申请，负责执行查询的工作人员应及时办理，并将查询结果及时反馈给办案人员，同时进行登记。

▶▶ 3.4 侦查信息平台的查询工作应建立并妥善保管相关台账及登记手续。

▶ 4. 操作禁忌

▶▶ 4.1 侦查信息平台查询工作由省局侦查指挥中心办公室专门人员办理，其他人员不得擅自办理。

▶▶ 4.2 侦查信息平台的查询工作应严格保密，严禁非因工作需要查询各类信息，泄露信息将追究有关行为人责任，引起后果的由违规查询者自负。

▶▶ 4.3 通过侦查信息平台查询获取的各类信息只能用于办案，严禁用于其他用途；对获取的当事人隐私，应注意保密，避免泄露。

第三节 检察机关与行政执法机关侦查协作类操作规程

【定义】检察机关与行政执法机关侦查协作是指检察机关在查办职务犯

罪案件过程中，因工作需要，与其他侦查机关、有关行政执法机关、纪检检察机关等就案件线索受理、调查取证、采取强制措施、采取侦查措施等侦查事宜以及在重大责任事故调查中进行的协调、配合与合作。

一、检察机关与行政执法机关侦查协作操作规程

【定义1】检察机关与行政执法机关侦查协作是指检察机关在办理职务犯罪案件过程中，因工作需要，与其他侦查机关、行政执法机关、纪检监察机关在移送线索、核实案情、调查取证、采取强制措施等方面进行的协调、配合和合作。

【定义2】侦查机关是指公安机关、国家安全机关、监狱、军队保卫部门和海关走私犯罪侦查机关。

【定义3】行政执法机关是指依照法律、法规或者规章的规定，具有行政处罚权的行政机关，以及法律、法规授权的具有管理公共事务职能，在法定授权范围内行使行政处罚权的组织。主要指审计机关、财政机关、工商行政管理机关、国土、税务机关等。

▶ **1. 主体**

检察机关负责与行政执法机关侦查协作的主体主要指职务犯罪侦查部门以及控告检察部门。

▶ **2. 检察机关与行政执法机关侦查协作的内容**

▶ 2.1 协助受理并移送职务犯罪案件线索。行政执法机关在工作中发现或者收到群众举报的本单位工作人员、行政执法对象及有关人员涉嫌贪污贿赂、渎职等线索，经审核认为涉嫌职务犯罪的，应当依照有关规定及时移送有管辖权的检察机关，检察机关应当依法及时办理。

▶ 2.2 配合提供职务犯罪案件的证据材料。行政执法机关有义务按照人民检察院的要求，交出可以证明犯罪嫌疑人有罪或者无罪的物证、书证、视听资料等证据材料。

▶ 2.3 协助采取强制措施。可协助的强制措施包括：（1）取保候审；（2）监视居住；（3）拘留；（4）逮捕。

▶ 2.4 协助进行调查取证。可协助的侦查措施包括：（1）讯问犯罪嫌疑人；（2）询问证人；（3）勘验、检查；（4）搜查；（5）调取、扣押书证、物证、视听资料；（6）查询、扣押、冻结存款、汇款；（7）鉴定；（8）辨认；（9）通

缉；（10）追逃等。

▶▶ 2.5 接受并处理人民检察院移送的案件线索。人民检察院在职务犯罪案件办理过程中，发现相关人员不构成犯罪，但是需要追究党纪、政纪责任的；或者发现相关人员涉嫌违反行政法规、规章，需要进行行政处罚的，应当将相关线索材料移送有管辖权的主管机关处理。

▶ 3. 检察机关接受行政执法机关移送的职务犯罪案件线索的程序

▶▶ 3.1 对案件线索的受理

▶▶ 3.1.1 行政执法机关发现本部门工作人员以外的其他国家机关工作人员的渎职、贪贿犯罪案件线索，应将有关材料移送相应的检察机关。

▶▶ 3.1.2 人民检察院控告检察部门统一受理行政执法机关移送的涉嫌犯罪案件线索。

▶▶ 3.1.3 对移送的线索在登记后，由两名以上检察人员进行初步审查，并根据不同情况，提出处理意见，三日内报分管副检察长或者检察长批准，并通知移送的行政执法机关（以下简称移送单位）：

（1）对于不属于检察机关管辖的案件，移送其他有管辖权的机关处理；

（2）对于属于检察机关管辖，但不属于本院管辖的案件，移送有管辖权的人民检察院办理；

（3）对于属于本院管辖的案件，转本院反贪、渎职侵权检察部门办理。

▶▶ 3.1.4 控告检察部门对于性质不明、难以归口办理的案件，可以进行应当的调查。

▶▶ 3.1.5 对于不属于本院管辖但又应当采取紧急措施的案件，控告检察部门在报经分管副检察长或者检察长批准后，应当先采取紧急措施，再行移送。

▶▶ 3.2 对案件线索的处理

▶▶ 3.2.1 职务犯罪侦查部门接到控告检察部门转来的移送线索，应当审查是否附有下列材料：

（1）涉嫌犯罪案件移送书；

（2）涉嫌犯罪案件情况的调查报告；

（3）涉案物品清单；

（4）有关检验报告或者鉴定结论；

（5）其他有关涉嫌犯罪的材料。

材料不全的，可以要求移送单位补充上述材料和证据。

■》 3.2.2 职务犯罪侦查部门应当对移送的线索是否符合立案条件进行审查。经审查，认为符合立案条件的，应当及时提请立案侦查，并将立案情况和案件的办理结果及时通知移送单位。

■》 3.2.3 经审查，认为不符合立案条件的，可以作出不立案决定，同时制作不立案通知书，写明不立案的原因和法律依据，送达移送单位，并退还有关材料。

■》 3.2.4 移送单位对不立案决定有异议的，可以在收到不立案通知书后五日内要求作出不立案决定的人民检察院复议。人民检察院刑事申诉检察部门应当指派专人进行审查，在七日内作出复议决定，并将复议决定书送达申请复议单位。

■》 3.2.5 移送单位对复议决定不服的，可以在收到人民检察院复议决定书后五日内向上一级人民检察院提请复核。上一级人民检察院应当在收到移送单位提请复核意见书后十五日内作出复核决定。对于原不立案决定错误的，应当及时纠正，并通知作出不立案决定的下级人民检察院执行。

■》 3.2.6 对经过初查或侦查，认为不需要追究刑事责任，未予立案或在立案后作出撤销或不起诉决定的案件，可与相关单位交换意见：

（1）对认为应当追究党纪政纪责任的，应提出检察建议连同有关材料一起移送相应单位的纪检监察部门处理；

（2）对其中涉及领导干部的渎职案件，应按干部管理权限的规定，将检察建议和有关材料移送相应主管机关处理；

（3）对需要给予行政处罚、行政处分或者需要没收其违法所得的，应提出检察意见，移送有关主管机关处理；

（4）移送情况应向发案单位通报。

▶ 4. 行政执法机关向检察机关移送职务犯罪案件的程序

■》 4.1 行政执法机关发现或经调查，认为本部门工作人员涉嫌渎职、贪贿等职务犯罪，需要追究刑事责任的案件，应将有关材料移送相应的检察机关。

■》 4.2 行政执法机关在查处违法行为过程中，应当妥善保存所收集的与违法行为有关的证据：

（1）对查获的涉案等物品，应当如实填写涉案物品清单，并按照国家有关规定予以处理；

（2）对易腐烂、变质等不宜或不易保管的涉案物品，应当采取必要措施，留取证据；

（3）对需要进行检验、鉴定的涉案物品，应当由法定检验、鉴定机构进行检验、鉴定，并出具检验报告或者鉴定结论。

▶ 4.3 行政执法机关对应当向检察机关移送的涉嫌犯罪案件，应当立即指定两名或两名以上行政执法人员组成专案组专门负责，核实情况后提出移送涉嫌犯罪案件的书面报告，报经本机关正职负责人或者主持工作的负责人审批。

▶ 4.4 正职负责人或者主持工作的负责人应当自接到移送涉嫌犯罪案件书面报告之日起三日内作出批准移送或者不批准移送的决定：

（1）决定批准的，应当在二十四小时内向同级检察机关移送；

（2）决定不批准的，应当将不予批准的理由记录在案。

▶ 4.5 行政执法机关向检察机关移送涉嫌犯罪案件，应当附有下列材料：

（1）涉嫌犯罪案件移送书；

（2）涉嫌犯罪案件情况的调查报告；

（3）涉案物品清单；

（4）有关检验报告或者鉴定结论；

（5）其他有关涉嫌犯罪的材料。

▶ 4.6 行政执法机关对检察机关决定立案的案件，应当自接到立案通知书之日起三日内将涉案物品以及与案件有关的其他材料移交检察机关，并办结交接手续。

▶ 4.7 行政执法机关接到检察机关不予立案的通知书后，认为依法应当由检察机关决定立案的，可以自接到不予立案通知书之日起三日内，提请作出不予立案决定的检察机关复议。

▶ 4.8 行政执法机关对检察机关决定不予立案的案件，应当依法作出处理。其中，依照有关法律、法规或者规章的规定应当给予行政处罚的，应当依法实施行政处罚。

▶ 5. 检察机关商请行政执法机关提供职务犯罪案件的证据材料

在办案过程中，人民检察院有权向行政执法机关收集调取证据，有关行政执法机关应当如实提供，按照人民检察院的要求，交出可以证明犯罪嫌疑人有罪、无罪的物证、书证、视听资料、电子数据等证据材料。比如，办案人员持本人工作证、执法证及办案单位介绍信（如需调取原件的，还应当准备《调取证据通知书》），可以向行政执法机关调取如下证据材料：

（1）向有关单位调取能够证明犯罪嫌疑人有罪或者无罪以及犯罪情节轻重的证据材料，并且可以根据需要拍照、录像、复印和复制；

（2）向发案单位或组织人事部门调取证实犯罪嫌疑人主体资格及其职权职责的证据材料；

（3）向发案单位调取证实犯罪嫌疑人实施犯罪的职务行为的证据材料，比如：犯罪嫌疑人签字、批示的文件，相关的账簿、会议记录、电话记录、工作日记、便条、传真、电报等文字资料，相关的音频、视频监控及电子数据库资料等；

（4）调取能够证实犯罪嫌疑人或其他当事人存在行政违法行为的相关材料等。

▶ 6. 检察机关商请行政执法机关协助采取强制措施

▶▷ 6.1 检察机关决定对犯罪嫌疑人适用取保候审、监视居住、拘留和逮捕的，由公安机关执行，检察机关可以配合执行。（详见第五章侦查阶段采取强制措施操作规程）

▶▷ 6.2 检察机关在协助公安机关对犯罪嫌疑人执行取保候审、监视居住、拘留和逮捕，需要相关行政执法单位配合的，办案人员可以持本人工作证、执法证及办案单位介绍信与相关单位的纪检监察部门联系，要求其协助配合。

▶ 7. 检察机关商请行政执法机关协助进行调查取证

▶▷ 7.1 在办案过程中，可商请行政执法机关对讯问犯罪嫌疑人，询问证人，勘验、检查，搜查，调取、扣押书证、物证和视听资料，查询、扣押、冻结存款、汇款，鉴定，辨认，通缉，追逃等调查取证事项进行协助。可商情公安机关、国家安全机关采取技术侦查、通缉等措施；商请相关行政执法机关提供信息查询、专业咨询、司法鉴定等服务。

▶▷ 7.2 需商请行政执法机关协助进行调查取证的，一般由办案人员持本人工作证、执法证及办案单位介绍信直接与行政执法机关的对应部门联系协调，要求提供协助。

▶ 8. 检察机关向行政执法机关移送案件的程序

人民检察院在职务犯罪案件办理过程中，发现相关人员不构成犯罪，但是需要追究党纪、政纪责任的；或者发现相关人员涉嫌违反行政法规、规章，需要进行行政处罚的，参照本操作规程3.2.6的规定，由办案人员提出检察建议，层报检察长审批后，连同有关材料一起移送有关主管机关、部门处理。

▶ 9. 责任追究

▶▷ 9.1 行政执法机关违反规定，隐匿、私分、销毁涉案物品的，由本级或者上级人民政府，或者实行垂直管理的上级行政执法机关，对其正职负责人根据情节轻重，给予降级以上的行政处分；构成犯罪的，依法追究刑事责任。对前款所列行为直接负责的主管人员和其他直接责任人员，比照前款的规定给予行政处分；构成犯罪的，依法追究刑事责任。

▶▷ 9.2 行政执法机关违反规定，逾期不将职务犯罪案件移送检察机关的，由本级或者上级人民政府，或者实行垂直管理的上级行政执法机关，责令限期移送，并对其正职负责人或者主持工作的负责人根据情节轻重，给予记过以上的行政处分；构成犯罪的，依法追究刑事责任。

▶▷ 9.3 行政执法机关违反规定，对应当向检察机关移送的案件不移送，或者以行政处罚代替移送的，由本级或者上级人民政府，或者实行垂直管理的上级行政执法机关，责令改正，给予通报；拒不改正的，对其正职负责人或者主持工作的负责人给予记过以上的行政处分；构成犯罪的，依法追究刑事责任。

▶▷ 9.4 最高人民检察院对地方各级人民检察院，上级人民检察院对下级人民检察院办理的行政执法机关移送的涉嫌犯罪案件，应加强指导和监督，对不依法办理以及办理过程中的违法违纪问题，要依照有关规定严肃处理；构成犯罪的，依法追究刑事责任。

▶▷ 9.5 各级人民检察院对行政执法机关不移送涉嫌犯罪案件，具有下列情形之一的，可以提出检察意见：

（1）检察机关发现行政执法机关应当移送的涉嫌犯罪案件而不移送的；

（2）有关单位和个人举报的行政执法机关应当移送的涉嫌犯罪案件而不移送的；

（3）隐匿、销毁涉案物品或者私分涉案财物的；

（4）以行政处罚代替刑事追究而不移送的。

▶▷ 9.6 有关行政执法人员涉嫌犯罪的，依照刑法的有关规定，追究刑事责任。

▶ 10. 操作禁忌

▶▷ 10.1 行政执法机关对应当向检察机关移送的涉嫌犯罪案件，不得以行政处罚代替移送。

▶▷ 10.2 行政执法机关向检察机关移送涉嫌犯罪案件前已经作出的警告，责令停产停业，暂扣或者吊销许可证、暂扣或者吊销执照的行政处罚决定，不停止执行。

二、检察机关介入重大责任事故调查操作规程

【定义】检察机关介入重大责任事故调查是指检察机关参与行政机关对重大责任事故的调查，在法定职权范围内开展工作，并依法查办造成重大责任事故的国家机关工作人员渎职等职务犯罪的工作机制。

▶ **1. 检察机关介入重大责任事故调查工作流程**

检察机关介入重大责任事故调查工作流程图

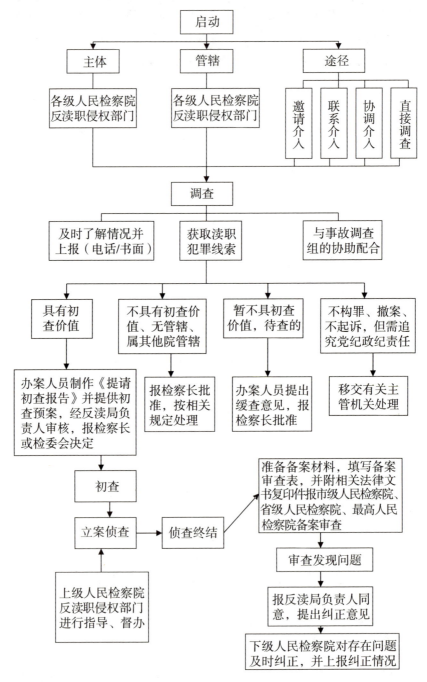

▶ 2. 检察机关介入重大责任事故调查的目的、任务、职责

▶ 2.1 目的：发现并依法查办造成重大责任事故的国家机关工作人员渎职等职务犯罪，加强安全生产责任事故犯罪检察工作，促进严格执法、依法行政，维护国家利益和公民的合法权益，服务经济发展、促进社会和谐稳定。

▶ 2.2 任务：

（1）发现事故所涉国家机关工作人员渎职等职务犯罪案件线索，受理群众关于事故所涉国家机关工作人员渎职等职务犯罪举报，接受事故调查组或者相关职能部门移送的案件线索；

（2）对事故所涉国家机关工作人员渎职等职务犯罪案件依法开展初查和侦查；

（3）全面收集、固定物证、书证、技术鉴定和视听资料等证据材料，询问受害人、证人，讯问犯罪嫌疑人；

（4）对事故调查工作和生产安全事故犯罪案件诉讼活动实施法律监督；

（5）开展法制宣传和犯罪预防工作。

▶ 2.3 职责：

（1）加强与事故调查组及相关部门的沟通协调，及时掌握了解事故和事故调查进展情况；

（2）调取、收集有关行政主管部门和监管机关的职责规定、工作流程及有关法律法规、规章制度等材料；

（3）对发现、受理事故所涉渎职等职务犯罪线索情况进行审查，并提出处理意见；

（4）对涉嫌渎职等职务犯罪的案件线索依法开展初查；

（5）对构成犯罪的案件依法进行侦查，并采取相关侦查措施和手段；

（6）依法全面收集和固定相关证据材料；

（7）参加政府事故调查组有关会议，对事故的性质、原因、相关单位及人员的责任认定和处理等提出意见和建议；

（8）完成其他事故调查工作任务。

▶ 3. 检察机关介入重大责任事故调查的启动

▶ 3.1 介入的主体：

▶ 3.1.1 各级人民检察院的反渎职侵权部门是检察机关介入行政机关对重大责任事故调查工作的职能部门。

▶ 3.1.2 各级人民检察院应当建立健全责任事故调查专门机构，实行责任事故调查专员（以下简称调查专员）制度。

▰》3.1.3 责任事故发生后，事故发生地县级人民检察院的介入人员要及时了解情况并按照分级管辖原则逐级上报。对于重大以上责任事故报最高人民检察院渎职侵权检察厅，较大以上责任事故报省级人民检察院，一般责任事故报市级人民检察院。

▰》3.2 介入的管辖：

▰》3.2.1 人民检察院介入重大责任事故调查实行分级管辖原则，应当根据事故的等级组成相应的专案组，依法开展调查工作。

（1）特大事故由最高人民检察院介入组织调查，相关省级人民检察院分管副检察长带队开展调查工作；其中，特大事故是指造成三十人以上死亡，或者一百人以上重伤，或者一亿元以上直接经济损失的事故。

（2）重大事故由省级人民检察院介入组织调查，相关事故发生地市级人民检察院分管副检察长带队开展调查工作；其中，重大事故是指造成十人以上三十人以下死亡，或者五十人以上一百人以下重伤，或者五千万元以上一亿元以下直接经济损失的事故。

（3）较大事故由地市级人民检察院介入组织调查，相关事故发生地县级人民检察院分管检察长带队开展调查工作；其中，较大事故是指造成三人以上十人以下死亡，或者十人以上五十人以下重伤，或者一千万元以上五千万元以下直接经济损失的事故。

（4）一般事故由事故发生地县级人民检察院组织调查。其中，一般事故是指造成三人以下死亡，或者十人以下重伤，或者一千万元以下直接经济损失的事故。

▰》3.2.2 上级人民检察院介入组织调查的，可以组织事发地人民检察院反渎职侵权部门派员参与调查。对于事发地检察院查办有困难，或者不宜由事发地检察院参与调查的案件，上级人民检察院可以组织其他地方检察机关派员参与调查。

▰》3.3 介入的途径：

▰》3.3.1 各级人民政府或者其授权有关部门成立事故调查组，邀请人民检察院介入调查的，同级人民检察院应当派员介入调查；没有邀请人民检察院介入调查的，人民检察院应当主动与同级人民政府或者政府授权的事故调查组牵头部门协调联系介入调查；相关政府或职能部门仍不同意人民检察院介入调查的，应当立即报告上级人民检察院，上级人民检察院应当进行协调。

▶▶ 3.3.2 各级人民政府没有成立事故调查组，也未授权有关部门成立事故调查组，有关职能部门依照法定程序开展事故调查的，事故发生地的人民检察院应当直接与有关职能部门联系介入调查；有关职能部门仍不同意人民检察院介入调查的，应当立即报告上级人民检察院，上级人民检察院应当与同级人民政府或职能部门进行协调。

▶▶ 3.3.3 责任事故发生后，相关政府或职能部门不同意人民检察院介入调查或者没有开展事故调查的，人民检察院认为事故可能涉嫌渎职等职务犯罪的，应当按照法定职权进行调查，必要时采取以事立案方式立案调查，或者提起重大复杂渎职侵权违纪违法犯罪案件专案调查机制进行调查。

▶ 4. 检察机关介入重大责任事故调查的工作内容

▶▶ 4.1 及时了解情况并上报：

▶▶ 4.1.1 责任事故发生后，事故发生地县级人民检察院的调查专员应当及时了解情况，并按照分级管辖原则逐级上报；上级人民检察院在发现责任事故发生后应当要求事故发生地县级人民检察院及时介入了解情况并逐级上报，同时应当立即电话报告其上级人民检察院，并在二十四小时内上报书面情况。

▶▶ 4.1.2 电话报告一般应当报告以下情况：

（1）事故发生单位的名称、地址；

（2）事故发生的时间、地点、初步性质；

（3）事故已造成或可能造成的伤亡人数（包括失踪人数）。

▶▶ 4.1.3 书面报告一般应当报告以下内容：

（1）事故发生单位的名称、地址、生产经营活动等基本情况；

（2）事故发生的时间、地点、初步性质以及抢险救援情况；

（3）事故的简要经过；

（4）事故已造成或可能造成的伤亡人数（包括失踪人数）和初步估计的财产损失；

（5）政府是否成立事故调查组；

（6）检察机关介入调查情况；

（7）其他应当报告的情况。

▶▶ 4.2 获取涉嫌渎职等职务犯罪线索：

▶▶ 4.2.1 调查专员在介入事故调查时应当注意收集下列线索：

（1）不依法履行职责，工作中严重失职渎职的；

（2）违法审批产生严重后果的；

（3）不依法查封、取缔、给予行政处罚，产生严重后果的；

（4）事故发生后，有关部门不立即组织抢险救灾、贻误抢救时机造成事故扩大，产生严重后果的；

（5）对事故隐瞒不报、谎报、拖延迟报，产生严重后果的；

（6）贪污、挪用公款，收受财物或者向他人行贿的；

（7）其他渎职行为。

▶▶4.2.2 调查专员可以通过以下途径获取相关线索：

（1）接受机关、团体、企事业单位和公民的报案、控告或举报；

（2）自行发现或本院其他部门移送；

（3）上级机关交办、督办或转办；

（4）安全生产监督管理部门、纪检监察机关、公安机关等部门移送；

（5）事故调查组移送；

（6）新闻媒体披露；

（7）犯罪嫌疑人投案自首；

（8）从其他途径发现。

▶▶4.2.3 调查专员在介入责任事故调查时应当注意从以下方面发现线索：

（1）参与事故调查组召开的有关会议和及时审查事故调查组提供的有关调查材料。

（2）到事故现场调查走访，向事故所涉人员了解情况。

（3）接受责任事故被害人的举报。

▶▶4.2.4 在责任事故调查中，调查专员可以从如下三个层面切入，查明是否存在渎职等职务犯罪的线索：

（1）以造成责任事故的生产经营主体违法违规问题为切入点，查清：违法违规生产的表现及原因，证照是否齐全，是否存在瞒报、谎报、迟报、不报行为，是否存在权钱交易等违法犯罪问题；

（2）以对违法违规生产经营主体实施监督管理的主体为切入点，查清：对经营主体实施日常安全生产监管和行业监管的主体单位及责任人，安全生产监管和行业主管主体履行职责情况，是否存在瞒报、谎报、迟报、不报行为，是否存在权钱交易等违法犯罪问题；

（3）以对安全生产工作的领导主体为切入点，查清：地方党委政府是否重视安全生产工作，是否认真落实党和国家安全生产法律法规及政策措施，是否有效组织开展本地区安全生产工作，事故发生后是否存在瞒报、谎报、迟报、不报行为，是否存在权钱交易等违法犯罪问题。

▶▶ 4.3 与事故调查组的协助配合：

■▶▶ 4.3.1 检察机关要与事故调查组和有关职能部门加强联系沟通，分工合作，紧密配合。要支持事故调查组和有关职能部门依法开展调查工作，尊重事故调查组的组织协调。

■▶▶ 4.3.2 人民检察院对事故所涉犯罪嫌疑人决定立案侦查，或者决定采取拘留、逮捕等强制措施的，应当向事故调查组主要负责人通报。事故调查组或相关部门对检察机关决定立案、采取拘留、逮捕等强制措施持不同意见的，检察机关专案组应及时沟通协调，并报告本院领导。沟通后意见仍不一致的，应当向上级人民检察院报告，由上级人民检察院进行沟通、协调。

■▶▶ 4.3.3 检察机关对犯罪嫌疑人决定撤销案件或者不起诉的，应当及时通报事故调查组或者相关职能部门；事故调查组已撤销的，应当通报相关主管部门。

■▶▶ 4.3.4 人民检察院发现事故调查组工作人员的调查行为违反法律规定的，应当及时提出纠正意见；对拒不改正的，应当书面提请有关主管机关对相关人员进行问责；情节严重的，应当移送纪检监察机关处理；涉嫌犯罪的，应当依法追究其刑事责任。

■▶▶ 4.3.5 人民检察院在事故调查中发现责任事故所涉相关人员应当受纪律处分、行政处罚等未予追究或追究未落实的，或发现责任事故所涉相关单位部门存在制度不健全、管理不完善等问题的，应当及时督促事故调查组及有关主管机关进行处理，必要时可以发出检察建议，并要求有关部门回复处理结果。

■▶▶ 4.3.6 人民检察院在责任事故调查中，除涉嫌保密的情况外，检察专案组应及时向事故调查组通报司法调查工作情况。在事故调查结束时，应将司法调查情况以书面形式通报事故调查组，由事故调查组将检察机关立案侦查和采取措施等情况写入事故调查的总体报告。

■▶▶ 4.3.7 人民检察院对事故调查组关于责任事故原因、性质、责任划分和责任人的处理等有异议的，应当在事故调查报告形成前向事故调查组和相关职能部门提出意见。对事故调查报告有不同意见的，应当及时向事故调查组提出。

对调查组的回复意见仍有异议的，应当写出书面报告，送牵头组织调查的同级人民政府。

▶ 5. 对获取的事故所涉渎职等职务犯罪线索的处理

▶▶ 5.1 检察机关对于发现或受理的责任事故线索，应当依法登记、上报并及时进行评估、审查。

▶▶ 5.2 责任事故调查专门机构应当建立责任事故线索库，逐件登记线索来源、涉案单位及人员、反映的事实、性质、侦查人员对线索处置情况等，并实行微机动态管理。

▶▶ 5.3 对属于上级检察院管辖的线索要及时上报，上报责任事故案件线索，应当逐案填写《生产安全责任事故情况表》，并附线索主要材料复印件。

▶▶ 5.4 对可能涉及县、处级以上领导干部渎职侵权犯罪的，应当在受理后三日内将有关材料报送省级人民检察院反渎职侵权局。情况紧急的，应当在受理当日报送。

▶▶ 5.5 属于本院管辖的要及时受理并认真审查。其中，对于造成死亡一人或经济损失在一百五十万元以上的事故，应当依法开展调查，了解事故的性质、原因、伤亡情况等，从中发现和掌握事故背后可能存在的渎职等职务犯罪案件线索。

▶▶ 5.6 对受理或接受的责任事故所涉案件线索，由反渎职侵权局负责人和事故调查专员等共同组成评估小组进行评估。案件线索评估后，视情况作如下处理：

（1）具有初查价值的，应当由办案人员制作《提请初查报告》并提供初查预案，经反渎职侵权局负责人审核，报请检察长批准或者检察委员会决定后实施；

（2）不具有初查价值的，或者不属于人民检察院管辖的，或者属于其他人民检察院管辖的，报请检察长批准后按相关规定处理；

（3）暂不具有初查价值，但有待查价值的，办案人员应当提出缓查意见，报请检察长批准。

▶▶ 5.7 对相关线索经审查认为不构成犯罪，但相关人员已经涉嫌违法违纪需要追究党纪政纪责任的；或者对相关犯罪嫌疑人决定撤销案件或者不起诉，但认为需要追究其党纪政纪责任的，应当按规定移交有关主管机关处理。

▶▶ 5.8 对职务犯罪线索进行评估、审查除可以采取线索审查的一般措施外，还可以采取以下措施：

（1）要求事故调查组或者相关职能部门及时移交相关证据材料。

（2）与事故调查组工作人员一起向事故有关责任人员了解情况。

（3）经检察机关和事故调查组有关负责人批准，可以借阅和复制事故调查组的有关材料和卷宗；可以接触与事故调查有关的人员，向其询问和了解有关情况。

（4）可以商请事故调查组对事故所涉相关技术问题、原因和责任认定等问题作出鉴定性意见。

▶ 6. 对事故所涉渎职等职务犯罪案件的立案侦查

▶ 6.1 人民检察院对事故所涉渎职等职务犯罪案件立案侦查工作，不受政府事故调查工作进展情况的影响，认为有犯罪事实，需要追究刑事责任的，应当及时提请初查、立案；重大责任事故性质已经确定，危害后果严重，认为有犯罪事实需要追究刑事责任，但尚不能确定犯罪嫌疑人的，可以提请以事立案。

▶ 6.2 重大责任事故所涉渎职侵权等职务犯罪案件原则上由犯罪嫌疑人工作单位所在地或者事故发生地人民检察院立案侦查。经检察长批准，上级人民检察院可以直接查办应当由下级人民检察院管辖的渎职侵权犯罪案件，或者组织本辖区相关检察院协同查办。

▶ 6.3 在介入调查中发现的与渎职行为相关的贪污贿赂犯罪线索的，可以并案侦查；与渎职行为无关的，应当移送反贪污贿赂部门办理；案情重大复杂的，应当报请检察长批准由反渎职侵权部门和反贪污贿赂部门共同组建联合办案组查办。

▶ 6.4 人民检察院已决定立案侦查的案件中，对正在参与事故抢险救援、调查和技术鉴定等工作的职务犯罪嫌疑人，除发现其可能自杀，逃跑，毁灭、伪造证据或者串供等情形外，在事故抢险期间，一般不采取刑事拘留、逮捕等强制措施。需要对上述犯罪嫌疑人进行讯问的，应当在征求事故调查组或者相关职能部门主要负责人的意见后，选择适当时机进行。犯罪嫌疑人正在参与事故调查和技术鉴定工作的，人民检察院应当建议事故调查组或者相关职能部门责令其中止调查取证或者技术鉴定工作。

▶ 6.5 人民检察院在事故调查中，要依法、全面、客观地收集和固定相关证据。对于事故救援、调查过程中可能遭受损毁、破坏、灭失的证据，应当及时依法采取照相、录像等方式予以固定。政府行政调查组在事故调查中依法收集的物证、书证、视听资料、电子数据、鉴定意见、勘验检查笔录等证据材料，经审查符合法定要求的，可以作为证据使用。

▶ **7. 对事故所涉渎职等职务犯罪案件的备案审查**

▶▶ 7.1 查办责任事故案件实行分级备案审查制度

▶▶ 7.1.1 最高人民检察院备案审查的案件：

（1）重大以上的责任事故及其所涉渎职等职务犯罪案件；

（2）责任事故所涉处级以上国家机关人员渎职等职务犯罪案件；

（3）重大环境污染事件、重大食品安全事件及其所涉渎职等职务犯罪案件；

（4）对事故瞒报、不报、缓报的渎职等职务犯罪案件；

（5）其他在全国范围内造成重大社会影响的生产安全责任事故及其所涉渎职等职务犯罪案件。

▶▶ 7.1.2 省级人民检察院备案审查的案件：

（1）较大以上的责任事故及其所涉渎职等职务犯罪案件；

（2）市级人民检察院查办的责任事故所涉渎职等职务犯罪案件；

（3）其他在本辖区内发生的造成重大社会影响的生产安全责任事故及其所涉渎职等职务犯罪案件。

▶▶ 7.1.3 市级检察院反渎职侵权局备案审查的案件：

（1）本地发生的由县级检察机关查办的生产安全责任事故所涉渎职等职务犯罪案件；

（2）在本辖区内发生的一般生产安全责任事故及其所涉渎职等职务犯罪案件。

▶▶ 7.2 报送备案审查的材料实行逐级层报制度。材料内容包括事故基本情况、参与事故调查情况、职务犯罪查处情况等。

▶▶ 7.3 责任事故涉及的多名犯罪嫌疑人由不同检察机关立案侦查的，由其共同的上级检察机关汇总情况后报送。报送每一阶段的备案材料时，应认真填写《查办责任事故所涉职务犯罪案件备案审查表》（同时报送书面材料和电子文本），并附相关法律文书复印件。

▶▶ 7.4 对下级检察院上报的备案审查材料，上级人民检察院事故调查专员应当认真进行审查，审查的内容包括介入调查、证据收集、立案侦查、侦查措施和手段运用、案件质量、对相关人员处理等情况，对于审查发现的问题，报请反渎职侵权局负责人同意后，及时提出纠正意见。对上级检察院提出纠正意见的，下级检察院应当及时纠正，并上报纠正情况。

▶ **8. 检察机关介入重大责任事故调查的指导、督办**

▶▷ 8.1 上级人民检察院的反渎职侵权部门应当对下级人民检察院参与重大责任事故调查和查办案件工作及时进行指导和督办。

▶▷ 8.2 对下级人民检察院查办有困难，或者不宜由有管辖权的人民检察院查办的案件，上级人民检察院可以直接派员参办、督办或者指定其他人民检察院查办。

▶▷ 8.3 对上级人民检察院参办、督办、交办的案件，承办案件的人民检察院要及时向上级人民检察院参办、督办的人员通报案件查办情况；对犯罪嫌疑人决定立案，采取拘留、逮捕等强制措施的，要同时书面报告上级人民检察院。

▶▷ 8.4 上级人民检察院应当及时掌握本辖区发生的责任事故情况和下级人民检察院责任事故调查情况、立案查办责任事故所涉渎职等职务犯罪案件情况，各省级人民检察院每季度向最高人民检察院渎职侵权检察厅报告一次综合情况，最高人民检察院渎职侵权检察厅每半年通报一次全国查办案件情况。

▶▷ 8.5 地方各级人民检察院对县处级以上干部涉嫌渎职等职务犯罪立案的，要将立案决定书层报最高人民检察院渎职侵权检察厅备案。

▶ **9. 操作禁忌**

人民检察院介入调查的责任事故中，介入事故调查的检察人员不属于事故调查组成员，不应在事故调查报告上签字。

第四节 涉港澳刑事个案
协查类操作规程

【定义】涉港澳刑事个案协查是指港澳与内地之间就诉讼文书的送达、证据的收集、逃犯的移交、证人的出庭作证、刑事诉讼的移送管辖、判决的承认和执行等各类刑事司法事务，相互提供便利，互相合作的活动。

内地向港澳提出个案协查工作流程图

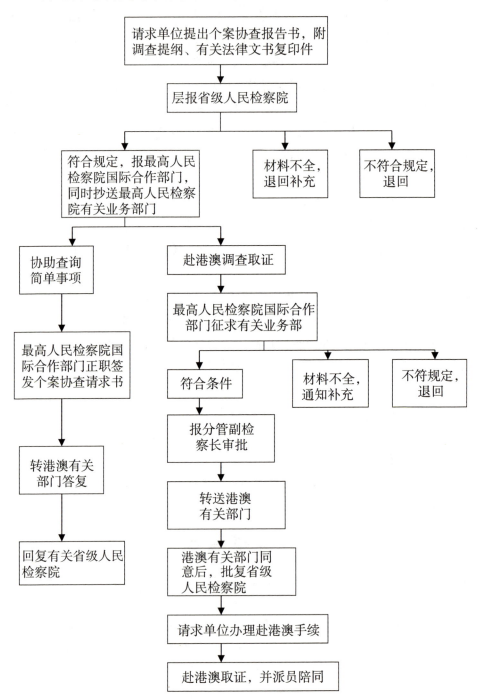

请求单位提出个案协查报告书，附调查提纲、有关法律文书复印件

层报省级人民检察院

符合规定，报最高人民检察院国际合作部门，同时抄送最高人民检察院有关业务部门

材料不全，退回补充

不符合规定，退回

协助查询简单事项

赴港澳调查取证

最高人民检察院国际合作部门正职签发个案协查请求书

最高人民检察院国际合作部门征求有关业务部

符合条件

材料不全，通知补充

不符规定，退回

转港澳有关部门答复

报分管副检察长审批

回复有关省级人民检察院

转送港澳有关部门

港澳有关部门同意后，批复省级人民检察院

请求单位办理赴港澳手续

赴港澳取证，并派员陪同

港澳向内地提出个案协查工作流程图

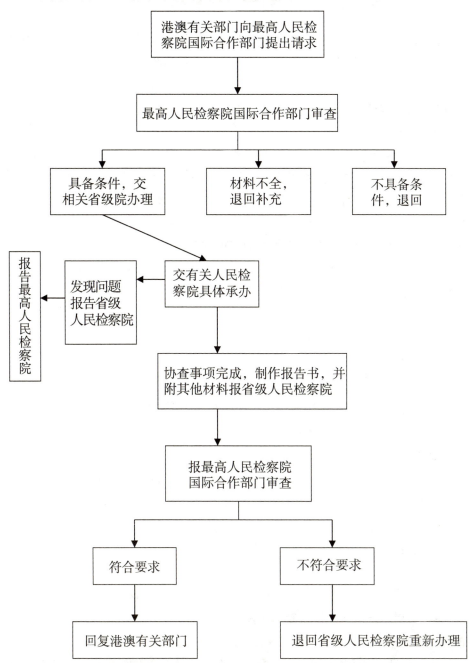

港澳有关部门向最高人民检察院国际合作部门提出请求

↓

最高人民检察院国际合作部门审查

↓

具备条件，交相关省级院办理 ｜ 材料不全，退回补充 ｜ 不具备条件，退回

↓

交有关人民检察院具体承办 ← 发现问题报告省级人民检察院 → 报告最高人民检察院

↓

协查事项完成，制作报告书，并附其他材料报省级人民检察院

↓

报最高人民检察院国际合作部门审查

↓

符合要求 ｜ 不符合要求

↓

回复港澳有关部门 ｜ 退回省级人民检察院重新办理

一、提请涉港澳个案协查操作规程

【定义】提请涉港澳个案协查是指各级人民检察院在办理职务犯罪案件过程中，因相关事项需要香港特别行政区、澳门特别行政区有关部门予以协助的，逐级上报至最高人民检察院国际合作部门，并根据国际合作部门的协调安排，进行相应调查取证工作的活动。

▶ 1. 主体

▶ 1.1 办理职务犯罪案件的各级人民检察院可以提出涉港澳个案协查的申请。

▶ 1.2 省级人民检察院负责对下级人民检察院的个案协查请求进行审查，最高人民检察院国际合作部门负责对省级人民检察院报送的个案协查请求报告进行处理。

▶ 2. 可以提请涉港澳个案协查的事项范围

内地各级人民检察院在职务犯罪案件办理过程中，可以就下述事项提请香港特别行政区、澳门特别行政区有关部门给予协助：

（1）查找和辨认有关人员；

（2）向有关人员录取证言；

（3）安排证人和鉴定人出庭作证；

（4）查询银行账户等有关文件；

（5）交换犯罪情报、法律资料、提供有关司法记录；

（6）其他需要协查的事项。

▶ 3. 提请涉港澳个案协查的方式

个案协查请求一般采取由香港特别行政区、澳门特别行政区有关部门代为调查取证的方式，派员赴香港特别行政区、澳门特别行政区调查取证的案件，应当符合以下条件：

（1）案件属于重特大案件；

（2）案件的主要证人或重要证据在香港特别行政区、澳门特别行政区；

（3）案件的协查需办案人员在场提供补充信息和建议。

▶ 4. 提请涉港澳个案协查的程序

▶ 4.1 地方各级人民检察院办理的案件需要向香港特别行政区、澳门特别行政区有关部门提出个案协查请求的，由案件承办人员制作报告书，报所在检察院检察长审批后，加盖单位印章，通过所在业务部门逐级上报至最高人民检察院国际合作部门。

▶▶ 4.2 报告书应当包括以下内容，并附详细调查提纲和有关法律文书复印件：

（1）犯罪嫌疑人或被告人基本情况；

（2）主要犯罪事实和法律依据；

（3）是否采取强制措施；

（4）提出请求的理由；

（5）请求协助的事项；

（6）已经掌握的被调查人的姓名、性别、国籍、住址、联系电话、身份证号码或港澳居民往来内地通行证号码、被调查单位的名称、地址、电话等，以及其他有利于查找的线索资料；

（7）提出请求的人民检察院联系人和联系电话；

（8）请求派员赴港澳调查取证的，列出拟赴港澳人员名单。

▶▶ 4.3 省级人民检察院对应业务部门应当对下级人民检察院业务部门报请的个案协查请求进行审查，并按照下列情形分别处理：

（1）材料齐全，符合规定的，报送最高人民检察院国际合作部门，同时抄送最高人民检察院有关业务部门。

（2）材料不齐全的，退回提出请求的人民检察院，要求补充材料后再重新报送。

（3）不符合规定的，退回提出请求的人民检察院，并说明理由。不符合规定通常是指申请协助的事项不符合内地或香港、澳门的相关法律规定，比如未立案即要求对相关人员采取限制人身、财产权利的措施的。

▶ **5. 最高人民检察院对省级人民检察院报送的涉港澳个案协查请求的处理**

最高人民检察院国际合作部门收到省级人民检察院报送的个案协查请求报告后，应按照下列情形分别处理：

▶▶ 5.1 请求香港特别行政区、澳门特别行政区有关部门协助查询简单事项的，由国际合作部门正职签发个案协查请求书，由最高人民检察院国际合作部门将案件材料转送香港特别行政区、澳门特别行政区有关部门；在得到香港特别行政区、澳门特别行政区有关部门的答复后，回复有关省级人民检察院。

▶▶ 5.2 对于请求派员赴港澳调查取证的，应立即征求有关业务部门意见，并分别进行以下处理：

（1）对符合派员赴香港特别行政区、澳门特别行政区调查取证条件的，报请分管检察长审批同意后，由最高人民检察院国际合作部门将案件材料转送香港特别行政区、澳门特别行政区有关部门，并联系落实有关赴香港、澳门调查取证事宜；在得到香港特别行政区、澳门特别行政区有关部门同意后，批复有关省级人民检察院。

（2）报送材料不齐全的，通知报送的省级人民检察院补充材料。

（3）不符合规定的，退回报送的省级人民检察院，并说明理由。

▶ **6. 派员赴港澳取证的程序**

▶▶ 6.1 赴香港、澳门调查取证的，由最高人民检察院决定由最高人民检察院或者最高人民检察院指定广东省人民检察院派员陪同。

▶▶ 6.2 派员赴港澳取证的程序得到最高人检察院国际合作部门的批复同意后，由省级人民检察院根据此批复在当地办理赴香港、澳门手续。

▶▶ 6.3 需广东省人民检察院派员的，省级人民检察院应当将有关材料同时抄送广东省人民检察院个案协查办公室。

▶ **7. 具体细节**

▶▶ 7.1 刑事个案协查请求应当一案一报。案件同时涉及香港、澳门两地区的，可以同时报告。

▶▶ 7.2 办案人员赴香港、澳门调查取证的费用，由承办案件的人民检察院向当地财政部门申请解决。

▶▶ 7.3 广东省人民检察院除重特大案件须报最高人民检察院审批外，可直接审批本省内的个案协查案件，并可以直接与香港特别行政区、澳门特别行政区有关部门联系办理。

二、处理港澳个案协查请求操作规程

【定义】处理港澳个案协查请求是指最高人民检察院对香港特别行政区、澳门特别行政区有关部门提出的个案协查请求进行处理以及负责落实的承办检察院对具体协查事项进行办理的活动。

▶ **1. 主体**

▶▶ 1.1 最高人民检察院国际合作部门负责统一接受并处理香港特别行政区、澳门特别行政区有关部门提出的个案协查请求。

▶▶ 1.2 省级人民检察院或者省级人民检察院指定的下级人民检察院负责对最

高人民检察院国际合作部门交办的港澳个案协查请求的具体办理。

▶ 2. 对港澳个案协查请求的接受和处理

▶ 2.1 最高人民检察院国际合作部门负责统一接受香港特别行政区、澳门特别行政区有关部门提出的代为协查的请求，并按照下列情形分别处理：

（1）具备协查条件的，交有关省级人民检察院办理。

（2）材料不齐全的，请香港特别行政区、澳门特别行政区有关部门补充材料。

（3）不具备协查条件的，退回香港特别行政区、澳门特别行政区有关部门，并说明理由。不具备协查条件通常是指请求协助的事项不符合内地的相关法律规定。

▶ 2.2 最高人民检察院国际合作部门收到香港特别行政区、澳门特别行政区有关部门派员赴内地调查取证的请求后，应当抄送最高人民检察院有关业务部门，并按照下列情形分别处理：

（1）具备协查条件的，通知香港特别行政区、澳门特别行政区有关部门，并做好相应的协查安排；

（2）不具备协查条件的，退回香港特别行政区、澳门特别行政区有关部门，并说明理由。

▶ 3. 对港澳个案协查请求的办理

▶ 3.1 省级人民检察院接到最高人民检察院国际合作部门交办的港澳个案协查请求后，可以由本院侦查部门办理，也可以指令下级人民检察院办理。

▶ 3.2 承办案件的人民检察院应当在请求载明的期限内完成协查事项；未载明期限的，应当在两个月以内完成。如在上述期限内不能完成的，省级人民检察院应当在期限届满前十日报告最高人民检察院，并说明理由。

▶ 3.3 承办案件的人民检察院在办案过程中，如发现问题，应当及时提出意见，由省级人民检察院报告最高人民检察院。

▶ 3.4 承办案件的人民检察院应当认真完成协查事项，制作报告书，连同其他材料报送省级人民检察院；未完成事项应当说明理由。

▶ 3.5 省级人民检察院应当对协查事项完成情况进行审查，对符合要求的，报送最高人民检察院国际合作部门；不符合要求的，责成承办的人民检察院重新办理。

▶ 3.6 最高人民检察院国际合作部门负责对省级人民检察院报送的执行请求

情况的材料进行审查，对符合要求的，回复提出请求的香港特别行政区、澳门特别行政区有关部门；不符合要求的，退回报送案件的省级人民检察院重新办理，并说明理由。

▶ 3.7 内地证人、鉴定人接受香港特别行政区、澳门特别行政区有关部门的请求，同意赴香港、澳门出庭作证的，由最高人民检察院派员陪同或者由最高人民检察院指定广东省人民检察院或证人、鉴定人所在地的人民检察院派员陪同。

▶ 3.8 内地证人、鉴定人赴香港、澳门的有关手续，由其所在地的人民检察院依据最高人民检察院的批复，协助其在当地办理。

第五节 涉外刑事司法协助类操作规程

【定义】涉外刑事司法协助是指不同国家之间为惩治跨国犯罪，根据两国缔结的双边条约或参加的多边公约或者互惠关系，彼此互相协助，代为对方行使一定的刑事诉讼行为（如通缉、逮捕、引渡逃犯、追缴赃款、赃物、调查取证等）的司法制度。

向外国提出刑事司法协助工作流程图

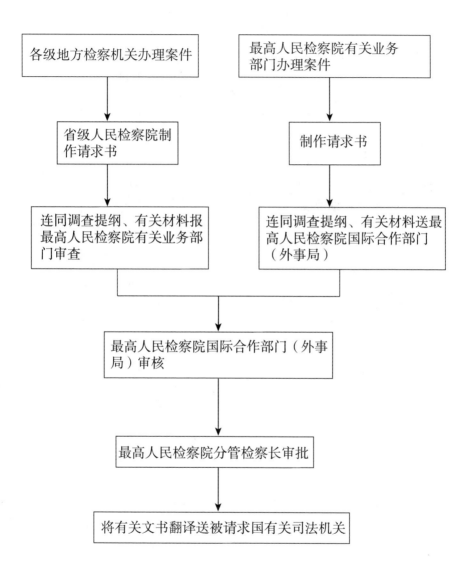

外国向我国提出刑事司法协助工作流程图

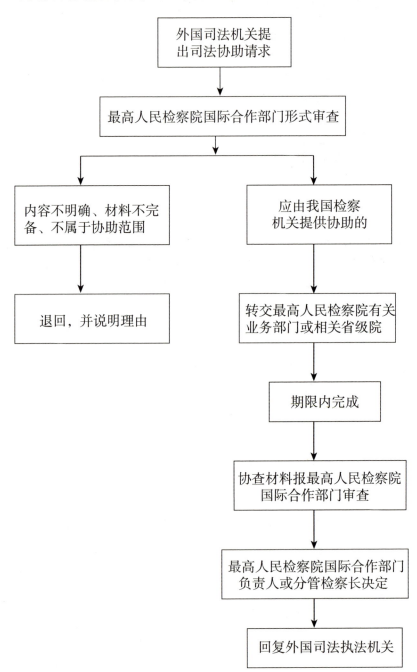

外国司法机关提出司法协助请求

↓

最高人民检察院国际合作部门形式审查

内容不明确、材料不完备、不属于协助范围

应由我国检察机关提供协助的

退回，并说明理由

转交最高人民检察院有关业务部门或相关省级院

↓

期限内完成

↓

协查材料报最高人民检察院国际合作部门审查

↓

最高人民检察院国际合作部门负责人或分管检察长决定

↓

回复外国司法执法机关

一、请求外国提供刑事司法协助操作规程

【定义】请求外国提供刑事司法协助是指各级人民检察院办理职务犯罪案件，需到境外缉捕犯罪嫌疑人、引渡犯罪嫌疑人、调取证据、追缴赃款、赃物，或者请求以遣返、驱逐出境等方式移交犯罪嫌疑人等，需请求外国司法机关提供司法协助的，应当层报至最高人民检察院国际合作部门，由其归口办理相关手续的活动。

▶ **1. 主体**

▶ 1.1 最高人民检察院国际合作部门（外事局）负责检察机关司法协助工作的管理、协调和对外联络。

▶ 1.2 最高人民检察院各有关业务部门负责检察机关司法协助案件的审查和办理。

▶ **2. 请求外国提供刑事司法协助的基本程序**

▶ 2.1 最高人民检察院有关业务部门办理的案件，需请求外国司法机关提供司法协助的，应当制作请求书，连同调查提纲和有关材料送外事局（最高人民检察院国际合作部门）审核。

▶ 2.2 各级地方检察机关办理的案件，需请求外国司法机关提供司法协助的，应当按有关条约的规定提出司法协助请求书、调查提纲及所附文件和相应的译文，经省级人民检察院审核后，报送最高人民检察院有关业务部门；有关业务部门审查提出意见后，送最高人民检察院国际合作部门（外事局）审核。

▶ 2.3 最高人民检察院国际合作部门（外事局）收到最高人民检察院有关业务部门、地方各级人民检察院移送的请求外国提供司法协助的案件材料后，审查确认案件材料是否齐全，请求书和调查提纲的内容、格式是否符合条约的规定，提出书面意见，呈报本院分管检察长审批。

▶ 2.3.1 对符合条约有关规定、所附材料齐全的，经本院分管检察长审批同意后，将有关文书翻译成被请求国文字或条约规定的文字，连同上述材料一并转递缔约另一方的中央机关，或者交由其他中方中央机关办理。

▶ 2.3.2 对不符合条约规定或者材料不齐全的，应当退回提出请求的人民检察院补充或者修正。

▶ 2.4 凡条约规定最高人民检察院为中央机关的，我国其他司法机关请求有关国家提供司法协助的，应通过其主管部门与最高人民检察院国际合作部门

（外事局）联系。

▶▶ 2.5 请求尚未与我国缔结司法协助条约的国家提供刑事司法协助的，应当根据互惠原则，通过外交途径办理，也可以按照惯例进行。

▶ 3. 进行境外缉捕请求司法协助的程序

▶▶ 3.1 对于犯罪嫌疑人已经潜逃出境，需要进行境外缉捕的，承办案件的人民检察院应当迅速查明犯罪嫌疑人的个人基本情况、主要犯罪事实、出逃时间、出逃时所持的出入境证件号码、可能逃往的国家（地区）境外居住地址、电话以及犯罪嫌疑人在境外的亲友等情况，以便开展境外缉捕工作。

▶▶ 3.2 需要通过国际刑警组织缉捕犯罪嫌疑人的，承办案件的人民检察院应当填报《红色通缉令申请表》，并备齐相关法律文书、犯罪嫌疑人的身份证明、涉嫌犯罪的主要证据等材料，以本院名义层报最高人民检察院，商请国际刑警组织中国国家中心局办理。

▶▶ 3.3 犯罪嫌疑人潜逃到与我国相邻国家的，承办案件的人民检察院可以与边境省份的人民检察院或其他机关联系，利用边境区域性合作渠道，在当地有关部门协助下，查找、缉捕潜逃境外的犯罪嫌疑人。

▶▶▶ 3.3.1 边境省份的人民检察院请求相邻国家的司法机关提供刑事司法协助，在不违背有关条约、协议和我国法律的前提下，可以按惯例或者遵照有关规定进行，但应当报送最高人民检察院备案。

▶▶▶ 3.3.2 边境省份的人民检察院请求相邻国家的司法机关提供刑事司法协助，可以视情况就双方之间办案过程中的具体事务作出安排，开展友好往来活动。

▶ 4. 进行引渡请求司法协助的程序

▶▶ 4.1 人民检察院开展境外缉捕工作，可以根据我国与犯罪嫌疑人所在国签订的引渡条约进行引渡。

▶▶ 4.2 承办案件的人民检察院应当按照引渡法规定，以本院名义通过省级人民检察院向最高人民检察院提出引渡请求书，并附相关法律文书、犯罪嫌疑人的身份证明、涉嫌犯罪的主要证据等材料以及经过公证的译文，由最高人民检察院会同外交部审核同意后，由外交部向犯罪嫌疑人所在国提出引渡请求。

▶▶ 4.3 对于犯罪嫌疑人逃往国与我国尚未签订引渡条约的，最高人民检察院可通过外交、国际刑警组织或者被请求国同意的其他途径，请求犯罪嫌疑人所在国对犯罪嫌疑人先行采取强制措施，保证对个案进行引渡。

▶ 5. 请求外国以遣返、驱逐出境等方式移交犯罪嫌疑人的程序

▶ 5.1 对于不能以引渡方式移交犯罪嫌疑人的，承办案件的人民检察院可以通过查明犯罪嫌疑人有犯罪前科、持假证件出逃、以假婚姻等欺诈手段向国外移民以及持无效、作废、过期等证件非法入境、在境外非法滞留、居留或者偷渡出境等情况，以本院名义层报最高人民检察院，商请有关部门将上述情况通报犯罪嫌疑人所在国的移民管理机关或司法机关，促使犯罪嫌疑人所在国采取遣返、驱逐出境等方式移交犯罪嫌疑人，并同时通报我国驻该国使领馆。

▶ 5.2 被请求国对犯罪嫌疑人非法入境、居留情况进行审查、审理的，承办案件的人民检察院应当根据需要，及时递交有关证据和出具书面证明材料，必要时还应当派员出庭作证。

▶ 5.3 被请求国决定将犯罪嫌疑人遣返回国或驱逐出境的，由最高人民检察院协调有关部门，商请外交部、公安部、司法部等部门加强与该国有关部门的联系，争取被请求国尽快将犯罪嫌疑人遣返回国或由我国司法人员将其押解回国；犯罪嫌疑人被遣返或驱逐到第三国（地区）时，最高人民检察院应当及时通过有关部门与第三国（地区）联系，协商引渡、遣返等事宜。

▶ 6. 到境外追缴赃款、赃物请求司法协助的程序

▶ 6.1 对于犯罪嫌疑人携款潜逃境外或将赃款、赃物转移到境外的，承办案件的人民检察院应当尽快查清赃款、赃物的去向。

▶ 6.2 赃款、赃物去向不明的，可以商请外汇管理部门、金融机构以及发案单位进行协查；可以商请省级公安机关或省华侨机构协查。必要时，层报省级人民检察院，由省级人民检察院书面报最高人民检察院，商请外交部通过我国驻外使领馆或商事机构协查；或商请国际刑警组织中国国家中心局、司法部，通过国际刑事司法协助渠道进行协查。

▶ 6.3 需要通过国际刑警组织或其他国际刑事司法协助渠道追缴犯罪嫌疑人转移到境外的赃款、赃物的，承办案件的人民检察院应当以本院名义层报省级人民检察院，由省级人民检察院制作请求书，连同请求事项和有关材料报最高人民检察院商请有关部门办理。

▶ 6.4 需要通过民事诉讼渠道在境外追缴赃款、赃物的，承办案件的人民检察院可以建议由发案单位或有关部门委托赃款、赃物所在国的律师向当地法庭提交起诉状，提出退还赃款、赃物的诉讼请求。在发案单位或有关部门参与境外诉讼过程中，承办案件的人民检察院应当主动给予指导、支持和帮助。

▶▶ 6.5 赃款、赃物被转移到与我国相邻国家的，承办案件的人民检察院可与边境省份的检察机关或其他机关联系，利用边境区域性合作渠道，在当地有关部门协助下，进行追缴。

▶ 7. 到境外取证请求司法协助的程序

▶▶ 7.1 需要获取境外相关证据的，人民检察院可以根据我国与有关国家签订的刑事司法协助条约或通过外交等其他途径进行。

▶▶ 7.2 地方人民检察院请求代为取证的，应层报省级人民检察院，由省级人民检察院制作请求书，连同调查提纲和有关材料报最高人民检察院，商请有关部门通过刑事司法协助或者外交途径办理。承办案件的人民检察院应当尽量提供具体、准确的线索、资料。

▶▶ 7.3 需要派员赴境外取证的，承办案件的人民检察院可根据我国与相关国家签订刑事司法协助条约的检察院直接通过公派渠道、外交途径等赴境外取证，也可请求国际刑警组织中国国家中心局协助联系赴境外取证。

▶▶ 7.4 派员赴境外取证，承办案件的人民检察院应当将已核查清楚的境外证人、犯罪嫌疑人的具体居住地点或地址、联系电话等基本情况，制定的调查提纲，确定的取证人员及其相关情况，以本院名义层报省级人民检察院，由省级人民检察院审核后书面报最高人民检察院，商请有关部门通过外交途径或者刑事司法协助途径向被请求国发出正式函件，提出拟派员赴该国调查取证的请求。待有关国家或者地区正式邀请我方后，按照有关程序办理赴境外取证事宜。

▶▶ 7.5 派员赴与我国相邻国家取证，承办案件的人民检察院可以与边境省份的人民检察院或者其他机关联系，利用边境区域性合作渠道，在当地有关部门协助下进行。

▶ 8. 具体细节

▶▶ 8.1 请求外国提供司法协助，应当按照我国与有关国家缔结的司法协助条约规定的联系途径或者外交途径进行。

▶▶ 8.2 有关司法协助条约规定最高人民检察院为司法协助的中方中央机关的，由最高人民检察院直接与有关国家对应的中央机关联系和转递司法协助文件及其他材料。

有关司法协助条约规定其他机关为中方中央机关的，地方各级人民检察院通过最高人民检察院与中方中央机关联系和转递司法协助文件。

▶▷ 8.3 其他机关需要通过最高人民检察院对外办理司法协助的，应当通过其最高主管机关与最高人民检察院联系。

▶▷ 8.4 请求书及其附件应当提供具体、准确的线索、证据和其他材料。我国与被请求国有条约的，请求书及所附材料按条约规定的语言译制文本；我国与被请求国没有签订条约的，按被请求国官方语言或者可以接受的语言译制文本。

▶▷ 8.5 各有关业务部门审查案件一般应在一周内完成。

二、处理外国提出的刑事司法协助操作规程

【定义】处理外国提出的刑事司法协助是指最高人民检察院对外国提出的刑事司法协助请求进行处理以及负责落实的承办检察院对具体协助事项进行办理的活动。

▶ 1. 主体

▶▷ 1.1 最高人民检察院通过有关国际条约规定的联系途径或外交途径，接收外国提出的司法协助请求。

▶▷ 1.2 最高人民检察院国际合作部门（外事局）负责对外国司法执法机关提出有关司法协助请求进行审查和处理。

▶▷ 1.3 对案件有管辖的有关业务部门、各省、自治区、直辖市人民检察院和军事检察院负责承办最高人民检察院交办的涉外司法协助案件。根据案件情况，可指定下级检察院作为具体办理机关。

▶ 2. 外国提出的刑事司法协助请求的处理程序

▶▷ 2.1 外国司法执法机关提出有关司法协助请求的，由最高人民检察院国际合作部门（外事局）依据我国法律和有关司法协助条约对请求进行形式审查，并分别作出如下处理：

▶▷ 2.1.1 对不符合条约或者有关法律规定的，如请求内容不明确，或不属于检察机关协助范围的，应当通过接收请求的途径退回请求方不予执行，并说明理由；对所附材料不齐全的，应当要求请求方予以补充。

▶▷ 2.1.2 对符合条约规定并且所附材料齐全的，可根据案件管辖范围交由有关业务部门、相关的省、自治区、直辖市人民检察院办理或者指定有关人民检察院办理，或者交由其他有关最高主管机关指定有关机关办理。

▶▶ 2.2 有关省、自治区、直辖市人民检察院收到最高人民检察院转交的司法协助请求书和所附材料后，可以直接办理，也可以指定有关的人民检察院办理。

▶▶ 2.3 承办协查事项的业务部门或人民检察院收到司法协助请求书和所附材料后，应立即安排执行，并在请求函所载明的期限内完成协查工作；未载明期限的，应当在两个月以内完成。同时，按条约规定的格式和语言文字将执行结果及有关材料报经省、自治区、直辖市人民检察院审查后，报送最高人民检察院。

未能在上述期限内完成的，有关业务部门或检察院应当在期限届满前十日将司法协助请求书和所附材料，连同不能执行的理由通过省、自治区、直辖市人民检察院报送最高人民检察院国际合作部门，并说明理由。

人民检察院因请求书提供的地址不详或材料不齐全难以执行该项请求的，应当立即通过最高人民检察院要求请求方补充提供材料。

▶▶ 2.4 最高人民检察院国际合作部门负责对有关业务部门或检察院报送的协查材料进行审查。协查结果符合请求要求的，由国际合作部门正职或分管检察长决定后回复提出请求的外国司法执法机关。

▶▶ 2.5 缔约的外国一方通过其他中方中央机关请求检察机关提供司法协助的，由其他中方中央机关将请求书及所附文件转递最高人民检察院，按本规程办理。

▶▶ 2.6 尚未与我国缔结司法协助条约的国家，提出刑事司法协助请求的，应当根据互惠原则，通过外交途径办理，也可以按照惯例进行。

▶ **3. 注意事项**

▶▶ 3.1 人民检察院对外进行司法协助，应当根据我国有关法律规定的程序向外国提供司法协助和办理司法协助事务。依照国际条约规定，在不违背我国法律规定的前提下，也可以按照请求方的要求适用请求书中所示的程序。

▶▶ 3.2 外国有关机关请求的事项有损中华人民共和国的主权、安全或者社会公共利益以及违反中国法律的，应当不予协助；不属于人民检察院职权范围的，应当予以退回或者移送有关机关，并说明理由。

▶▶ 3.3 有关司法协助条约规定最高人民检察院为司法协助的中方中央机关的，由最高人民检察院直接与有关国家对应的中央机关联系和转递司法协助文件及其他材料。

有关司法协助条约规定其他机关为中方中央机关的，地方各级人民检察院通过最高人民检察院与中方中央机关联系和转递司法协助文件。

▶ 3.4 外国有关机关请求人民检察院提供司法协助的请求书及所附文件，应当附有中文译本或者国际条约规定的其他文字文本。

第十二章 侦查办案风险评估预警、保密与侦查办案安全防范操作规程

第一节 侦查办案保密类操作规程

【定义】侦查办案保密是指各级检察机关办案人员及因工作需要接触案件的人员在职务犯罪查办过程中应严格遵守相关保密规定，执行相关的保密措施，维护侦查办案工作秘密的安全，防止出现失泄密事件，保证职务犯罪侦查活动的顺利进行。

一、受理举报、控告申诉和初查工作中的保密要求

受理举报、控告申诉和初查工作中的保密贯穿于职务犯罪案件线索受理与处理、初查启动、初查实施、初查终结及处理各个环节。

▶ **1. 保密人员**

（1）控申部门（举报中心）及侦查部门受理举报、控告申诉的工作人员；

（2）控申部门（举报中心）及侦查部门移交举报线索的工作人员；

（3）对线索处理进行审批的工作人员；

（4）侦查部门对举报线索进行初步审查、评估摸排的工作人员；

（5）对提请初查报告进行审批的工作人员；

（6）组织、指挥初查的工作人员；

（7）开展初查工作的侦查人员；

（8）协助开展初查工作的相关业务部门工作人员；

（9）其他接触到举报、控告申诉及初查工作的相关人员。

▶ 2. 保密事项

（1）举报、控告申诉材料及其他案件线索材料的内容；

（2）举报、控告申诉材料及其他案件线索材料的受理及流转情况；

（3）举报、控告申诉人的相关情况；

（4）初查对象基本情况和有关背景资料；

（5）初查方案、计划；

（6）初查进展包括研究讨论、请示汇报等的情况；

（7）其他需要保密的事项。

▶ 3. 保密措施

▶ 3.1 受理举报和控告申诉，应在固定或有利于保密的场所进行，由专人接待，设专用电话，无关人员不得接待、旁听、处理和询问。

▶ 3.2 举报和控告、申诉材料的收发、拆阅、登记、转办、保管，当面或电话举报的接待、接听、记录、录音等工作，应由专人负责。开通网上举报应设专用举报网站，由专门的计算机进行处理，专人负责登录。

▶ 3.3 对举报材料和举报人的保密措施：

（1）对举报材料的内容应严格保密，不允许任何人私自摘抄、复制、扣押、销毁举报材料和控告申诉材料；

（2）禁止泄露举报人的姓名、工作单位、家庭住址等情况，严禁将举报材料和与举报人有关情况透露或者转给举报单位和被举报人；

（3）需要向被举报单位或举报人核实情况的，应在不暴露举报人、控告人的情况下进行；

（4）初查时不得出示举报材料，也不得暴露举报人的姓名和单位；

（5）对匿名举报，除侦查工作需要并经分管副检察长批准，不准鉴定笔迹；

（6）举报材料不得直接作为刑事诉讼证据；

（7）宣传报道和奖励举报有功人员时，除本人同意外，不得在新闻媒体中公开报道举报人的姓名、单位以及相关情况。

▶ 3.4 对初查活动的保密措施：

（1）制定初查安全防范预案时，应明确办案人员的办案纪律、保密责任。

367

（2）坚持以秘密调查为主，不得向被调查人和其他无关人员暴露初查对象和意图。

（3）对初查对象及初查内容严格保密，尽量控制和缩小知情人员范围，必要时可采取"以案掩案"等方式隐蔽初查意图。在调查取证时，尽量避免采取直接暴露初查对象的方式，可围绕初查对象展开外围调查。

（4）未经必要审查、调查及检察长批准，不得接触初查对象。

（5）初查终结后，符合立案条件的，应及时立案，防止案件初查秘密被涉案人员发现或者掌握，贻误战机。不符合立案条件的，应对相关材料进行分类，有价值的材料应妥善保管、保密，留待以后查阅。

二、立案侦查的保密要求

立案侦查保密贯穿于职务犯罪案件立案，采取强制措施，开展讯问、询问，搜查，调取证据等各项侦查措施以及侦查终结的全过程。

▶ 1. 保密人员

（1）案件承办人员；

（2）组织、指挥侦查的工作人员；

（3）侦查部门正职；

（4）分管的副检察长；

（5）办案审批环节中接触案件的检察长或者检察委员会委员；

（6）协助开展侦查工作的其他业务部门工作人员；

（7）其他因工作需要接触案件的工作人员。

▶ 2. 保密事项

（1）有关请示、报告及一段时间内不宜公开的法律文书；

（2）侦查工作计划及侦查措施；

（3）通过普通侦查措施以及技侦手段获取的各类证据材料；

（4）犯罪嫌疑人涉嫌的犯罪事实及证据状况等案情；

（5）侦查进展、内部讨论与研究分析案件的情况及对策；

（6）其他需要保密的案件材料。

▶ 3. 保密措施

（1）制订案件侦查工作计划，要有具体保密措施。侦查大案要案要有具体保密方案。

（2）不得向侦查对象暴露侦查意图和侦查手段。

（3）依法使用技侦手段或采取各种侦查措施，以及建立和使用多媒体示证系统等，应严格控制知情面。通过技侦手段获取的证据材料不准公开使用。严禁泄露其他当事人的证言、供词。

（4）采取强制措施，搜查、扣押邮件、电报，查询银行存款和冻结银行账户等侦查措施的具体实施时间、方法，在实施前应严格保密。

（5）不准在公共场所谈论正在侦查案件的内容。

（6）不得向案件当事人和非办案人员泄露案情，不得为犯罪嫌疑人及其亲属以及受其委托的人打听案情、通风报信。

（7）用于办案工作的计算机，没有安装保密设备的不得与内部局域网连接，更不得与公共网络连接，涉密存储介质要按规定严格管理。

（8）通过国际刑警组织及香港特别行政区、澳门特别行政区有关组织进行案件协查，不得泄露相关案件侦查的总体方案和手段。

（9）在国际司法协助中，需要提供秘密事项的，应呈报最高人民检察院批准。

三、对办案材料的保密要求

（1）办案中的有关请示、报告、法律文书、证据及其他案件材料，应指定专人保管。

（2）在侦查办案过程中形成的文字材料，属于国家秘密的，均应按《检察工作中国家秘密范围的规定》划定密级和保密期限，并标注。

（3）对案件材料应保管在能够上锁的箱柜内，避免将其遗留在办公桌等公共场所；对不需要的材料应按照保密规定及时销毁，严禁随意处理涉案材料。

（4）禁止携带案卷和调查材料探亲访友、游览、购物等。

（5）外出调查不准携带案卷。如确需携带案卷，应通过机要寄出；如情况十分紧急，应当两人专管，严防丢失。

（6）出境调查案件携带材料，严格按国家保密局、海关总署《关于国家秘密文件、资料和其他物品出境的管理规定》执行。

四、侦查办案保密的其他要求

（1）正在办理的案件，需汇报案情及有关情况时，不得使用平信、明码电报、有线或无线电话及国际互联网。有密级的材料的传输应使用加密传真或机要通道。

（2）正在办理的案件，一般不对外宣传报道；需要报道的，应当经主管业务部门同意并报经检察长或副检察长批准，但不得公布举报人、侦查措施及新发现的线索等情况。

（3）办案中发生失泄密事件，要及时向领导报告，采取有效措施补救，认真追查，严肃处理，并应同时向上一级检察院报告。

五、办案保密责任

（1）人民检察院在办案中的保密工作实行责任制，检察长为第一责任人，分管副检察长为主要责任人，部门正职为具体责任人。

（2）检察人员在执法办案活动中遗失举报控告材料或者其他案件材料，泄露举报控告材料内容或者其他案件秘密的，应当追究执法过错责任。

（3）检察人员泄露国家秘密、检察工作秘密，或者为案件当事人及其代理人和亲友打探案情、通风报信的，给予记过或者记大过处分；造成严重后果的，给予降级、撤职或者开除处分。

（4）检察人员丢失案卷、案件材料、档案或者机密文件的，给予警告、记过或者记大过处分；情节严重的，给予降级或者撤职处分。

（5）检察人员在执法办案或者管理工作中失职、渎职，造成严重后果或者恶劣影响的，给予降级、撤职或者开除处分；情节较轻的，给予警告、记过或者记大过处分。

（6）检察人员故意泄露举报人姓名、地址、电话或者举报内容，或者将举报材料转给被举报人、被举报单位的，对直接负责的主管人员和其他直接责任人员，依照检察人员纪律处分条例等有关规定给予纪律处分；构成犯罪的，依法追究刑事责任。

第二节　侦查办案安全防范类操作规程

一、初查安全防范操作规程

【定义】初查安全防范是指检察机关在职务犯罪初查时为防止涉案人员自杀、自残、行凶、脱逃等人身安全事故及保障办案人员自身安全而提请注意的事项及应采取的一系列预防工作。

▶ 1. 初查前的安全防范

▶> 1.1 严禁超越管辖范围初查。

▶> 1.2 应当根据个案的具体情况制定初查安全防范预案，报经检察长或分管副检察长批准后实施。办案部门应当确定专人负责初查安全防范工作。

▶ 2. 初查中的安全防范

▶> 2.1 初查一般应当秘密进行，不得擅自接触初查对象。公开进行初查或者接触初查对象，应当经检察长或分管检察长批准，并采取严密的安全防范措施。

▶> 2.2 在初查过程中，可以采取询问、查询、勘验、检查、鉴定、调取证据材料等不限制初查对象人身权利的措施，且不得对初查对象采取强制措施。

▶> 2.3 初查阶段可以询问证人或经过批准接触初查对象，但不得以任何方式限制、剥夺初查对象及证人的人身自由。

▶> 2.4 在初查中不得采取查封、扣押、冻结等任何方式限制初查对象或其他人员的财产权利。

▶ 3. 初查后的安全防范

▶> 3.1 对经过初查掌握了犯罪证据，需要追究刑事责任的，应当制作审查报告，提请检察长批准立案侦查，转入侦查后应及时采取相应强制措施，严格按照法定程序开展侦查工作。

▶> 3.2 对查处受贿犯罪有重要作用的行贿人非控制不可的，如果经过初查符合立案条件，可先对行贿人立案，并采取强制措施。

二、讯问安全防范操作规程

【定义】讯问安全防范是指办案人员在讯问职务犯罪嫌疑人时为防止涉

案人员自杀、自残、行凶、脱逃等人身安全事故及保障办案人员自身安全而提请注意的事项及应采取的一系列预防工作。

▶ 1. 讯问前的安全防范

▶ 1.1 办案人员应当根据个案的具体情况制定讯问安全防范预案，报经检察长或分管副检察长批准后实施。办案部门应当确定一名办案的负责同志作为办案安全防范责任人，同时告知本部门"办案安全监督员"，落实办案安全防范工作预案。

▶ 1.2 办案人员制定讯问安全防范预案后，经请示检察长或分管副检察长，还需告知本院纪检监察部门的"办案工作区监察员"，主动接受办案工作区监察员对"办案工作区是否存在安全隐患，案件查办是否落实最高人民检察院关于办案工作区建设管理使用及办案安全相关规定"的监督。对"办案工作区监察员"提出的整改意见，职务犯罪侦查部门应认真研究，及时整改并反馈给纪检监察员。

▶ 1.3 对于在押的犯罪嫌疑人，应当在看守所的讯问室进行讯问，同时应当严格执行看守所的安全防范规定。

▶ 1.4 对于未在押的犯罪嫌疑人，传唤、拘传到检察机关接受讯问，应当在办案工作区的讯问室进行。

▶ 1.5 异地传唤、拘传犯罪嫌疑人，应当在当地检察机关办案工作区的讯问室进行。同时，办案人员应当提供相关法律文书，并服从当地人民检察院的管理。

▶ 1.6 需要使用办案工作区或者需要对犯罪嫌疑人进行传唤、拘传的，办案人员应提前办好申请使用办案工作区和申请用警的相关手续，并与负责执行任务的司法警察做好衔接。

▶ 1.7 因特殊情况，需要在办案工作区、看守所讯问室以外的地方进行讯问的，应当事先对犯罪嫌疑人的身体、精神状况及讯问场所的安全状况作出综合评估，在能确保犯罪嫌疑人安全的情况下才能进行。

▶ 1.8 开展讯问前，办案人员应对讯问室的设备、设施进行全面检查、清理，逐一排除安全隐患，确保审讯室内的设备、设施正常，符合安全要求。如讯问室房门一般应有内锁，窗户应有护栏，卫生间应卸掉内插销，以便加强监视，讯问室内有可能被犯罪嫌疑人用来行凶、自杀的危险物品应当清理出场，相关的过道、窗户应当有防止犯罪嫌疑人坠楼的设施，同时确定全程同步录音录像设备能够正常使用等。

▶▷ 1.9 犯罪嫌疑人进入办案工作区后，办案人员应当对犯罪嫌疑人的人身及随身物品进行检查，对可疑物品或具有潜在危险的物品如领带、钥匙等，均应先行扣押或代为保管。

▶▷ 1.10 检察机关应与当地医疗机构建立办案医疗保障协作机制。办案人员讯问前应了解犯罪嫌疑人的健康状况，对患有严重疾病、可能发生意外的犯罪嫌疑人，应提前与医疗机构联系，做好应急预案，针对病情准备相应的医疗救护器材和药品等，预防发生疾病或出现病情恶化。

▶ 2. 讯问中的安全防范

▶▷ 2.1 讯问犯罪嫌疑人，由检察人员负责进行。讯问的时候，检察人员不得少于两人。讯问女性犯罪嫌疑人应当有女性工作人员在场。

▶▷ 2.2 讯问同案的犯罪嫌疑人，应当分别进行。

▶▷ 2.3 讯问犯罪嫌疑人，应当全程同步录音录像。

▶▷ 2.4 讯问时，讯问用语应当合法、规范，不得夸大犯罪后果，不得恐吓犯罪嫌疑人。

▶▷ 2.5 讯问时，应该严格遵守最高人民检察院关于"审、看、录"三分离的规定。在进行全程同步录音录像时，应接受办案工作区监察员监督。

▶▷ 2.6 讯问过程中，对患有严重疾病的，办案人员应当随时了解、发现犯罪嫌疑人身体健康状况的变化，并及时采取必要的医疗保障措施。

▶▷ 2.7 讯问过程中，办案人员应密切关注犯罪嫌疑人的情绪、心理及身体状况的变化，对有过激反应苗头、病情恶化等安全隐患的，应当及时采取相应的安全防范措施，发生安全事故的，应及时报告领导，并启动应急处理机制。

▶▷ 2.8 讯问过程中，向犯罪嫌疑人提供食物应避免温度过高的汤、水、带有骨刺的菜肴，不得提供玻璃、陶瓷、金属等材质的用具以及筷子等存在安全隐患的物品。

▶▷ 2.9 讯问过程中，办案人员要加强与司法警察的协调、配合。应及时向司法警察提供犯罪嫌疑人的思想、身体状况的变化情况，提醒注意犯罪嫌疑人的异常状态。在犯罪嫌疑人吃饭、如厕、休息时，应通知司法警察进行看管，避免出现漏管、漏岗。

▶▷ 2.10 未进行讯问时应有专人坐班监视，同时通知执行看管任务的司法警察，不得将犯罪嫌疑人单独留在讯问室内，一般不得带犯罪嫌疑人离开讯问室。

▶▶ 2.11 对一名犯罪嫌疑人的看管一般应配备不少于两名司法警察，对女性犯罪嫌疑人，至少应配备一名女性司法警察，办理重大案件警力不足时，由上一级人民检察院警务部门统一协调警力，保障用警。

▶ 3. 讯问后的安全防范

▶▶ 3.1 传唤、拘传犯罪嫌疑人接受讯问，讯问结束后，符合拘留、逮捕条件的，办案人员应当依法及时办理拘留、逮捕手续，并通知公安机关执行；对于不采取强制措施的，办案人员应当通知其单位或家属领回，或派员将其送回单位或者住所。

▶▶ 3.2 对于在押的犯罪嫌疑人，在看守所讯问结束后，应当立即还押。

▶▶ 3.3 讯问结束后，办案人员、检察技术人员应完好保存同步录音录像资料。

▶ 4. 操作禁忌

▶▶ 4.1 对在押的犯罪嫌疑人，不得以讯问为目的将犯罪嫌疑人提押出所进行讯问，也不得在看守所讯问室以外的地方进行讯问。

▶▶ 4.2 讯问时，严禁刑讯逼供和以威胁、引诱、欺骗以及其他非法方法获取供述。

▶▶ 4.3 不得将讯问室作为羁押、留宿犯罪嫌疑人、被告人或其他涉案人员的场所。严禁在同步录音录像讯问室安放床铺留置职务犯罪嫌疑人。

▶▶ 4.4 讯问时的看管由司法警察负责，不得看审不分，不得脱管或由一人看管。

三、询问证人、被害人安全防范操作规程

【定义】询问证人、被害人安全防范是指办案人员在询问证人、被害人时为防止证人、被害人自杀、自残、行凶等人身安全事故及保障办案人员自身安全而提请注意的事项及应采取的一系列预防工作。

▶ 1. 询问前的安全防范

▶▶ 1.1 办案人员应当根据个案的具体情况制定询问安全防范预案，报经检察长或分管副检察长批准后实施。办案部门应当确定一名办案的负责同志作为办案安全防范责任人，同时告知本部门办案安全监督员，落实办案安全防范工作预案。

▶▶ 1.2 办案人员制定询问安全防范预案后，经请示检察长或分管副检察长，还需告知本院纪检监察部门的"办案工作区监察员"，主动接受办案工作区监

察员对"办案工作区是否存在安全隐患，案件查办是否落实最高人民检察院关于办案工作区建设管理使用及办案安全相关规定"的监督。对办案工作区监察员提出的整改意见，职务犯罪侦查部门应认真研究，及时整改并反馈整改意见。

▶▶ 1.3 询问证人、被害人，可以在现场进行，也可以到证人所在单位、住处或者证人提出的地点进行。必要时，也可以通知证人到人民检察院办案工作区的证人询问室提供证言，但不得在讯问室等其他地方进行询问。

▶▶ 1.4 人民检察院应当保证证人、被害人有客观充分地提供证据的条件。

▶▶ 1.5 需要使用办案工作区的，办案人员应提前办好申请使用办案工作区的相关手续，并与负责执行任务的司法警察做好衔接。

▶▶ 1.6 办案人员询问前应了解证人、被害人的健康状况，对患有严重疾病、可能发生意外的，应提前做好应急预案，针对病情准备相应的医疗救护器材和药品等，预防发生疾病或出现病情恶化。

▶ 2. 询问中的安全防范

▶▶ 2.1 询问证人、被害人，应当由检察人员进行。询问的时候，检察人员不得少于两人。征得证人、被害人同意，可以对询问过程进行全程同步录音录像。

▶▶ 2.2 询问证人、被害人应当个别进行。

▶▶ 2.3 询问中应当明示询问人员的身份，告知其履行作证的权利义务，明确询问事由，应全面细致，告诉联系方式，做到言语得体，态度和蔼。

▶▶ 2.4 询问过程中，办案人员应当及时了解证人、被害人的身体健康状况。对患有严重疾病的应当采取必要的医疗保障措施。

▶▶ 2.5 在询问过程中若发现证人、被害人情绪异常，应当及时将其送回单位或住所，也可通知其单位或家属接回。证人、被害人反应过激的，应当及时采取相应的安全防范措施。

▶ 3. 询问后的安全防范

▶▶ 3.1 询问结束后，应当及时将证人、被害人送回单位或住所，也可通知其单位或家属接回。对情绪异常、年老体弱或患有严重疾病的，办案人员应确保将其交还给其单位或家属。

▶▶ 3.2 人民检察院应当为证人、被害人保守秘密，确有必要的，应当商请公安机关派专人保护或协助保护重大、疑难、复杂职务犯罪案件关键证人的人身安全。

▶ 4. 操作禁忌

▶▶ 4.1 询问证人、被害人，不得采用羁押、暴力、威胁、引诱、欺骗以及其他非法方法获取证言。

▶▶ 4.2 对证人不能采取任何强制措施，不得以协助调查取证等名义变相限制和剥夺证人的人身自由。

四、传唤安全防范操作规程

【定义】传唤安全防范是指办案人员在传唤职务犯罪嫌疑人时为防止涉案人员自杀、自残、行凶、脱逃等人身安全事故及保障办案人员自身安全而提请注意的事项及应采取的一系列预防工作。

▶ 1. 传唤前的安全防范

▶▶ 1.1 传唤开始前，应当根据个案的具体情况制定传唤安全防范预案，报经检察长或分管副检察长批准后实施。办案部门应当确定一名负责人负责传唤安全防范工作。

▶▶ 1.2 传唤前要对犯罪嫌疑人的身体健康状况进行了解，对有严重疾病的要采取相应的医疗保护措施和应急措施。

▶▶ 1.3 对于不需要逮捕、拘留的犯罪嫌疑人，经检察长批准，可以传唤到犯罪嫌疑人所在市、县内的指定地点或者到他的住处进行讯问。犯罪嫌疑人的工作单位与居住地不在同一市、县的，传唤应当在犯罪嫌疑人的工作单位所在的市、县进行；特殊情况下，也可以在犯罪嫌疑人居住地所在的市、县内进行。传唤犯罪嫌疑人，应当向犯罪嫌疑人出示《传唤证》和办案人员的工作证件。

▶▶ 1.4 对在现场发现的犯罪嫌疑人，经出示工作证件，可以口头传唤，并将传唤的原因和依据告知被传唤人。在讯问笔录中应当注明犯罪嫌疑人到案经过、到案时间和传唤结束时间。

▶▶ 1.5 传唤犯罪嫌疑人到检察机关接受讯问，应当在讯问室进行。异地传唤犯罪嫌疑人，应当在当地检察机关的讯问室进行。

▶▶ 1.6 因特殊情况，需要将犯罪嫌疑人传唤到办案工作区讯问室以外的地方进行讯问的，应当事先对犯罪嫌疑人的身体、精神状况及讯问场所的安全状况作出综合评估，在能确保犯罪嫌疑人安全的情况下才能进行。

▶▶ 1.7 执行传唤前，应向司法警察部门办好申请用警手续，由司法警察负责执行。

▶ 2. 传唤中的安全防范

▷ 2.1 传唤工作应当交由司法警察负责执行，一名传唤对象应当安排两名以上司法警察，传唤女性犯罪嫌疑人应当有女性司法警察在场。司法警察力量不足，需要安排其他办案人员协助时，应当告知该办案人员司法警察执行传唤工作的注意事项。

▷ 2.2 确认传唤对象及其所在位置后，应当慎重选择接触时机和方式，尽量避免引发双方冲突。如有可能引发冲突的，负责执行的司法警察及办案人员应当提前准备好应急措施。

▷ 2.3 传唤时，应当向被传唤的犯罪嫌疑人出示《传唤证》和办案人员的工作证件，同时应核实被传唤犯罪嫌疑人的姓名、性别、年龄、地址及传唤内容等情况。

▷ 2.4 传唤过程中应当注意途中安全，对对象实行贴身监护，防止其逃跑、自杀，看管工作不得出现脱节、脱岗；需要乘坐交通工具的，应当避免将犯罪嫌疑人安排在靠门或靠窗位置，并避免将其单独留在交通工具上。

▷ 2.5 传唤过程中，侦查部门办案人员要加强与司法警察的协调、配合。司法警察、办案人员应密切关注犯罪嫌疑人的情绪、心理变化，对有过激反应苗头、存在安全隐患的，应当及时采取相应的安全防范措施。

▷ 2.6 对抗拒心理强的传唤对象，应当加强监管；可以在不涉及案情的情况下对其进行适当的心理疏导，防止其作出过激行为。

▷ 2.7. 传唤持续的时间不得超过十二小时；案情特别重大、复杂，需要采取拘留、逮捕措施的，传唤持续的时间不得超过二十四小时。两次传唤间隔的时间一般不得少于十二小时。

▷ 2.8 传唤犯罪嫌疑人，应当保证犯罪嫌疑人的饮食和必要的休息时间。

▶ 3. 传唤后的安全防范

传唤犯罪嫌疑人接受讯问，讯问结束后，符合拘留、逮捕条件的，应当依法及时办理拘留、逮捕手续，并通知公安机关执行；对于不采取强制措施的，应当通知其单位或家属领回，或派员将其送回单位或者住所。

▶ 4. 操作禁忌

严禁以连续传唤的方式变相拘禁犯罪嫌疑人。

五、拘传安全防范操作规程

【定义】拘传安全防范是指检察机关对职务犯罪嫌疑人拘传时为防止涉案人员自杀、自残、行凶、脱逃等人身安全事故及保障办案人员自身安全而提请注意的事项及应采取的一系列预防工作。

▶ **1. 拘传前的安全防范**

▶ 1.1 拘传开始前，应当根据个案的具体情况制定拘传安全防范预案，报经检察长或分管副检察长批准后实施。办案部门应当确定一名负责人负责拘传安全防范工作。

▶ 1.2 拘传前要对犯罪嫌疑人的身体健康状况进行了解，对有严重疾病的要采取相应的医疗保护措施和应急措施。

▶ 1.3 人民检察院拘传犯罪嫌疑人，应当在犯罪嫌疑人所在市、县内的地点进行。犯罪嫌疑人的工作单位与居住地不在同一市、县的，拘传应当在犯罪嫌疑人的工作单位所在的市、县进行；特殊情况下，也可以在犯罪嫌疑人居住地所在的市、县内进行。

▶ 1.4 拘传犯罪嫌疑人到检察机关接受讯问，应当在讯问室进行。异地拘传犯罪嫌疑人，应当在当地检察机关的讯问室进行。

▶ 1.5 执行传唤前，应向司法警察部门办好申请用警手续，由司法警察负责执行。

▶ **2. 拘传中的安全防范**

▶ 2.1 拘传工作应当交由司法警察负责执行，一名传唤对象应当安排两名以上司法警察，拘传女性犯罪嫌疑人应当有女性司法警察在场。司法警察力量不足，需要安排其他办案人员协助时，应当告知该办案人员司法警察执行传唤工作的注意事项。

▶ 2.2 确认拘传对象及其所在位置后，应当慎重选择接触时机和方式，尽量避免引发双方冲突。如有可能引发冲突的，负责执行的司法警察及办案人员应当提前准备好应急措施。

▶ 2.3 拘传时，应当向被拘传的犯罪嫌疑人出示拘传证，同时应核实被拘传犯罪嫌疑人的姓名、性别、年龄、住址等情况。对抗拒拘传的，可以使用戒具，强制到案。

▶ 2.4 拘传过程中应当注意途中安全，应由至少两名看守人员对对象实行贴身监护，防止其逃跑、自杀，看管工作不得出现脱节、脱岗；需要乘坐交通工具的，应当避免将犯罪嫌疑人安排在靠门或靠窗位置，避免将其单独留在交通工具上。

▶▶ 2.5 拘传过程中，侦查部门办案人员要加强与司法警察的协调、配合。司法警察、办案人员应密切关注犯罪嫌疑人的情绪、心理变化，对有过激反应苗头、存在安全隐患的，应当及时采取相应的安全防范措施。

▶▶ 2.6 对抗拒心理强的拘传对象，应当加强监管；可以在不涉及案情的情况下对其进行适当的心理疏导，防止其作出过激行为。

▶▶ 2.7 一次拘传持续的时间不得超过十二小时；案情特别重大、复杂，需要采取拘留、逮捕措施的，拘传持续的时间不得超过二十四小时。两次拘传间隔的时间一般不得少于十二小时。

▶▶ 2.8 拘传犯罪嫌疑人，应当保证犯罪嫌疑人的饮食和必要的休息时间。

▶ 3. 拘传后的安全防范

▶▶ 3.1 需要对被拘传的犯罪嫌疑人变更强制措施的，应当经检察长或者检察委员会决定，在拘传期内办理变更手续。符合拘留、逮捕条件的，应当依法及时办理拘留、逮捕手续，并通知公安机关执行。

▶▶ 3.2 在拘传期间内决定不采取其他强制措施的，拘传期限届满，应当结束拘传，并通知其单位或家属领回，或派员将其送回单位或者住所。

▶ 4. 操作禁忌

严禁以连续拘传的方式变相拘禁犯罪嫌疑人。

六、押解安全防范操作规程

【定义】押解安全防范是指检察机关因侦查办案需要依法将被羁押和抓获的犯罪嫌疑人强制提解、押送到指定地点或场所，接受讯问、辨认、提取证据和赃物时为防止涉案人员自杀、自残、行凶、脱逃等人身安全事故及保障办案人员自身安全而提请注意的事项及应采取的一系列预防工作。

▶ 1. 押解前的安全防范

▶▶ 1.1 因侦查工作需要，需要提押犯罪嫌疑人出所辨认或者追缴犯罪有关财物的，经检察长批准，可以将羁押在看守所的犯罪嫌疑人提押出所。

▶▶ 1.2 押解开始前，应当根据个案的具体情况制定押解安全防范预案，报经检察长或分管副检察长批准后实施。办案部门应当确定一名负责人负责押解安全防范工作。

▶▶ 1.3 对犯罪嫌疑人的押解由司法警察负责执行，办案人员应当提前办理申请用警的相关手续，并准备好相关的法律文书。

▶▶ 1.4 办案人员应当提前与执行任务的司法警察做好衔接，向其通报犯罪嫌疑人的基本情况、案由、有无疾病和异常情况等信息；必要时，可与司法警察共同对提解和押送途中的环境状况进行分析，研究制定提解和押送的实施方案和处置紧急情况的预案。

▶ 2. 押解中的安全防范

▶▶ 2.1 押解工作应当由司法警察负责执行，一名犯罪嫌疑人应当安排两名以上司法警察，押解女性犯罪嫌疑人应当有女性司法警察在场。必要时，办案人员可以协助执行，但应当告知该办案人员司法警察执行押解工作的注意事项。

▶▶ 2.2 押解犯罪嫌疑人应当准备提讯、提解证，并严格遵守看守所等羁押场所的有关规定，办理相关手续，核实被押解人的姓名、性别、年龄、等身份信息，防止错提、错押。同时应向犯罪嫌疑人宣布纪律要求，责令其严格执行。

▶▶ 2.3 对被押解的犯罪嫌疑人一般应戴上戒具，对老、弱、病、残可视情况处置；同时应当对其人身和物品进行检查，防止携带危险物品。

▶▶ 2.4 押解过程中，应当注意途中安全，对犯罪嫌疑人实行贴身监护，防止其行凶、脱逃、自杀或串供，看管工作不得出现脱节、脱岗；需要乘坐交通工具的，应当避免将犯罪嫌疑人安排在靠门或靠窗的位置，并避免将其单独留在交通工具上。

▶▶ 2.5 押解过程中，办案人员要加强与司法警察的协调、配合。司法警察、办案人员应密切关注犯罪嫌疑人的情绪、心理变化，对有过激反应苗头、存在安全隐患的，应当及时采取相应的安全防范措施。

▶▶ 2.6 异地押解过程中需要住宿的，应当与当地公安机关或检察机关取得联系，凭《逮捕证》副本或押解证明，将犯罪嫌疑人、被告人交由当地看守所羁押，严禁让犯罪嫌疑人、被告人在宾馆、酒店、招待所等其他场所住宿。

▶ 3. 押解后的安全防范

对于在押的犯罪嫌疑人，辨认或者追缴犯罪有关财物活动结束后，应当立即还押，与看守所做好交接工作，并办理相关手续。

▶ 4. 操作禁忌

▶▶ 4.1 严禁以讯问为目的将犯罪嫌疑人提押出所。

▶▶ 4.2 执行押解时，不得随意与犯罪嫌疑人、被告人交谈或询问案情，不得辱骂、体罚、虐待或变相体罚犯罪嫌疑人、被告人，不得从事与押解工作无关的活动。

七、提讯安全防范操作规程

【定义】提讯安全防范是指检察机关对在羁押在看守所的职务犯罪嫌疑人进行讯问时为防止涉案人员自杀、自残、行凶、脱逃等人身安全事故及保障办案人员自身安全而提请注意的事项及应采取的一系列预防工作。

▶ 1. 提讯前的安全防范

▶▶ 1.1 提讯开始前，应当根据个案的具体情况制定提讯安全防范预案，报经检察长或分管副检察长批准后实施。办案部门应当确定一名负责人负责提讯安全防范工作。

▶▶ 1.2 到达看守所后，办案人员应出示提讯、提解证，办理提讯的相关手续。进入看守所的讯问区后，应确定具体的讯问室，并对讯问室的设备、设施进行全面检查、清理，逐一排除安全隐患，确保讯问室内的设备、设施正常，符合安全要求，有可能被犯罪嫌疑人用来行凶、自杀的危险物品应当清理出场，同时确定全程同步录音录像设备能够正常使用。

▶▶ 1.3 提讯前，应向看守所工作人员了解犯罪嫌疑人的健康状况和精神状态，做好相应的防范措施。

▶ 2. 提讯中的安全防范

▶▶ 2.1 提讯犯罪嫌疑人应当在看守所讯问室进行。

▶▶ 2.2 提讯犯罪嫌疑人要严格遵守看守所的有关规定，讯问前要核实被提讯人的身份，防止错提、错押。

▶▶ 2.3 提讯女犯罪嫌疑人应当有女性办案人员在场。

▶▶ 2.4 提讯犯罪嫌疑人应向其宣布纪律，并责令其严格遵守。

▶▶ 2.5 一般情况下不得在夜间提讯，确需在夜间提讯的应当严格履行审批手续，确保犯罪嫌疑人的合法权益和办案安全。

▶▶ 2.6 提讯过程中，办案人员应密切关注犯罪嫌疑人的情绪、心理变化，对有过激反应苗头、存在安全隐患的，应当及时采取相应的安全防范措施。

▶▶ 2.7 严格执行讯问职务犯罪嫌疑人全程同步录音录像的规定，从犯罪嫌疑人进入讯问室至其退出讯问室的全过程都应同步录音录像。

▶▶ 2.8 提讯过程中,犯罪嫌疑人需暂时离开讯问室的,应及时通知看守所警察做好看护工作。

▶ 3. 提讯后的安全防范

提讯结束后,办案人员应及时通知看守所警察做好收监工作并办理相关手续。

▶ 4. 操作禁忌

严禁将犯罪嫌疑人提押出所进行讯问。

八、协助执行指定居所监视居住安全防范操作规程

【定义】协助执行指定居所监视居住安全防范是指检察机关办案人员在协助公安机关执行指定居所监视居住时为防止涉案人员自杀、自残、行凶、脱逃等人身安全事故及保障办案人员自身安全而提请注意的事项及应采取的一系列预防工作。

▶ 1. 协助执行指定居所监视居住前的安全防范

▶▶ 1.1 应当根据个案的具体情况制定协助执行指定居所监视居住安全防范预案,报经检察长或分管副检察长批准后实施。办案部门应当确定一名负责人负责协助执行指定居所监视居住安全防范工作。

▶▶ 1.2 指定居所监视居住的执行机关是公安机关,必要时人民检察院可以协助执行。人民检察院决定对犯罪嫌疑人指定居所监视居住的,办案人员应当及时将执行通知书送达负责执行的公安机关,并与公安机关安排的具体执行人员衔接,做好执行前的准备。

▶▶ 1.3 负责执行的人员应当是公安机关指派的人员,必要时人民检察院司法警察可以协助执行。犯罪嫌疑人系女性的,应当有女性执行人员参与执行。

▶▶ 1.4 需要司法警察协助执行的,办案人员应当提前办理申请用警的相关手续,与负责协助执行的司法警察进行衔接。

▶▶ 1.5 人民检察院指定的执行场所应当符合最高人民检察院有关办案安全工作规定,彻底消除各种安全隐患。

▶ 2. 协助执行指定居所监视居住中的安全防范

▶▶ 2.1 人民检察院办案人员向犯罪嫌疑人宣读指定居所监视居住决定书时,

应邀请负责执行的公安机关人员参加，并明确告知犯罪嫌疑人，执行机关是公安机关。

▶▶ 2.2 被监视居住人进入指定的居所前，应当对其进行人身检查和健康检查，并做好记录。在监视居住期间，应当确保办案医疗保障绿色通道畅通。必要时，解除或者变更指定居所监视居住强制措施亦应对犯罪嫌疑人进行健康检查。

▶▶ 2.3 应当保障被指定居所监视居住的犯罪嫌疑人正常合理的生活、饮食条件和休息时间。一次讯问不得超过十二小时。讯问一般应在白天进行。确需在晚上讯问的，不得超过晚上十二点，法律另有规定的，按法律规定执行。

▶▶ 2.4 负责案件侦查的检察院应商请负责执行的公安机关对被监视居住人是否遵守监视居住规定的情况进行全程电子监控和录音录像以及不定期检查，对被监视居住人的电话、信函、邮件、网络等通信进行监控。必要时，人民检察院可以协助公安机关执行。

▶▶ 2.5 指定居所监视居住期间，执行人员和协助执行人员应当建立二十四小时看守值班登记和轮班交接记录制度。

▶▶ 2.6 将犯罪嫌疑人从指定的居所传唤到讯问地点进行讯问时，负责传唤的司法警察应当与执行人员办理交接手续。需要安排犯罪嫌疑人离开指定的居所进行辨认、提取证据、追缴犯罪有关财物或者到人民检察院办案工作区接受讯问，应当安排两名以上司法警察保障途中安全。

▶▶ 2.7 监视居住时间最长不得超过六个月，监视居住期限届满或者发现不应当追究犯罪嫌疑人刑事责任的，应当解除或者撤销监视居住。

▶ **3. 操作禁忌**

▶▶ 3.1 采取指定居所监视居住的，不得在看守所、拘留所、监狱等羁押、监管场所以及留置室、讯问室等专门的办案场所、办公区域执行。

▶▶ 3.2 检察机关不得自行执行监视居住，不得以监视居住的名义变相羁押犯罪嫌疑人。

▶▶ 3.3 严禁对被监视居住人采用刑讯逼供或者冻、饿、晒、烤、疲劳审讯等非法方法进行讯问。

九、协助执行拘留、逮捕安全防范操作规程

【定义】协助执行拘留、逮捕安全防范是指检察机关在侦办职务犯罪案

件协助公安机关执行拘留、逮捕时为防止涉案人员自杀、自残、行凶、脱逃等人身安全事故及保障办案人员自身安全而提请注意的事项及应采取的一系列预防工作。

▶ **1. 协助执行拘留、逮捕前的安全防范**

▶ 1.1 对犯罪嫌疑人进行拘留和逮捕的执行机关是公安机关,必要时人民检察院可以协助执行。人民检察院对犯罪嫌疑人作出拘留、逮捕决定后,侦查部门办案人员应当将有关法律文书和案由、犯罪嫌疑人基本情况的材料送交公安机关执行,并与公安机关安排的具体执行人员衔接,做好执行前的准备。

▶ 1.2 需要司法警察协助执行的,办案人员应当提前办理申请用警的相关手续,与负责协助执行的司法警察进行衔接。

▶ 1.3 应当根据个案的具体情况制定协助公安机关执行拘留、逮捕安全防范预案,报经检察长或分管副检察长批准后实施。办案部门应当确定一名负责人负责协助执行拘留、逮捕安全防范工作。

▶ **2. 协助执行拘留、逮捕中的安全防范**

▶ 2.1 协助执行拘留、逮捕任务时,确认拘留、逮捕对象及其所在位置后,应当慎重选择控制犯罪嫌疑人的时机和方式,尽量避免引发双方冲突。如有可能引发冲突的,负责执行的人员应当提前准备好应急措施。

▶ 2.2 控制犯罪嫌疑人后,应及时核实犯罪嫌疑人的身份等信息,避免错拘、错捕。

▶ 2.3 对于抗拒拘留、逮捕的犯罪嫌疑人,可由执行人员依法采取适当的措施,必要时可使用武器,防止犯罪嫌疑人自杀、自残、行凶、脱逃等安全事故的发生。如果捕获的犯罪嫌疑人被击伤或突发疾病时,应立即通知医院急救,同时向上级报告。

▶ 2.4 在押解过程中,应当注意途中安全,对对象实行贴身监护,防止其逃跑、自杀,看管工作不得出现脱节、脱岗;需要乘坐交通工具的,应当避免将犯罪嫌疑人安排在靠门或靠窗位置,避免将其单独留在交通工具上。

▶ 2.5 侦查部门办案人员要加强与负责执行的公安人员及协助执行的司法警察的协调、配合,应密切关注犯罪嫌疑人的情绪、心理变化,对有过激反应苗头、存在安全隐患的,应当及时通知执行人员采取相应的安全防范措施。

▶ 2.6 拘留后,应当立即将被拘留人送看守所羁押,至迟不得超过二十四小时；逮捕后，应当立即将被逮捕人送看守所羁押。

▶ 3. 协助执行拘留、逮捕后的安全防范

▶ 3.1 对被拘留、逮捕的犯罪嫌疑人，发现不应当拘留、逮捕的，应当立即释放，或依法变更强制措施。

▶ 3.2 对被拘留的犯罪嫌疑人，需要逮捕的，应按照《刑事诉讼法》、《刑事诉讼规则》的有关规定办理逮捕手续；决定不予逮捕的，应当及时变更强制措施。

十、搜查安全防范操作规程

【定义】搜查安全防范是指检察机关在进行场所搜查或人身搜查时为防止涉案人员自杀、自残、行凶、脱逃等安全事故以及保障办案人员自身安全而提请注意的事项及应采取的一系列预防工作。

▶ 1. 搜查前的安全防范

▶ 1.1 进行搜查前，应当根据个案的具体情况制定搜查安全防范预案，报经检察长或分管副检察长批准后实施。办案部门应当确定一名负责人负责搜查安全防范工作。

▶ 1.2 需要司法警察参与执行搜查的，办案人员应当提前办理申请用警的相关手续，与负责协助执行的司法警察进行衔接。

▶ 1.3 搜查开始前，执行搜查的司法警察、办案人员需要明确搜查的对象、任务，大致了解搜查现场的环境等情况，同时应当在参与搜查的人员中明确专人负责搜查现场的安全防范工作。

▶ 2. 搜查中的安全防范

▶ 2.1 搜查应当在检察人员的主持下进行，执行搜查的检察人员不得少于两人，可以有司法警察参加。必要的时候，可以指派检察技术人员参加或者邀请当地公安机关、有关单位协助进行。

▶ 2.2 对女性进行人身搜查，应当由女性工作人员进行。

▶ 2.3 进行搜查，应当向被搜查人或者其家属出示搜查证。

▶ 2.4 搜查时，应当有被搜查人或者他的家属、邻居或者其他见证人在场，并且对被搜查人或者其家属说明阻碍搜查、妨碍公务应负的法律责任。

▶ 2.5 执行搜查的人员，应当遵守纪律，服从指挥，文明执法，不得无故损坏搜查现场的物品，不得擅自扩大搜查对象和范围。

▶▷ 2.6 负责搜查现场安全防范工作的人员在搜查过程中应当严密监视搜查现场动向，防止无关人员入场，注意被搜查人及其家属的举动，保护搜查人员安全，防止出现安全事故或意外事件。

▶▷ 2.7 对以暴力、威胁方法阻碍搜查的，应当予以制止，必要时由司法警察带离现场；阻碍搜查构成犯罪的，应当依法追究刑事责任。

▶▷ 2.8 在搜查时，确需押解犯罪嫌疑人到场的，应当采取严密的安全防范措施，防止发生自杀、脱逃等安全事故。

十一、勘验、检查安全防范操作规程

【定义】勘验、检查安全防范是指检察机关在侦办职务犯罪需要进行勘验、检查时，为防止涉案人员自杀、自残、行凶、脱逃等安全事故以及保障办案人员自身安全而提请注意的事项及应采取的一系列预防工作。

▶ **1. 勘验、检查前的安全防范**

▶▷ 1.1 勘验、检查开始前，应当根据个案的具体情况制定勘验、检查安全防范预案，报经检察长或分管副检察长批准后实施。办案部门应当确定一名负责人负责勘验、检查安全防范工作。

▶▷ 1.2 需要司法警察对勘验、检查的犯罪现场进行保护的，办案人员应当提前办理申请用警的相关手续，与负责协助执行的司法警察进行衔接。

▶▷ 1.3 搜查开始前，应当在参与搜查的人员中明确专人负责搜查现场的安全防范工作。

▶ **2. 勘验、检查中的安全防范**

▶▷ 2.1 进行勘验、检查，应当持有检察长签发的勘查证。

▶▷ 2.2 人身检查不得采用损害被检查人生命、健康或贬低其名誉或人格的方法。

▶▷ 2.3 检查妇女的身体，应当由女性工作人员或者医师进行。

▶▷ 2.4 勘验时，应当邀请两名与案件无关的见证人在场。

▶▷ 2.5 犯罪嫌疑人如果拒绝检查，办案人员认为必要时，可以强制检查。

▶▷ 2.6 负责现场安全防范工作的人员在勘验、检查过程中，应当做好现场警戒，维护秩序，制止无关人员和车辆进入现场；密切关注犯罪嫌疑人及其家属的情绪、心理变化，对有过激反应苗头、存在安全隐患的，应及时采取安全防范措施。发现可疑人员或可疑情况应及时向现场指挥人员报告，并听从现场指挥的调遣，采取相应措施，防止可疑人员逃离现场或转移物品；对以暴力、威胁等方法妨碍勘验、检查活动的人员，可以强行带离现场，或者依法采取其他措施；防止突发事件，保护现场侦查人员和群众的安全。

十二、追逃安全防范操作规程

【定义】追逃安全防范是指检察机关在侦办职务犯罪追捕在逃的犯罪嫌疑人时为防止涉案人员自杀、自残、行凶、脱逃等安全事故以及保障办案人员自身安全而提请侦查人员应注意的事项及应采取的一系列预防工作。

▶ **1. 追逃前的安全防范**

▶▷ 1.1 应当根据个案的具体情况制定追逃安全防范预案，报经检察长或分管副检察长批准后实施。办案部门应当确定一名负责人负责追逃安全防范工作。

▶▷ 1.2 追捕在逃犯罪嫌疑人，应详细了解在逃人员情况，制定追捕计划；需要司法警察协助的，办案人员应提前办好申请用警的手续，并与参与追逃的司法警察做好衔接。

▶ **2. 追逃中的安全防范**

▶▷ 2.1 办案人员应当采取多种方式了解在逃犯罪嫌疑人的行踪，注意隐蔽身份，严格保密，防止走漏消息。

▶▷ 2.2 确认在逃犯罪嫌疑人及其所在位置后，应当慎重选择控制的时机和方式，将办案人员合理布置在抓捕现场，切断犯罪嫌疑人逃跑的退路，争取一举抓获；如时机不成熟，可先秘密跟踪至时机成熟时再实施抓捕。

▶▷ 2.3 司法警察在协助执行追逃时应佩带警械或武器。对抗拒抓捕的犯罪嫌疑人，可依法采取适当措施，必要时可使用武器。

▶▷ 2.4 如果捕获的犯罪嫌疑人被击伤或突发疾病时，应立即通知医院急救，同时向上级报告。

▶▷ 2.5 捕获犯罪嫌疑人后，应及时、认真核实犯罪嫌疑人的身份等有关情况，避免错抓、错捕。

▶▷ 2.6 在追逃过程中，办案人员应加强与司法警察的协同、配合。

附录：《初查（或侦查）安全防范工作预案》格式

犯罪嫌疑人×××涉嫌××一案初查（或侦查）安全防范工作预案

一、办案工作要坚持依法、规范、文明、安全的原则。严格遵守《刑事诉讼法》、《人民检察院刑事诉讼规则（试行）》、最高人民检察院和省级人民检察院关于依法依规办案、安全防范工作的有关规定，不得有任何违法违规办案行为的发生，要把安全防范措施和责任落实到办案的各个环节，预防和杜绝安全事故的发生。

二、初查（或者侦查）工作中的安全防范措施

（一）初查工作中的安全防范措施

1. 在特殊情况下，应当接触犯罪嫌疑人的安全防范措施；

2. 对证人的安全防范措施；

3. 对协助调查人员的安全防范措施；

4. 办案场所的安全检查工作；

5. 其他应当注意的安全问题。

（二）侦查工作中的安全防范措施

1. 对犯罪嫌疑人的安全防范措施：

（1）传唤、拘传犯罪嫌疑人的安全防范措施；

（2）传唤、拘传期间讯问犯罪嫌疑人的安全防范措施；

（3）在看守所讯问犯罪嫌疑人的安全防范措施；

（4）提押犯罪嫌疑人到看守所外的安全防范措施（限辨认、取赃、提取证据等特殊情况）；

（5）押解犯罪嫌疑人的安全防范措施。

2. 对证人的安全防范措施。

3. 搜查工作中的安全防范措施。

4. 对有关协助调查人员的安全防范措施。

5. 办案场所的安全检查工作。

6. 其他应当注意的安全问题。

三、安全防范工作力量安排

（应当根据拟定的安全防范措施，明确每一项措施的具体责任人员）

承办人：（二人以上）

安全督察员：（签名）

××年×月×日

▶ 3.《初查（或侦查）安全防范工作预案》制作说明

▶ 3.1 本文书依据最高人民检察院相关规定制作，为人民检察院反贪污贿赂部门需要开展初查（如调查、查询、调取证据等）、侦查工作时配套使用。

▶ 3.2 本文书落款为承办人两人以上，不得加盖单位公章。本文书制成后，连同《提请初查报告》、《初查计划》或者《提请立案报告》、《侦查计划》层报检察长审批。

▶ 3.3 承办人应当根据样式提供的格式，结合案件的实际情况制作本文书，并充分考虑到具体办案中可能存在安全隐患的方方面面（如办案场地、提押或押解路途、犯罪嫌疑人的身体状况等），拟定有针对性的防范措施，切忌流于形式。

▶ 3.4 初查和侦查工作的《安全防范工作预案》内容不同，应当分别根据样式中的格式行文，不可同时制作，也不能将两个文书合二为一。

参考资料

一、法律法规

1. 《中华人民共和国人民检察院组织法》（1983 年 9 月 2 日修订）。

2. 《中华人民共和国公务员法》（2005 年 4 月 27 日通过）。

3. 《全国人民代表大会和地方各级人民代表大会代表法》（2010 年 10 月 28 日修改）。

4. 《中华人民共和国刑事诉讼法》（2012 年 3 月 14 日第二次修正）。

5. 《中华人民共和国出境入境管理法》（2012 年 6 月 30 日通过）。

6. 《中华人民共和国人民警察法》（2012 年 10 月 26 日修订）。

7. 《中华人民共和国外国人入境出境管理法》（2013 年 9 月 1 日施行）。

8. 国务院《行政执法机关移送涉嫌犯罪案件的规定》（国务院令第 310 号，2001 年 7 月 9 日起施行）。

二、司法解释和规章制度

1. 最高人民检察院《人民检察院办案工作中的保密规定》（1991 年 9 月 20 日起施行）。

2. 最高人民检察院、公安部《关于适用刑事强制措施有关问题的规定》（高检会〔2000〕2 号，2000 年 8 月 28 日颁布）。

3. 最高人民检察院《关于人民检察院侦查协作的暂行规定》（高检发反贪字〔2000〕23 号，2000 年 10 月 12 日生效）。

4. 最高人民检察院《人民检察院办理行政执法机关移送涉嫌犯罪案件的规定》（高检发释字〔2001〕4 号，2001 年 12 月 3 日颁布）。

5. 最高人民检察院关于《新疆生产建设兵团各级人民检察院案件管辖权的规定》（高检发研字〔2001〕2 号，2001 年 6 月 21 日生效）。

6. 最高人民检察院《检察人员纪律处分条例（试行）》（2004 年 8 月 10 日起施行）。

7. 最高人民检察院、监察部、国家安全生产监督管理总局《关于加强行政机关与检察机关在重大责任事故调查处理中的联系和配合的暂行规定》（2006 年 2 月 23 日起施行）。

8. 最高人民检察院《检察人员执法过错责任追究条例》（2007 年 9 月 26 日起施行）。

9. 最高人民检察院《〈人民检察院关于加强行政机关与检察机关在重大责任事故调查处理中的联系和配合的暂行规定〉的实施办法》（2007 年 10 月 23 日通过，2007 年 11 月 5 日印发）。

10. 最高人民法院、最高人民检察院、公安部、国家安全部、司法部、解放军总政治部《办理军队和地方互涉刑事案件规定》（政保〔2009〕1 号，2009 年 8 月 1 日起施行）。

11. 最高人民检察院《人民检察院刑事诉讼规则（试行）》（2012 年版）（2012 年 10 月 16 日第二次修订，2013 年 1 月 1 日起施行）。

12. 公安部《公安机关办理刑事案件程序规定》（公安部令第 127 号，2012 年 12 月 3 日通过，2013 年 1 月 1 日起施行）。

13. 最高人民检察院《人民检察院司法警察条例》（2013 年 1 月 16 日通过，2013 年 5 月 8 日起施行）。

14. 最高人民检察院《检察机关执法工作基本规范（2013 年版）》（2013 年 2 月 6 日印发）。

15.《全国检察机关统一业务应用系统使用指引手册（反贪污贿赂业务）、（反渎职侵权业务）》（2013 年 12 月）。

16. 最高人民检察院《人民检察院举报工作规定》（高检发〔2014〕15 号，2014 年 7 月 21 日第二次修订）。

三、参考文献

1. 陈连福、何家弘：《渎职侵权犯罪侦查实务》，法律出版社 2008 年版。

2. 湖南省人民检察院编：《反贪侦查流程与规范》，中国检察出版社 2009 年版。

3. 张亮：《反贪侦查百问百答——线索篇、初查篇》，中国检察出版社

2010 年版。

4. 孙谦：《人民检察院刑事诉讼规则（试行）理解与适用》，中国检察出版社 2012 年版。

5. 詹复亮：《新刑事诉讼法与职务犯罪侦查适用》，中国检察出版社 2012 年版。

6. 胡泽君、张常韧、柯汉民：《全国检察机关统一业务应用系统使用指引手册（反贪污贿赂业务)》，中国检察出版社 2013 年版。

7. 詹复亮：《贪污贿赂犯罪及其侦查实务》（第二版），人民出版社 2013 年版。

后　记

《检察执法岗位操作规程指导丛书》第 5 分册《职务犯罪侦查岗位操作规程》编写人员分工如下：

组长王勋爵负责本分册编写人员组织和编写分工协调，副组长杨鸿、祝雄鹰、何江龙协助组长工作。

何江龙、徐练华负责本分册统稿。

杨鸿、祝雄鹰、何江龙、刘丁炳、谢恩、雍志航、凌辉、李争春负责本分册检察业务审稿。

胡志强、徐练华负责编写第一章；

谭香萍负责编写第二章；

曹智云、徐练华负责编写第三章；

曹智云负责编写第四、五章；

柏纯洁、欧志炼负责编写第六章；

唐元华负责编写第七章；

徐练华负责编写第八章；

肖日凡负责编写第九章；

何军、曹智云负责编写第十章；

何军、肖冠华、唐元华负责编写第十一章；

唐元华负责编写第十二章。

阮艳负责编写《侦查讯问操作规程》和《侦查预审操作规程》。

雷戳楚、李太平、陈红卫、徐湘龙、王郴林对本分册的编写有贡献。

《职务犯罪侦查岗位专用操作规程》编写组

2015 年 8 月 20 日